중국어·한문·영어·일어·한글풀이

5개 국어 잠언 읽기

곽용남편/그림

성경속의 잠언을
한·영·일·중·한자등 5개 국어로
읽으며 배우는 일석5조의 양서

일러두기

지금은 빠르게, 역동적으로 그리고 순간적으로 변해 가는 시대를 살고 있습니다. 어제의 익숙했던 일들이 오늘은 다른 모습으로 우리에게 다가옵니다. 세상이 변할지라도 영원하신 하나님의 말씀 중에서 먼저 잠언을 5개국어로 편집하여 세상에 보이게 되었습니다.

구성요소를 살펴보겠습니다.

먼저. 장과 절 표시를 하고 내용은 중국어 간자체(한어병음표기)로 다음 줄은 한문으로, 영어는 King James Version을 일본어는 新改譯을 한국어는 개역 한글판을 원용하였습니다.

예> 1。众子啊，要听父亲的教训，留心得知聪明。
zhòng zǐ ā yào tīng fù qīn dé jiào xùn liú xīn dé zhī cōngmíng
衆子、須聽父訓、宜傾聽、以得明哲、
Hear, ye children, the instruction of a father, and attend to know understanding.
子どもらよ. 父の 训戒に 闻き 从い, 悟りを 得るように 心がけよ.
아들들아 아비의 훈계를 들으며 명철을 얻기에 주의하라

이 책의 사용법은

서예를 통한 복음전파를 사명으로 성경 쓰기와 대한민국 기독서예대전 등 각종 서예대전에 참가할 수 있으며, 각종 초대전에 하나님의 말씀을 인용할 수 있습니다. 문인화의 화제를 성경 중 잠언으로 하고자 할 경우에 유용할 것입니다.

또한, 직접 말로 전하기보다는 문서로 또는 서예작품 등으로 가까운 친지나 벗들에게 인용하여 전할 수 있을 것입니다.

아울러 영어권, 중국이나 일본의 현지인이나 동포들에게도 유용한 선물이 될 것입니다.

복음전파의 유용한 도구가 되게 하고, 많은 사람들이 말씀을 보고, 쓰는 가운데 길이요, 진리요, 생명이 되시는 예수 그리스도를 발견하여 구원에 이를 수 있도록 하는 데 목적이 있습니다.

초판이라 편집상 오류가 있을 수 있습니다. 독자 제위께서 지적해 주시면 개정판에서는 바르게 잡아 보다 나은 자료로 여러분을 찾아뵙겠습니다.

다음에는 시편으로 여러분에게 인사 올리도록 하겠습니다.

이 책이 나오기까지 기도해 주시고 격려해 주신 모든 분께 감사 드립니다. 또한 이 책을 출판하기까지 흔연히 허락하여 주신 도서출판 한글의 심혁창 사장님과 관계자 여러분에게도 감사 드립니다.

편저자 谷山書樓 主人
景峰 郭容男 識

차례보기

제 1 장

내 아들아!
네 아비의 훈계를 들으며
네 어미의 법을 떠나지 말라。

我儿要听你父亲的训诲
不可离弃你母亲的法则。

我子當父訓勿棄母教。

My son, hear instruction of thy
father and forsake not the law of
thy mother.

わが子よ あなたの父の訓戒に聞き
従え あなたの母の教えを捨てては
ならない。

聖經五個國語(中國語,漢文,英語,
日本語,韓國語)箴言第一章八節

歲在丙戌歲暮書於谷山書樓南窓下
景峰郭君男作與書

1。 以色列王大卫儿子所罗门的箴言。
yǐ sè liè wáng dà wèi ér zǐ suǒ luó mén dė zhēn yán
以色列王大衛子所羅門之箴言、
The proverbs of Solomon the son of David, king of Israel;
イスラエル の 王, ダビデ の 子, ソロモン の ・言.

다윗의 아들 이스라엘 왕 솔로몬의 잠언이라

2。 要使人晓得智慧和训诲。分辨通达的言语。
yào shǐ rén xiǎo dé zhì huì hé xùn huì fēn biàn tōng dá dė yán yǔ
欲使人知智慧訓廸通達哲言、 廸=나아갈 적
To know wisdom and instruction; to perceive the words of understanding;
これは, 知恵と 訓戒とを 學び, 悟りのことばを 理解するためであり,

이는 지혜와 훈계를 알게 하며 명철의 말씀을 깨닫게 하며

3。 使人处世，领受智慧，仁义，公平，正直的训诲。
shǐ rén chù shì lǐng shòu zhì huì rén yì gōngpíng zhèng zhí dė xùn huì
承訓以得聰明、秉公、執義、守正、
To receive the instruction of wisdom, justice, and judgment, and equity;
正義と 公義と 公正と, 思慮ある 訓戒を 體得するためであり,

지혜롭게,의롭게,공평하게,정직하게,행할 일에 대하여 훈계를 받게 하며

4。 使愚人灵明，使少年有知识和谋略。
shǐ yú rén líng míng shǐ shǎonián yǒu zhī shí hé móu lüè
使拙者靈明、少者獲知識謨畧、
To give subtilty to the simple, to the young man knowledge and discretion.
わきまえのない 者に 分別を 與え, 若い 者に 知識と 思慮を 得させるためである.

어리석은 자로 슬기롭게 하며 젊은 자에게 지식과 근신함을 주기 위한 것이니

5。 使智慧人听见，增长学问。使聪明人得着智谋。
shǐ zhì huì rén tīng jiàn zēngcháng xué wèn shǐ cōngmíng rén dé zhuó zhì móu
哲者聞之、增益學問、明者聞之、開廣智謀、
A wise man will hear, and will increase learning; and a man of understanding shall attain unto wise counsels:

知恵のある 者はこれを 聞いて 理解を 深め, 悟りのある 者は 指導を 得る.

지혜 있는 자는 듣고 학식이 더할 것이요 명철한 자는 모략을 얻을 것이라

6。 使人明白箴言和譬喻，懂得智慧人的言词和谜语。
shǐ rén míng bái zhēn yán hé pì yù dǒng dé zhì huì rén dè yán cí hé mí yǔ
使人得明箴言與喩言、得悟智者之詞及其隱語、
To understand a proverb, and the interpretation; the words of the wise, and their dark sayings.
これは 言と, 比喩と, 知恵のある 者のことばと, そのなぞとを 理解するためである.

잠언과 비유와 지혜 있는 자의 말과 그 오묘한 말을 깨달으리라

7。 敬畏耶和华是知识的开端。愚妄人藐视智慧和训诲。
jìng wèi yé hé huá shì zhī shí dè kāi duān yú wàng rén miǎo shì zhì huì hé xùn huì
敬畏主、是爲智慧之本、愚昧人藐視智慧與訓誨、
The fear of the LORD is the beginning of knowledge: but fools despise wisdom and instruction.
主を 恐れることは 知識の 初めである. 愚か 者は 知恵と 訓戒をさげすむ.

여호와를 경외하는 것이 지식의 근본이어늘 미련한 자는 지혜와 훈계를 멸시하느니라

8。 我儿，要听你父亲的训诲，不可离弃你母亲的法则。(或作指教)
wǒ ér yào tīng nǐ fù qīn dè xùn huì bù kě lí qì nǐ mǔ qīn dè fǎ zé huò zuò zhǐ jiào
我子當聽父訓勿棄母教、
My son, hear the instruction of thy father, and forsake not the law of thy mother:
わが 子よ,あなたの 父の 訓戒に 聞き 従え,あなたの 母の 教えを 捨ててはならない.

내 아들아 네 아비의 훈계를 들으며 네 어미의 법을 떠나지 말라

9。 因为这要作为你头上的华冠，顶上的金链。
yīn wéi zhè yào zuò wéi nǐ tóu shàng dè huá guān dǐng shàng dè jīn liàn
視爲爾首之華冠、項之金索、
For they shall be an ornament of grace unto thy head, and chains about thy neck.
それらは, あなたの 頭の 麗しい 花輪, あなたの 首飾りである.
이는 네 머리의 아름다운 관이요 네 목의 금사슬이니라

10。我儿，恶人若引诱你，你不可随从。
wǒ ér è rén ruò yǐn yòu nǐ nǐ bù kě suí cóng
我子惡人若誘爾、切勿依從、
My son, if sinners entice thee, consent thou not.
わが 子よ. 罪人たちがあなたを 惑わしても, 彼らに 従ってはならない.
내 아들아 악한 자가 너를 꾈지라도 좇지 말라

11。他们若说，你与我们同去，我们要埋伏流人之血，要蹲伏害无罪之人。
tā mén ruò shuō nǐ yǔ wǒ mén tóng qù wǒ mén yào mái fú liú rén zhī xiě yào dūn fú hài wú zuì zhī rén
如彼曰、爾我同行、我欲設伏殺人流血、無故立謀、以害無辜者、
If they say, Come with us, let us lay wait for blood, let us lurk privily for the innocent without cause:
もしも, 彼らがこう 言っても. 「いっしょに 来い. われわれは 人の 血を流すために 待ち 伏せし, 罪のない 者を, 理由もなく, こっそりねらい,

그들이 네게 말하기를 우리와 함께 가자 우리가 가만히 엎드렸다가 사람의 피를 흘리자 죄 없는 자를 까닭 없이 숨어 기다리다가

12。我们好像阴间，把他们活活吞下。他们如同下坑的人，被我们囫囵吞了。
wǒ mén hǎo xiàng yīn jiān bǎ tā mén huó huó tūn xià tā mén rú tóng xià kēng dè rén bèi wǒ mén hú lún tūn le
生呑之如示阿勒、將正直者害之、使如已下墓之人、
Let us swallow them up alive as the grave; and whole, as those that go down into the pit:
よみのように, 彼らを 生きたままで, のみこみ, 墓に 下る 者のように, 彼らをそのまま 丸のみにしよう.

음부 같이 그들을 산 채로 삼키며 무덤에 내려가는 자 같게 통으로 삼키자

13。我们必得各样宝物，将所掳来的装满旁屋。
wǒ mén bì dé gè yàng bǎo wù jiāng suǒ lǔ lái dè zhuāng mǎn páng wū
從而多獲珍寶、以奪取之貨財、充盈我室、
We shall find all precious substance, we shall fill our houses with spoil:
あらゆる 宝物を 見つけ 出し, 分捕り 物で, われわれの 家を 満たそう.

우리가 온갖 보화를 얻으며 빼앗은 것으로 우리 집에 채우리니

14。你与我们大家同分。我们共用一各囊袋。
nǐ yǔ wǒ mén dà jiā tóng fēn wǒ méngòngyòng yī gè náng dài
爾可與我同儕、所有均分、爾我共有一囊、
Cast in thy lot among us; let us all have one purse:
おまえも, われわれの 间でくじを 引き, われわれみなで 一つの 财布を 持とう.

너는 우리와 함께 제비를 뽑고 우리가 함께 전대 하나만 두자 할지라도

15。我儿，不要与他们同行一道。禁止你脚走他们的路。
wǒ ér bù yào yǔ tā méntóngxíng yī dào jìn zhǐ nǐ jiǎo zǒu tā mén dé lù
我子勿與彼同行一道、禁止爾足、勿履其徑、
My son, walk not thou in the way with them; refrain thy foot from their path:
わが 子よ. 彼らといっしょに 道を 歩いてはならない. あなたの 足を 彼らの 通り 道に 踏み 入れてはならない.

내 아들아 그들과 함께 길에 다니지 말라 네 발을 금하여 그 길을 밟지 말라

16。因为他们的脚奔跑行恶，他们急速流人的血。
yīn wéi tā mén dé jiǎo bēn pǎo xíng è tā mén jí sù liú rén dé xiě
彼足速行以作惡、疾趨以殺人流血、
For their feet run to evil, and make haste to shed blood.
彼らの 足は 悪に 走り, 血を 流そうと 急いでいるからだ.

대저 그 발은 악으로 달려가며 피를 흘리는 데 빠름이니라

17。好像飞鸟，网罗设在眼前仍不躲避。
hǎo xiàng fēi niǎo wǎng luó shè zài yǎn qián réng bù duǒ bí
設網而羽族見之、則網徒設、
Surely in vain the net is spread in the sight of any bird.
鸟がみな 见ているところで, 网を 张っても, むだなことだ.

무릇 새가 그물 치는 것을 보면 헛일이겠거늘

18。这些人埋伏，是为自流已血。蹲伏是为自害已命。
zhè xiē rén mái fú shì wéi zì liú yǐ xiě dūn fú shì wéi zì hài yǐ mìng
斯人乃設伏以害己身、立謀以傷己命、
And they lay wait for their own blood; they lurk privily for their own lives.
彼らは 待ち 伏せして 自分の 血を 流し, 自分のいのちを, こっそり, ねらっているのにすぎない.

그들의 가만히 엎드림은 자기의 피를 흘릴 뿐이요 숨어 기다림은 자기의 생명을 해할 뿐이니

19。凡贪恋财利的，所行之路，都是如此。这贪恋之心，乃夺
fán tān liàn cái lì dė suǒ xíng zhī lù dū shì rú cǐ zhè tān liàn zhī xīn nǎi duó

去得财者之命。
qù dé cái zhě zhī mìng

凡貪非義之利者、俱行此道、非義之利、致人喪命、

So are the ways of every one that is greedy of gain; which taketh away the life of the owners thereof.

利得をむさぼる 者の 道はすべてこのようだ. こうして, 持ち 主のいのちを 取り 去ってしまう.

무릇 이를 탐하는 자의 길은 다 이러하여 자기의 생명을 잃게 하느니라

20。智慧在街市上呼喊，在宽阔处发声。
zhì huì zài jiē shì shàng hū hǎn zài kuān kuò chù fā shēng

上智在通衢宣呼、在街市揚聲、

Wisdom crieth without; she uttereth her voice in the streets:

知惠は, ちまたで 大声で 叫び, 广场でその 声をあげ,

지혜가 길거리에서 부르며 광장에서 소리를 높이며

21。在热闹街头喊叫，在城门口，在城中发出言语。
zài rè nào jiē tóu hǎn jiào zài chéngmén kǒu zài chéngzhōng fā chū yán yǔ

在諠譁之路頭大聲而呼、在城門之口在城中發言、

She crieth in the chief place of concourse, in the openings of the gates: in the city she uttereth her words, saying,

騒がしい 町かどで 叫び, 町の 门の 入口で 语りかけて 言う.

훤화하는 길 머리에서 소리를 지르며 성문 어귀와 성중에서 그 소리를 발하여 가로되

22。说你们愚昧人喜爱愚昧，亵慢人喜欢亵慢，愚顽人恨恶知
shuō nǐ mėn yú mèi rén xǐ ài yú mèi xiè màn rén xǐ huān xiè màn yú wán rén hèn è zhī

识，要到几时呢。
shí yào dào jǐ shí ní

曰爾拙者悅於拙、侮慢者樂於侮慢、愚者厭惡知識、將至何時、

How long, ye simple ones, will ye love simplicity? and the scorners delight in their scorning, and fools hate knowledge?

わきまえのない 者たち. あなたがたは, いつまで, わきまえのないことを 好むのか. あざける 者は, いつまで, あざけりを 乐しみ, 愚かな 者は, いつまで, 知识を 憎むのか.

너희 어리석은 자들은 어리석음을 좋아하며 거만한 자들은 거만을 기
뻐하며 미련한 자들은 지식을 미워하니 어느 때까지 하겠느냐

23。你们当因我的责备回转。我要将我的灵浇灌你们，将我
nǐ méndāng yīn wǒ dé zé bèi huí zhuǎn wǒ yào jiāng wǒ dé líng jiāo guàn nǐ mén jiāng wǒ
的话指示你们。
dé huà zhǐ shì nǐ mén
我督責爾、爾當歸而受敎、我將以我信賦爾、以我言示爾、
Turn you at my reproof: behold, I will pour out my spirit unto you, I will make known my words unto you.
わたしの 叱责に 心を 留めるなら， 今すぐ， あなたがたにわたしの 灵を 注ぎ， あなたがたにわたしのことばを 知らせよう.

나의 책망을 듣고 돌이키라 보라 내가 나의 신을 너희에게 부
어주며 나의 말을 너희에게 보이리라

24。我呼唤你们不肯听从。我伸手，无人理会。
wǒ hū huàn nǐ mén bù kěn tīng cóng wǒ shēnshǒu wú rén lǐ huì
我呼爾、爾不聽、我擧手、人不以爲意、

Because I have called, and ye refused; I have stretched out my hand, and no man regarded;
わたしが 呼んだのに, あなたがたは 拒んだ, わたしは 手を 伸べたが, 顾みる 者はない.

내가 부를지라도 너희가 듣기 싫어하였고 내가 손을 펼지라도 돌
아보는 자가 없었고

25。凡轻弃我一切的权戒，不肯受我的责备。
fán qīng qì wǒ yī qiē dé quán jiè bù kěn shòu wǒ de zé bèi
我一切勸敎之言、爾皆背棄、不受我之督責、
But ye have set at nought all my counsel, and would none of my reproof:
あなたがたはわたしのすべての 忠告を 无视し， わたしの 叱责を 受け入れなかった.

도리어 나의 모든 교훈을 멸시하며 나의 책망을 받지 아니하
였은즉

26。你们遭灾难，我就发笑惊恐临到你们，我必嗤笑。
nǐ mén zāo zāi nán wǒ jiù fā xiào jīng kǒng lín dào nǐ mén wǒ bì chī xiào
故爾遭遇災害、我必哂之、可懼之事、臨及爾身、我必笑之、
I also will laugh at your calamity; I will mock when your fear cometh;

それで，わたしも，あなたがたが 災难に 会うときに 笑い，あなたがたを 恐怖が 袭うとき，あざけろう.

너희가 재앙을 만날 때에 내가 웃을 것이며 너희에게 두려움이 임할 때에 내가 비웃으리라

27。惊恐临到你们，好像狂风，灾难来到，如同暴风。急难痛苦临到你们身上。
jīng kǒng lín dào nǐ mén hǎo xiàng kuáng fēng zāi nán lái dào rú tóng bào fēng jí nán tòng kǔ lín dào nǐ mén shēn shàng

可懼之事、臨若狂風、災害至如暴風、爾遭患難、受窘迫、

When your fear cometh as desolation, and your destruction cometh as a whirlwind; when distress and anguish cometh upon you.

恐怖があらしのようにあなたがたを 袭うとき， 灾难がつむじ 风のようにあなたがたを 袭うとき， 苦难と 苦恼があなたがたの 上に 下るとき，

너희의 두려움이 광풍같이 임하겠고 너희의 재앙이 폭풍같이 임하리니

28。那时，你们必呼求我，我却不答应，恳切的寻梢我，却寻不见。
nà shí nǐ mén bì hū qiú wǒ wǒ què bù dá yìng kěn qiē dė xún shāo wǒ què xún bù jiàn

斯時呼籲我爾我不應、尋求我而不得遇、 籲=부를 유

Then shall they call upon me, but I will not answer; they shall seek me early, but they shall not find me:

そのとき， 彼らはわたしを 呼ぶが， わたしは 答えない． わたしを 搜し求めるが， 彼らはわたしを 见つけることができない．

그 때에 너희가 나를 부르리라 그래도 내가 대답지 아니하겠고 부지런히 나를 찾으리라 그래도 나를 만나지 못하리니

29。因为你们恨恶知识，不喜爱敬畏耶和华，
yīn wéi nǐ mén hèn è zhī shí bù xǐ ài jìng wèi yé hé huá

因厭惡知識、不以畏主爲悅、

For that they hated knowledge, and did not choose the fear of the LORD:

なぜなら， 彼らは 知识を 憎み， 主を 恐れることを 选ばず，

대저 너희가 지식을 미워하며 여호와 경외하기를 즐거워하지

30。不听我的劝戒，藐视我一切的责备，
bù tīng wǒ dė quàn jiè miǎo shì wǒ yī qiē dė zé bèi

不受我勸導、藐忽我一切督責、

They would none of my counsel: they despised all my reproof.

それで, 彼らは 自分の 行ないの 実を 食らい, 自分のたくらみに 飽きるであろう.

나의 교훈을 받지 아니하고 나의 모든 책망을 업신여겼음이라

31。所以必吃自结的果子，充满自设的计谋。
suǒ yǐ bì chī zì jié dė guǒ zǐ chōngmǎn zì shè dė jì móu
故必依其道而得果報、依其謀而受報應、
Therefore shall they eat of the fruit of their own way, and be filled with their own devices.
それで, 彼らは 自分の 行ないの 実を 食らい, 自分のたくらみに 飽きるであろう.

그러므로 자기 행위의 열매를 먹으며 자기 꾀에 배부르리라

32。愚昧人背道，必杀已身，愚顽人安逸，必害已命。
yú mèi rén bèi dào bì shā yǐ shēn yú wán rén ān yì bì hài yǐ mìng
拙者違逆必致喪命、愚者淫佚、必致滅亡、
For the turning away of the simple shall slay them, and the prosperity of fools shall destroy them.
わきまえのない 者の 背信は 自分を 杀し, 愚かな 者の 安心は 自分を 灭ぼす.

어리석은 자의 퇴보는 자기를 죽이며 미련한 자의 안일은 자기를 멸망시키려니와

33。惟有听从我的，必安然居住，得享安静，不怕灾祸。
wéi yǒu tīngcóng wǒ dė bì ān rán jū zhù dé xiǎng ān jìng bù pà zāi huò
惟聽我者、必安然而居、必享平康、無禍可畏、
But whoso hearkeneth unto me shall dwell safely, and shall be quiet from fear of evil.
しかし, わたしに 聞き 從う 者は, 安全に 住まい, わざわいを 恐れることもなく, 安らかである.

오직 나를 듣는 자는 안연히 살며 재앙의 두려움이 없이 평안하리라

제 2 장

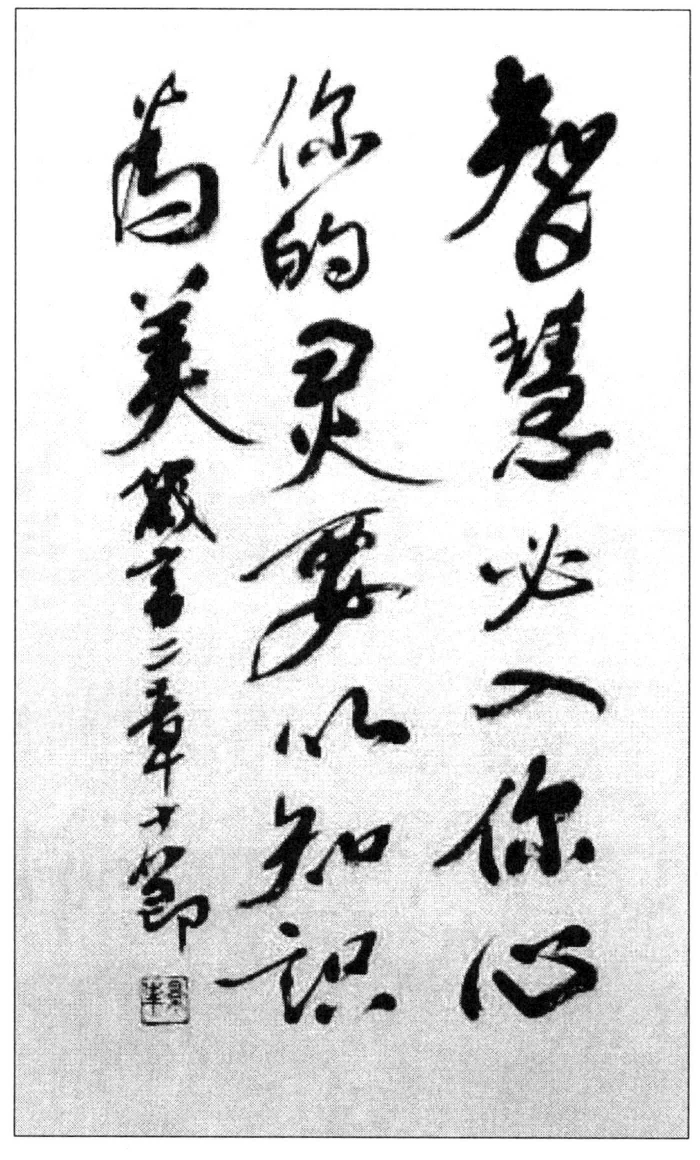

1。 我儿，你若领受我的言语，存记我的得命令，
wǒ ér nǐ ruò lǐng shòu wǒ dė yán yǔ cún jì wǒ dė dé mìng lìng
我子爾若聽受我言、以我誡命存記於必、
My son, if thou wilt receive my words, and hide my commandments with thee;
わが 子よ, もしあなたが, 私のことばを 受け 入れ, 私の 命令をあなたの うちにたくわえ,

내 아들아 네가 만일 나의 말을 받으며 나의 계명을 네게 간직하며

2。 侧耳听智慧，专心求聪明。
cè ěr tīng zhì huì zhuān xīn qiú cōngmíng
傾耳聽智慧言、專心求明哲、
So that thou incline thine ear unto wisdom, and apply thine heart to understanding;
あなたの 耳を 知恵に 傾け, あなたの 心を 英知に 向けるなら,

네 귀를 지혜에 기울이며 네 마음을 명철에 두며

3。 呼求明哲，扬声求聪明，
hū qiú míng zhé yángshēng qiú cōngmíng
呼求明리理、聲言欲得明哲、
Yea, if thou criest after knowledge, and liftest up thy voice for understanding;
もしあなたが 悟りを 呼び 求め, 英知を 求めて 声をあげ,

지식을 불러 구하며 명철을 얻으려고 소리를 높이며

4。 寻梢他如寻梢银子，搜求他如搜求隐藏的珍宝，
xún shāo tā rú xún shāo yín zǐ sōu qiú tā rú sōu qiú yǐn cáng dė zhēn bǎo
索之若銀、尋之若寶、
If thou seekest her as silver, and searchest for her as for hid treasures;
银のように, これを 搜し, 隐された 宝のように, これを 探り 出すなら,

은을 구하는 것 같이 그것을 구하며 감추인 보배를 찾는 것 같이 그것을 찾으면

5。 你就明白敬畏耶和华，得以认识神。
nǐ jiù míng bái jìng wèi yé hé huá dé yǐ rèn shí shén
則爾必明敬畏主之理、必獲知上帝之道、
Then shalt thou understand the fear of the LORD, and find the knowledge of God.
そのとき, あなたは, 主を 恐れることを 悟り, 神の 知识を 见いだそう.
여호와 경외하기를 깨달으며 하나님을 알게 되리니

6。 因为耶和华赐人智慧。知识和聪明，都由他口而出。
yīn wéi yé hé huá cì rén zhì huì zhī shí hé cōngmíng dū yóu tā kǒu ér chū
因主賜人智慧、知識明哲、皆由主之口而出、
For the LORD giveth wisdom: out of his mouth cometh knowledge and understanding.
主が 知恵を 与え， 御口を 通して 知识と 英知を 与えられるからだ.

대저 여호와는 지혜를 주시며 지식과 명철을 그 입에서 내심이며

7。 他给正直人存留真智慧，给行为纯正的人作盾牌。
tā gěi zhèng zhí rén cún liú zhēn zhì huì gěi xíng wéi chúnzhèng dé rén zuò dùn pái
主爲正直者存福祉、行止無過者、主獲之如盾、
He layeth up sound wisdom for the righteous: he is a buckler to them that walk uprightly.
彼は 正しい 者のために， すぐれた 知性をたくわえ， 正しく 歩む 者の 盾となり，

그는 정직한 자를 위하여 완전한 지혜를 예비하시며 행실이 온전한 자에게 방패가 되시나니

8。 为要保守公平人的路，护庇虔敬人的道。
wéi yào bǎo shǒugōngpíng rén dé lù hù bì qiánjìng rén dé dào
主保公義之路、獲虔誠者之道、
He keepeth the paths of judgment, and preserveth the way of his saints.
公义の 小道を 保ち， その 圣徒たちの 道を 守る.

대저 그는 공평의 길을 보호하시며 그 성도들의 길을 보전하려 하심이니라

9。 你也必明白仁义，公平，正直，一切的善道。
nǐ yě bì míng bái rén yì gōngpíng zhèng zhí yī qiē dé shàn dào
爾亦必明平正、公義、正直、及一切善道、
Then shalt thou understand righteousness, and judgment, and equity; yea, every good path.
そのとき， あなたは 正义と 公义と 公正と， すべての 良い 道筋を 悟る.

그런즉 네가 공의와 공평과 정직 곧 모든 선한 길을 깨달을 것이라

10。 智慧必入你心。你的灵要以知识为美。
zhì huì bì rù nǐ xīn nǐ dé líng yào yǐ zhī shí wéi měi
智慧若入爾心、爾以知識爲美、
When wisdom entereth into thine heart, and knowledge is pleasant unto thy soul;
知恵があなたの 心にはいり， 知识があなたのたましいを 乐しませるからだ.
곧 지혜가 네 마음에 들어가며 지식이 네 영혼에 즐겁게 될 것이요

11。谋略必护卫你。聪明必保守你。
móu lüè bì hù wèi nǐ cōngmíng bì bǎo shǒu nǐ
智謀必保爾、明哲必保爾、
Discretion shall preserve thee, understanding shall keep thee:
思慮があなたを 守り, 英知があなたを 保って,

근신이 너를 지키며 명철이 너를 보호하여

12。要救你脱离恶道，（恶道或作恶人的道）脱离说乖谬话的人。
yào jiù nǐ tuō lí è dào è dào huò zuò è rén dė dào tuō lí shuōguāi miù huà dė rén
救爾於惡道、救爾脫於言辭乖戾之人、
To deliver thee from the way of the evil man, from the man that speaketh froward things;
悪の 道からあなたを 救い 出し, ねじれごとを 言う 者からあなたを 救い 出す.

악한 자의 길과 패역을 말하는 자에게서 건져내리라

13。那等人舍弃正直的路，行走黑暗的道，
děng rén shè qì zhèng zhí dė lù xíng zǒu hēi àn dė dào
彼離正直之道、欲行幽暗之路、
Who leave the paths of uprightness, to walk in the ways of darkness;
彼らはまっすぐな 道を 舍て, やみの 道に 歩み,

이 무리는 정직한 길을 떠나 어두운 길로 행하며

14。喜欢作恶，喜爱恶人的乖僻。
xǐ huān zuò è xǐ ài è rén dė guāi pì
樂於作惡、喜惡者之妄爲、
Who rejoice to do evil, and delight in the frowardness of the wicked;
悪を 行なうことを 喜び, 悪いねじれごとを 乐しむ.

행악하기를 기뻐하며 악인의 패역을 즐거워하나니

15。在他们的道中弯曲，在他们的路上偏僻。
zài tā mėn dė dào zhōng wān qū zài tā mėn dė lù shàng piān pì
其路偏僻、其徑邪曲、
Whose ways are crooked, and they froward in their paths:
彼らの 道は 曲がり, その 道筋は 曲がりくねっている.

그 길은 구부러지고 그 행위는 패역하리라

16。智慧要救你拖离淫妇，就是那油嘴滑舌的外女。
zhì huì yào jiù nǐ tuō lí yín fù jiù shì nà yóu zuǐ huá shé dė wài nǚ

明哲亦救爾脫於淫婦、脫於諂言之遊女、
To deliver thee from the strange woman, even from the stranger which flattereth with her words;
あなたは, 他人の 妻から 身を 避けよ. ことばのなめらかな, 见知らぬ 女から.

지혜가 또 너를 음녀에게서, 말로 호리는 이방 계집에게서 구원하리니

17。他离弃幼年的配偶，忘了神的盂约。
tā lí qì yòu nián dė pèi ǒu wàng le shén dė mèng yuē
彼離棄幼年之夫、忘其上帝之約、
Which forsaketh the guide of her youth, and forgetteth the covenant of her God.
彼女は 若いころの 连れ 合いを 舍て, その 神との 契约を 忘れている.

그는 소시의 짝을 버리며 그 하나님의 언약을 잊어버린자라

18。他的家陷入死地，他的路偏向阴间。
tā dė jiā xiàn rù sǐ dì tā dė lù piānxiàng yīn jiān
其家下臨死域、往彼之徑、即奔陰靈之徑、
For her house inclineth unto death, and her paths unto the dead.
彼女の 家は 死に 下り, その 道筋はやみにつながる.

그 집은 사망으로, 그 길은 음부로 기울어졌나니

19。凡到他那里去的不得转回，也得不着生命的路。
fán dào tā nà lǐ qù dė bù dé zhuǎn huí yě dé bù zhuóshēngmìng dė lù
凡入其家者、不得復回、不獲生命之道、
None that go unto her return again, neither take they hold of the paths of life.
彼女のもとへ 行く 者はだれも 归って 来ない. いのちの 道に 至らない.

누구든지 그에게로 가는 자는 돌아오지 못하며 또 생명길을 얻지 못하느니라

20。智慧必使你行善人的道，守义人的路。
zhì huì bì shǐ nǐ xíngshàn rén dė dào shǒu yì rén dė lù
明哲必使爾行善人之道、守義人之路、
That thou mayest walk in the way of good men, and keep the paths of the righteous.
だから, あなたは 良い 人々の 道に 歩み, 正しい 人々の 道を 守るがよい.

지혜가 너로 선한 자의 길로 행하게 하며 또 의인의 길을 지키게하리니

21。正直人必在世上居住。完全人必在地上存留。
zhèng zhí rén bì zài shì shàng jū zhù wánquán rén bì zài dì shàng cún liú
正直人得居於地、完全人恆存於地、
For the upright shall dwell in the land, and the perfect shall remain in it.
正直な 人は 地に 住みつき, 潔白な 人は 地に 生き 残る.

대저 정직한 자는 땅에 거하며 완전한 자는 땅에 남아 있으리라

22。惟有恶人必然剪除。奸诈的必然拔出。
wéi yǒu è rén bì rán jiǎn chú jiān zhà de bì rán bá chū
惟彼惡人、必見絶於地、悖逆者必由地而被黜、
But the wicked shall be cut off from the earth, and the transgressors shall be rooted out of it.
しかし, 悪者どもは 地から 絶やされ, 裏切り 者は 地から 根こぎにされる.

그러나 악인은 땅에서 끊어지겠고 궤휼한 자는 땅에서 뽑히리라

제 3 장

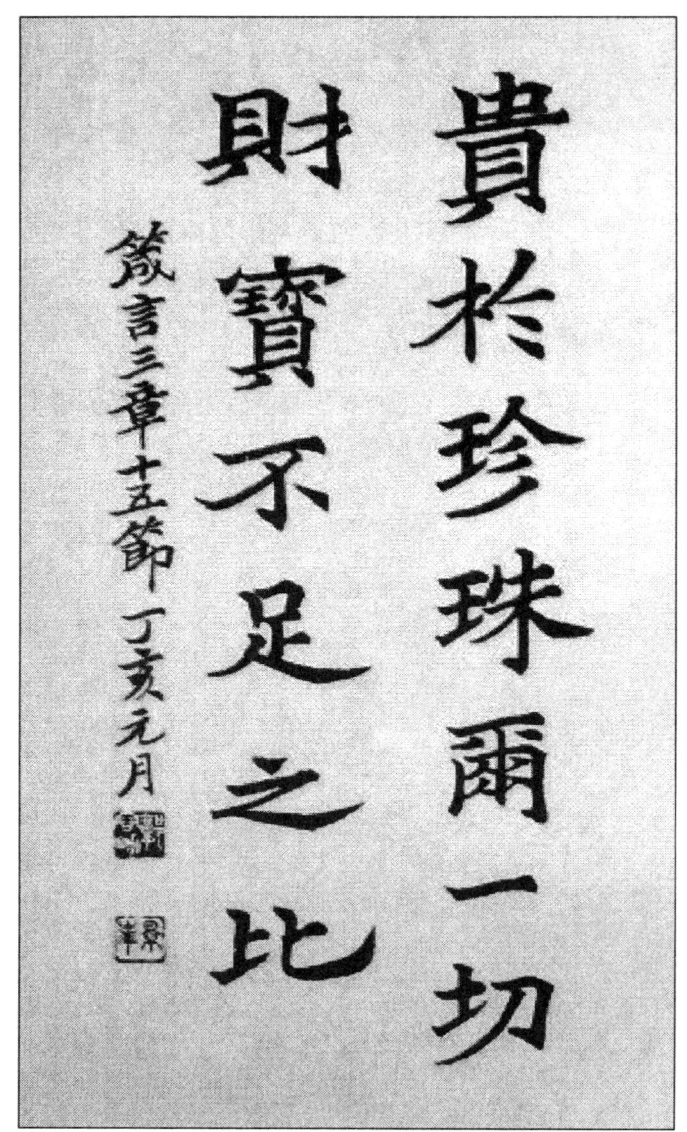

1。 我儿，不要忘记我的法则。（或作指教）你心要谨守我的诫命。
wǒ ér bù yào wàng jì wǒ dė fǎ zé huò zuò zhǐ jiào nǐ xīn yào jǐn shǒu wǒ dė jiè mìng
我子勿遺忘我之教誨、爾心當謹守我之誡命、
My son, forget not my law; but let thine heart keep my commandments:
わが 子よ. 私のおしえを 忘れるな. 私の 命令を 心に 留めよ.

내 아들아 나의 법을 잊어버리지 말고 네 마음으로 나의 명령을 지키라

2。 因为他必将长久的日子，生命的年数，与平安，加给你。
yīn wéi tā bì jiāngcháng jiǔ dė rì zǐ shēngmìng dė nián shù yǔ píng ān jiā gěi nǐ
因必使爾得長壽、享遐齡、獲平康、
For length of days, and long life, and peace, shall they add to thee.
わが 子よ. 私のおしえを 忘れるな. 私の 命令を 心に 留めよ.

그리하면 그것이 너로 장수하여 많은 해를 누리게 하며 평강을 더하게 하리라

3。 不可使慈爱诚实离开你。要系在你颈项上，刻在你心版上。
bù kě shǐ cí ài chéng shí lí kāi nǐ yào xì zài nǐ jǐng dǐngshàng kè zài nǐ xīn bǎn shàng
勿使仁慈誠實以離爾、當繫於爾項、銘於爾心、
Let not mercy and truth forsake thee: bind them about thy neck; write them upon the table of thine heart:
恵みとまことを 捨ててはならない. それをあなたの 首に 結び, あなたの 心の 板に 書きしるせ.

인자와 진리로 네게서 떠나지 않게 하고 그것을 네 목에 매며 네 마음판에 새기라

4。 这样，你必在神和世人眼前蒙恩宠，有聪明。
zhè yàng nǐ bì zài shén hé shì rén yǎn qián méng ēn chǒng yǒu cōngmíng
爾若如此、則必在上帝與人前蒙恩寵、視爲明哲、
So shalt thou find favour and good understanding in the sight of God and man.
神と 人との 前に 好意と 聰明を 得よ.

그리하면 네가 하나님과 사람 앞에서 은총과 귀중히 여김을 받으리라

5。 你要专心仰赖耶和华，不可倚靠自己的聪明。
nǐ yào zhuān xīn yǎng lài yé hé huá bù kě yǐ kào zì jǐ dė cōngmíng
當一心賴主、勿恃己明、

Trust in the LORD with all thine heart; and lean not unto thine own understanding.
心を 盡くして 主に 據り 賴め. 自分の 悟りにたよるな.

너는 마음을 다하여 여호와를 의뢰하고 네 명철을 의지하지 말라

6。在你一切所行的事上，都要认定他，他必指引你的路。
zài nǐ yī qiē suǒ xíng dè shì shàng dū yào rèn dìng tā tā bì zhǐ yǐn nǐ dè lù
爾無論行何道、當思念主、則主必使爾道途平直、
In all thy ways acknowledge him, and he shall direct thy paths.
あなたの 行く 所どこにおいても, 主を 認めよ. そうすれば, 主はあなたの道をまっすぐにされる.

너는 범사에 그를 인정하라 그리하면 네 길을 지도하시리라

7。不要自以为有智慧。要敬畏耶和华，远离恶事。
bù yào zì yǐ wéi yǒu zhì huì yào jìng wèi yé hé huá yuǎn lí è shì
毋自視爲智者、當敬畏主、遠離惡事、
Be not wise in thine own eyes: fear the LORD, and depart from evil.
自分を 知惠のある 者と 思うな. 主を 恐れて, 惡から 離れよ.

스스로 지혜롭게 여기지 말지어다 여호와를 경외하며 악을 떠날지어다

8。这便医治你的肚脐，滋润你的百骨。
zhè biàn yī zhì nǐ dè dù qí zī rùn nǐ dè bǎi gǔ
此爲爾治身之良藥、使爾百骸充髓、
It shall be health to thy navel, and marrow to thy bones.
それはあなたのからだを 健康にし, あなたの 骨に 元氣をつける.

이것이 네 몸에 양약이 되어 네 골수로 윤택하게 하리라

9。你要以财物，和一切初熟的土产，尊荣耶和华。
nǐ yào yǐ cái wù hé yī qiē chū shú dè tǔ chǎn zūn róng yé hé huá
由爾貲財獻禮物於主、並薦土產之初實者、以此敬主、
Honour the LORD with thy substance, and with the firstfruits of all thine increase:
あなたの 財産とすべての 收穫の 初物で, 主をあがめよ.

네 재물과 네 소산물의 처음 익은 열매로 여호와를 공경하라

10。这样，你的仓房，必从满有馀，你的酒榨，有新酒盈溢。
zhè yàng nǐ dè cāng fáng bì cóng mǎn yǒu yú nǐ dè jiǔ zhà yǒu xīn jiǔ yíng yì
則爾之倉廩必得充盈、爾之壓酒處新酒必流溢、
So shall thy barns be filled with plenty, and thy presses shall burst

out with new wine.
そうすれば, あなたの 倉は 豊かに 滿たされ, あなたの 酒ぶねは 新しい ぶどう 酒であふれる.

네 재물과 네 소산물의 처음 익은 열매로 여호와를 공경하라

11。我儿，你不可轻看耶和华的管教，（或作惩治）也不可
wǒ ér nǐ bù kě qīng kàn yé hé huá dè guǎn jiào huò zuò chéng zhì yě bù kě
厌烦他的责备。
yàn fán tā dè zé bèi
我子、主責爾、勿輕視、主譴爾、勿喪膽、
My son, despise not the chastening of the LORD; neither be weary of his correction:
わが 子よ. 主の 懲らしめをないがしろにするな. その 叱責をいとうな.

내 아들아 여호와의 징계를 경히 여기지 말라 그 꾸지람을 싫어하지 말라

12。因为耶和华所爱的，他必责备。正如父亲责备所喜爱的儿子。
yīn wéi yé hé huá suǒ ài dè tā bì zé bèi zhèng rú fù qīn zé bèi suǒ xǐ ài dè ér zǐ
蓋主責其所愛者、如父督責所悅之子、
For whom the LORD loveth he correcteth; even as a father the son in whom he delighteth.
父がかわいがる 子をしかるように, 主は 愛する 者をしかる.

대저 여호와께서 그 사랑하시는 자를 징계하시기를 마치 아비가 그 기뻐하는 아들을 징계함 같이 하시느니라

13。得智慧，得聪明的，这人便为有福。
dé zhì huì dé cōngmíng dè zhè rén biàn wéi yǒu fú
得智慧得明哲者、此人則爲有福、
Happy is the man that findeth wisdom, and the man that getteth understanding.
幸いなことよ. 知恵を 見いだす 人, 英知をいただく 人は.

지혜를 얻은 자와 명철을 얻은 자는 복이 있나니

14。因为得智慧胜过得银子，其利益强如精金。
yīn wéi dé zhì huì shèng guò dé yín zǐ qí lì yì qiáng rú jīng jīn
積智慧勝於積銀、智慧利大、勝於精金、
For the merchandise of it is better than the merchandise of silver, and the gain thereof than fine gold.
それの 儲けは 銀の 儲けにまさり, その 收穫は 黃金にまさ

るからだ.

이는 지혜를 얻는 것이 은을 얻는 것보다 낫고 그 이익이 정금보다 나음이니라

15。比珍珠 (或作红宝石)宝贵。你一切所喜爱的，都不足比较。
bǐ zhēn zhū huòzuòhóngbǎoshí bǎo guì nǐ yī qiē suǒ xǐ ài dė dū bù zú bǐ jiào
貴於珍珠、爾一切財寶、不足與之比、
She is more precious than rubies: and all the things thou canst desire are not to be compared unto her.
知恵は 眞珠よりも 尊く, あなたの 望むどんなものも, これとは 比べられない.

지혜는 진주보다 귀하니 너의 사모하는 모든 것으로 이에 비교할 수 없도다

16。他右手有长寿。左手有富贵。
tā yòu shǒu yǒu chángshòu zuǒ shǒu yǒu fù guì
右手操持長壽、左手操持富貴、
Length of days is in her right hand; and in her left hand riches and honour.
その 右の 手には 長壽があり, その 左の 手には 富と 譽れがある.

그 우편 손에는 장수가 있고 그 좌편 손에는 부귀가 있나니

17。他的道是安乐，他的路全是平安。
tā dė dào shì ān lè tā dė lù quán shì píng ān
其道安樂、其徑平康、
Her ways are ways of pleasantness, and all her paths are peace.
その 道は 樂しい 道であり, その 通り 道はみな 平安である.

그 길은 즐거운 길이요 그 첩경은 다 평강이니라

18。他与持守他的作生命树。持定他的俱各有福。
tā yǔ chí shǒu tā dė zuò shēngmìng shù chí dìng tā dė jù gè yǒu fú
持守智慧者、如得生命之樹、執持智慧者、悉有福、
She is a tree of life to them that lay hold upon her: and happy is every one that retaineth her.
知恵は,これを 堅く 握る 者にはいのちの 木である. これをつかんでいる 者は 幸いである.

지혜는 그 얻은 자에게 생명 나무라 지혜를 가진 자는 복 되도다

19。耶和华以智慧立地。以聪明定天。
yé hé huá yǐ zhì huì lì dì yǐ cōngmíngdìng tiān
主以智慧奠地、以明哲建天、
The LORD by wisdom hath founded the earth; by understanding hath he established the heavens.
主は 知恵をもって 地の 基を 定め, 英知をもって 天を 堅く 立てられた.

여호와께서는 지혜로 땅을 세우셨으며 명철로 하늘을 굳게 펴셨고

20。以知识使深渊裂开，使天空滴下甘露。
yǐ zhī shí shǐ shēnyuān liè kāi shǐ tiānkōng dī xià gān lù
以知識裂地脈以出泉源、使高空滴露、
By his knowledge the depths are broken up, and the clouds drop down the dew.
深淵はその 知識によって 張り 裂け, 雲は 露を 注ぐ.

그 지식으로 해양이 갈라지게 하셨으며 공중에서 이슬이 내리게 하셨느니라

21。我儿，要谨守真智慧和谋略。不可使他离开你的眼目。
wǒ ér yào jǐn shǒuzhēn zhì huì hé móu lüè bù kě shǐ tā lí kāi nǐ dè yǎn mù
我子、當守智慧智謀、必常在爾目中、
My son, let not them depart from thine eyes: keep sound wisdom and discretion:
わが 子よ, すぐれた 知性と 思慮とをよく 見張り, これらを 見失うな.

내 아들아 완전한 지혜와 근신을 지키고 이것들로 네 눈앞에서 떠나지 않게 하라

22。这样，他必作你的生命，颈项的美饰。
zhè yàng tā bì zuò nǐ dè shēngmìng jǐng xiàng dè měi shì
保養爾性靈、爲爾項之華飾、
So shall they be life unto thy soul, and grace to thy neck.
それらは, あなたのたましいのいのちとなり, あなたの 首の麗しさとなる.

그리하면 그것이 네 영혼의 생명이 되며 네 목에 장식이 되리니

23。你就坦然行路，不至碰脚。
nǐ jiù tǎn rán xíng lù bù zhì pèng jiǎo
則必安然行道、爾足不致顚蹶、
Then shalt thou walk in thy way safely, and thy foot shall not stumble.

こうして, あなたは 安らかに 自分の 道を 歩み, あなたの 足はつまずかない.

네가 네 길을 안연히 행하겠고 네 발이 거치지 아니하겠으며

24。你躺下，必不惧怕。你躺卧，睡得香甜。
nǐ tǎng xià bì bù jù pà nǐ tǎng wò shuì dé xiang tián
爾寢臥必 酣寐、無所畏懼、
When thou liest down, thou shalt not be afraid: yea, thou shalt lie down, and thy sleep shall be sweet.
あなたが 横たわるとき, あなたに 恐れはない, 休むとき, 眠りは, ここちよい.

네가 누울 때에 두려워하지 아니하겠고 네가 누운즉 네 잠이 달리로다

25。忽然来的惊恐，不要害怕。恶人遭毁灭，也不要恐惧。
hū rán lái dè jīng kǒng bù yào hài pà è rén zāo huǐ miè yě bù yào kǒng jù
不懼可驚之災忽至、亦不懼惡人羣來加害、
Be not afraid of sudden fear, neither of the desolation of the wicked, when it cometh.
にわかに 起こる 恐怖におびえるな. 悪者どもが 襲いかかってもおびえるな.

너는 창졸간의 두려움이나 악인의 멸망이 임할 때나 두려워하지 말라

26。因为耶和华是你所倚靠的。他必保守你的脚不陷入网罗。
yīn wéi yé hé huá shì nǐ suǒ yǐ kào dè tā bì bǎo shǒu nǐ dè jiǎo bù xiàn rù wǎng luó
蓋爾賴主、主必護爾、免爾之足陷入網羅、
For the LORD shall be thy confidence, and shall keep thy foot from being taken.
主があなたのわきにおられ, あなたの 足がわなにかからないように, 守ってくださるからだ.

대저 여호와는 너의 의지할 자이시라 네 발을 지켜 걸리지 않게 하시리라

27。你手若有行善的力量，不可推辞，就当向那应得的人施行。
nǐ shǒu ruò yǒu xíng shàn dè lì liáng bù kě tuī cí jiù dāng xiàng nà yīng dé dè rén shī xíng
人若應得善待爾手有力能施、則施之勿緩、
Withhold not good from them to whom it is due, when it is in the power of thine hand to do it.

あなたの 手に 善を 行なう 力があるとき, 求める 者に, それを 拒むな.

네 손이 선을 베풀 힘이 있거든 마땅히 받을 자에게 베풀기를 아끼지 말며

28。你那里若有现成的，不可对邻舍说，去吧，明天再来，
nǐ nà lǐ ruò yǒu xiànchéng dè bù kě duì lín shè shuō qù bā míng tiān zài lái
我必给你。
wǒ bì gěi nǐ
人有所來、爾家中若有、則勿對之曰且去、明日復來、我將于爾、
Say not unto thy neighbour, Go, and come again, and to morrow I will give; when thou hast it by thee.
あなたに 財産があるとき, あなたの 隣人に 向かい, 「去って, また 來なさい. あす, あげよう.」と 言うな.

네게 있거든 이웃에게 이르기를 갔다가 다시 오라 내일 주겠노라 하지 말며

29。你的邻舍，既在你附近安居，你不可设计害他。
nǐ dè lín shè jì zài nǐ fù jìn ān jū nǐ bù kě shè jì hài tā
爾隣與爾安居、勿設謀以加害、
Devise not evil against thy neighbour, seeing he dwelleth securely by thee.
あなたの 隣人が, あなたのそばで 安心して 住んでいるとき, その 人に, 惡をたくらんではならない.

네 이웃이 네 곁에서 안연히 살거든 그를 모해하지 말며

30。人未增加害与你，不可无故与他相争。
rén wèi zēng jiā hài yǔ nǐ bù kě wú gù yǔ tā xiāngzhēng
人不害爾、爾勿無故與之爭、
Strive not with a man without cause, if he have done thee no harm.
あなたに 惡いしうちをしていないのなら, 理由もなく, 人と 爭うな.

사람이 네게 악을 행하지 아니하였거든 까닭 없이 더불어 다투지 말며

31。不可嫉妒强暴的人，也不可选择他所行的路。
bù kě jí dù qiáng bào dè rén yě bù kě xuǎn zé tā suǒ xíng dè lù
勿妒凶暴者、勿悅其一切道途、
Envy thou not the oppressor, and choose none of his ways.

暴虐の 者をうらやむな. そのすべての 道を 選ぶな.

포학한 자를 부러워하지 말며 그 아무 행위든지 좇지 말라

32。因为乖僻人为耶和华所憎恶。正直人为他所亲密。
yīn wéi guāi pì rén wéi yé hé huá suǒ zēng è zhèng zhí rén wéi tā suǒ qīn mì
蓋乖戾者主所惡、正直者主所悅、
For the froward is abomination to the LORD: but his secret is with the righteous.
主は, よこしまな 者を 忌みきらい, 直ぐな 者と 親しくされるからだ.

대저 패역한 자는 여호와의 미워하심을 입거니와 정직한 자에게는 그의 교통하심이 있으며

33。耶和华咒诅恶人的家庭，赐福义人的居所。
yé hé huá zhòu zǔ è rén dė jiā tíng cì fú yì rén dė jū suǒ
主必降災於惡人之家、賜福於義子之室、
The curse of the LORD is in the house of the wicked: but he blesseth the habitation of the just.
悪者の 家には, 主ののろいがある. 正しい 人の 住まいは, 主が 祝福される.

악인의 집에는 여호와의 저주가 있거니와 의인의 집에는 복이 있느니라

34。他讥诮那好讥诮的人，赐恩给谦卑的人。
tā jī qiào nà hǎo jī qiào dė rén cì ēn gěi qiān bēi dė rén
侮慢者主必哂笑、謙遜者主必施以恩寵、
Surely he scorneth the scorners: but he giveth grace unto the lowly.
あざける 者を 主はあざけり, へりくだる 者には 恵みを 授ける.

진실로 그는 거만한 자를 비웃으시며 겸손한 자에게 은혜를 베푸시나니

35。智慧人必承受尊荣。愚昧人高升也成为羞辱。
zhì huì rén bì chéngshòu zūn róng yú mèi rén gāo shēng yě chéng wéi xiū rǔ
智者得榮、愚者受辱、
The wise shall inherit glory: but shame shall be the promotion of fools.
知恵のある 者は 誉れを 受け 継ぎ, 愚かな 者は 恥を 得る.

지혜로운 자는 영광을 기업으로 받거니와 미련한 자의 현달함은 욕이 되느니라

제 4 장

무릇 지킬만한 것보다
더욱 네 마음을 지키라
생명의 근원이 이에서
남이니라 잠언 사장 이십삼절

1。 众子啊，要听父亲的教训，留心得知聪明。
zhòng zǐ ā yào tīng fù qīn dė jiào xùn liú xīn dé zhī cōngmíng
衆子、須聽父訓、宜傾聽、以得明哲、
Hear, ye children, the instruction of a father, and attend to know understanding.
子どもらよ. 父の 訓戒に 聞き 從い, 悟りを 得るように 心がけよ.

아들들아 아비의 훈계를 들으며 명철을 얻기에 주의하라

2。 因我所给你们的，是好教训。不可离弃我的法则。(或作指教)
yīn wǒ suǒ gěi nǐ mėn dė shì hǎo jiào xùn bù kě lí qì wǒ dė fǎ zé huò zuò zhǐ jiào
我誨爾之道至美、勿棄我敎、
For I give you good doctrine, forsake ye not my law.
私は 良い 教訓をあなたがたに 授けるからだ, 私のおしえを 捨ててはならない.

내가 선한 도리를 너희에게 전하노니 내 법을 떠나지 말라

3。 我在父亲面前为孝子，在母亲眼中为独一的娇儿。
wǒ zài fù qīn miànqián wéi xiào zǐ zài mǔ qīn yǎn zhōng wéi dú yī dė jiāo ér
我幼弱時、父愛我、母慈我、猶獨生之子、
For I give you good doctrine, forsake ye not my law.
私が, 私の 父には, 子であり, 私の 母にとっては, おとなしいひとり 子であったとき,

나도 내 아버지에게 아들이었었으며 내 어머니 보기에 유약한 외아들이었었노라

4。 父亲教训我说，你心要存记我的言语，遵守我的命令，
fù qīn jiào xùn wǒ shuō nǐ xīn yào cún jì wǒ dė yán yǔ zūn shǒu wǒ dė mìng lìng
便得存活。
biàn dé cún huó
父誨我曰、爾心當存念我言、恪守我命、則可得生、
He taught me also, and said unto me, Let thine heart retain my words: keep my commandments, and live.
父は 私を 教えて 言った, 「私のことばを 心に 留め, 私の 命令を 守って, 生きよ.

아버지가 내게 가르쳐 이르기를 내 말을 네 마음에 두라 내 명령을 지키라 그리하면 살리라

5。 要得智慧，要得聪明。不可忘记,也不可偏里我口中的言语。
yào dé zhì huì yào dé cōngmíng bù kě wàng jì yě bù kě piān lǐ wǒ kǒu zhōng dė yán yǔ
當求智慧、當得明哲、不可遺忘、不可偏離我口所言、

He taught me also, and said unto me, Let thine heart retain my words: keep my commandments, and live.
知恵を 得よ. 悟りを 得よ. 忘れてはならない. 私の 口の 授けたことばからそれてはならない.

지혜를 얻으며 명철을 얻으라 내 입의 말을 잊지 말며 어기지 말라

6。 不可离弃智慧，智慧就护卫你。要爱他，他就保守你。
bù kě lí qì zhì huì zhì huì jiù hù wèi nǐ yào ài tā tā jiù bǎo shǒu nǐ
勿棄智慧、智慧則保爾、須愛智慧、智慧則護爾、
Forsake her not, and she shall preserve thee: love her, and she shall keep thee.
知恵を 捨てるな, それがあなたを 守る. これを 愛せ. これがあなたを 保つ.

지혜를 버리지 말라 그가 너를 보호하리라 그를 사랑하라 그가 너를 지키리라

7。 智慧为首。所以要得智慧。在你一切所得之内，必得聪明。
zhì huì wéi shǒu suǒ yǐ yào dé zhì huì zài nǐ yī qiē suǒ dé zhī nèi bì dé cōngmíng
(或作用你一切所得的去换聪明)
huò zuò yòng nǐ yī qiē suǒ dé de qù huàncōngmíng
智慧爲首善、務必購求在、在所欲得之中、以明哲爲要、
Forsake her not, and she shall preserve thee: love her, and she shall keep thee.
知恵の 初めに, 知恵を 得よ. あなたのすべての 財産をかけて, 悟りを 得よ.

지혜가 제일이니 지혜를 얻으라 무릇 너의 얻은 것을 가져 명철을 얻을지니라

8。 高举智慧，他就使你高升。怀抱智慧，他就使你尊荣。
gāo jǔ zhì huì tā jiù shǐ nǐ gāo shēng huái bào zhì huì tā jiù shǐ nǐ zūn róng
尊崇智慧、則使爾升高、懷念智慧、則使爾尊榮、
Exalt her, and she shall promote thee: she shall bring thee to honour, when thou dost embrace her.
それを 尊べ. そうすれば, それはあなたを 高めてくれる. それを 抱きしめると, それはあなたに 譽れを 與える.

그를 높이라 그리하면 그가 너를 높이 들리라 만일 그를 품으면 그가 너를 영화롭게 하리라

9。 他必将华冠加在你头上，把荣冕交给你。
tā bì jiāng huá guān jiā zài nǐ tóu shàng bǎ róngmiǎn jiāo gěi nǐ

必使爾首如冠華冠、如戴榮冕、
She shall give to thine head an ornament of grace: a crown of glory shall she deliver to thee.
それはあなたの 頭に 麗しい 花輪を 與え, 光榮の 冠をあなたに 授けよう.

그가 아름다운 관을 네 머리에 두겠고 영화로운 면류관을 네게 주리라 하였느니라

10。我儿，你要听受我的言语，就必延年益寿。
wǒ ér nǐ yào tīng shòu wǒ dė yán yǔ jiù bì yán nián yì shòu
我子聽受我言、如此、可享遐齡、
Hear, O my son, and receive my sayings; and the years of thy life shall be many.
わが 子よ. 聞け. 私の 言うことを 受け 入れよ. そうすれば, あなたのいのちの 年は 多くなる.

내 아들아 들으라 내 말을 받으라 그리하면 네 생명의 해가 길리라

11。我已指教你走智慧的道，引导你行正直的路。
wǒ yǐ zhǐ jiào nǐ zǒu zhì huì dė dào yǐn dǎo nǐ xíng zhèng zhí dė lù
我以智慧之道敎爾、道爾行正直之路、
I have taught thee in the way of wisdom; I have led thee in right paths.
私は 知惠の 道をあなたに 教え, 正しい 道筋にあなたを 導いた.

내가 지혜로운 길로 네게 가르쳤으며 정직한 첩경으로 너를 인도하였은즉

12。 你行走，脚步必不致狭窄。你奔跑，也不致跌倒。
nǐ xíng zǒu jiǎo bù bì bù zhì xiá zhǎi nǐ bēn pǎo yě bù zhì diē dǎo
爾行時、步履不致躊躇、爾雖疾趨、亦不致顚蹶、
When thou goest, thy steps shall not be straitened; and when thou runnest, thou shalt not stumble.
あなたが 步むとき, その 步みは 妨げられず, 走るときにも, つまずくことはない.

다닐 때에 네 걸음이 곤란하지 아니하겠고 달려갈 때에 실족하지 아니하리라

13。要持定训悔，不可放松。必当谨守，因为他是你的生命。
yào chí dìng xùn huǐ bù kě fàng sōng bì dāng jǐn shǒu yīn wéi tā shì nǐ dė shēngmìng
執持訓誨、不可遺失、當恪守之、蓋此爲爾之生命、
Take fast hold of instruction; let her not go: keep her; for

she is thy life.
訓戒を 堅く 握って, 手放すな, それを 見守れ. それはあなたのいのちだから.

훈계를 굳게 잡아 놓치지 말고 지키라 이것이 네 생명이니라

14。不可行恶人的路。不可走坏人的道。
bù kě xíng è rén dè lù   bù kě zǒu huài rén dè dào
勿入邪者之途、勿履惡人之路、
Enter not into the path of the wicked, and go not in the way of evil men.
惡者どもの 道にはいるな. 悪人たちの 道を 歩むな.

사특한 자의 첩경에 들어가지 말며 악인의 길로 다니지 말지어다

15。要躲避，不可轻过。要转身而去。
yào duǒ bí   bù kě qīng guò   yào zhuǎnshēn ér qù
避之勿由、遠之而去、
Avoid it, pass not by it, turn from it, and pass away.
それを 無視せよ. そこを 通るな. それを 避けて 通れ.

그 길을 피하고 지나가지 말며 돌이켜 떠나갈지어다

16。这等人若不行恶，不得睡觉。不使人跌倒，睡卧不安。
zhè děng rén ruò bù xíng è   bù dé shuì jué   bù shǐ rén diē dǎo   shuì wò bù ān
惡人若不行惡、不遑寢寐、不陷害人、不暇合目、
For they sleep not, except they have done mischief; and their sleep is taken away, unless they cause some to fall.
彼らは 悪を 行なわなければ, 眠ることができず, 人をつまずかせなければ, 眠りが 得られない.

그들은 악을 행하지 못하면 자지 못하며 사람을 넘어뜨리지 못하면 잠이 오지 아니하며

17。因为他们以奸恶吃饼，以强暴喝酒。
yīn wéi tā mèn yǐ jiān è chī bǐng   yǐ qiáng bào hē jiǔ
所食之餅、非義而取、所飲之酒、强暴而得、
For they eat the bread of wickedness, and drink the wine of violence.
彼らは 不義の パン を 食べ, 暴虐の 酒を 飲むからだ.

불의의 떡을 먹으며 강포의 술을 마심이니라

18。但义人的路，好像黎明的光，越照越明，直到日午。
dàn yì rén dè lù   hǎo xiàng lí míng dè guāng   yuè zhào yuè míng   zhí dào rì wǔ

義者之道、如旭日之光、久而愈明、直至日中、
But the path of the just is as the shining light, that shineth more and more unto the perfect day.
義人の 道は, あけぼのの 光のようだ. いよいよ 輝きを 増して 眞昼となる.

의인의 길은 돋는 햇볕 같아서 점점 빛나서 원만한 광명에 이르거니와

19。恶人的道好像幽暗。自己不知因什么跌倒。
è rén dė dào hǎo xiàng yōu àn zì jǐ bù zhī yīn shén mė diē dǎo
惡人之途、猶如幽暗、不自知觸於何物而顚、
The way of the wicked is as darkness: they know not at what they stumble.
惡者の 道は 暗やみのようだ. 彼らは 何につまずくかを 知らない.

악인의 길은 어둠 같아서 그가 거쳐 넘어져도 그것이 무엇인지 깨닫지 못하느니라

20。我儿，要留心听我的言词，侧耳听我的话语。
wǒ ér yào liú xīn tīng wǒ dė yán cí cè ěr tīng wǒ dė huà yǔ
我子、聽我言、傾耳聆、我語、
My son, attend to my words; incline thine ear unto my sayings.
わが 子よ. 私のことばをよく 聞け. 私の 言うことに 耳を 傾けよ.

내 아들아 내 말에 주의하며 나의 이르는 것에 네 귀를 기울이라

21。都不可离你的眼目。要存记在你心中。
dū bù kě lí nǐ dė yǎn mù yào cún jì zài nǐ xīn zhōng
當恆在目前、永存於心、
Let them not depart from thine eyes; keep them in the midst of thine heart.
それをあなたの 目から 離さず, あなたの 心のうちに 保て.

그것을 네 눈에서 떠나게 말며 네 마음 속에 지키라

22。因为得着他的，就得了生命，又得了医全体的良药。
yīn wéi dé zhuó tā dė jiù dé liǎo shēngmìng yòu dé liǎo yī quán tǐ dė liáng yào
得之者得生命、亦如良藥、可治全體、
For they are life unto those that find them, and health to all their flesh.
見いだす 者には, それはいのちとなり, その 全身を 健やかにする.

그것은 얻는 자에게 생명이 되며 그 온 육체의 건강이 됨이니라

23。你要保守你心，胜过保守一切。(或作你要切切保守你心)
nǐ yào bǎo shǒu nǐ xīn shèng guò bǎo shǒu yī qiē huò zuò nǐ yào qiē qiē bǎo shǒu nǐ xīn
因为一生的果效，是由心发出。
yīn wéi yī shēng dé guǒ xiào shì yóu xīn fā chū
當操守爾心、較操守一切更甚、蓋心乃生命之源、
Keep thy heart with all diligence; for out of it are the issues of life.
力の 限り, 見張って, あなたの 心を 見守れ. いのちの 泉はこれからわく.

무릇 지킬만한 것보다 더욱 네 마음을 지키라 생명의 근원이 이에서 남이니라

24。你要除掉邪僻的口，弃绝乖谬的嘴。
nǐ yào chú diào xié pì dé kǒu qì jué guāi miù dé zuǐ
爾口勿出詭詐、爾脣勿發乖謬、
Put away from thee a froward mouth, and perverse lips put far from thee.
偽りを 言う 口をあなたから 取り 除き, 曲がったことを 言うくちびるをあなたから 切り 離せ.

궤휼을 네 입에서 버리며 사곡을 네 입술에서 멀리하라

25。你的眼目，要向前升看，你的眼睛,(原文作皮) 当向前直观。
nǐ dé yǎn mù yào xiàng qián shēng kàn nǐ dé yǎn jīng yuán wén zuò pí dāng xiàng qián zhí guān
爾眼勿斜視、爾目當直觀、
Let thine eyes look right on, and let thine eyelids look straight before thee.
あなたの 目は 前方を 見つめ, あなたのまぶたはあなたの 前をまっすぐに 見よ.

네 눈은 바로 보며 네 눈꺼풀은 네 앞을 곧게 살펴

26。要修平你脚下的路，坚定你一切的道。
yào xiū píng nǐ jiǎo xià dé lù jiān dìng nǐ yī qiē dé dào
思爾足可履之徑、爾之道俱當正直、
Ponder the path of thy feet, and let all thy ways be established.
あなたの 足の 道筋に 心を 配り, あなたのすべての 道を 堅く 定めよ.

네 발의 행할 첩경을 평탄케 하며 네 모든 길을 든든히 하라

27。不可偏向左右。要使你的脚离开邪恶。
bù kě piān xiàng zuǒ yòu yào shǐ nǐ dé jiǎo lí kāi xié è

勿偏於左勿偏於右、爾足當離足當離惡道、
Turn not to the right hand nor to the left: remove thy foot from evil.
右にも 左にもそれてはならない. あなたの 足を 惡から 遠ざけよ.

우편으로나 좌편으로나 치우치지 말고 네 발을 악에서 떠나게 하라

제 5 장

1。 我儿，要留心我智慧的话语，侧耳听我聪明的言词。
wǒ ér yào liú xīn wǒ zhì huì dė huà yǔ cè ěr tīng wǒ cōngmíng dė yán cí
我子、聽我智慧言、傾耳聆我明哲語、
My son, attend unto my wisdom, and bow thine ear to my understanding:
わが 子よ, 私の 知恵に 心を 留め, 私の 英知に 耳を 傾けよ.

내 아들아 내 지혜에 주의하며 내 명철에 네 귀를 기울여서

2。 为要使你谨守谋略，嘴唇保存知识。
wéi yào shǐ nǐ jǐn shǒumóu lüè zuǐ chún bǎo cún zhī shí
俾爾心存智謀、俾爾口藏哲言、
That thou mayest regard discretion, and that thy lips may keep knowledge.
これは, 分別を 守り, あなたのくちびるが 知識を 保つためだ.

근신을 지키며 네 입술로 지식을 지키도록 하라

3。 因为淫妇的嘴滴下蜂蜜，他的口比油更滑。
yīn wéi yín fù dė zuǐ dī xià fēng mì tā dė kǒu bǐ yóu gēng huá
淫婦甘言如滴蜜、其口較油更滑、
For the lips of a strange woman drop as an honeycomb, and her mouth is smoother than oil:
他國の 女のくちびるは 蜂の 巢の 蜜をしたたらせ, その 口は 油よりもなめらかだ.

대저 음녀의 입술은 꿀을 떨어뜨리며 그 입은 기름보다 미끄러우나

4。 至终却苦似茵陈，快如两刃的刀。
zhì zhōng què kǔ sì yīn chén kuài rú liǎng rèn dė dāo
終必苦如菌蔯、利同兩刃之刀、
But her end is bitter as wormwood, sharp as a two-edged sword.
しかし, その 終わりは 苦よもぎのように 苦く, もろ 刃の 劍のように 鋭い.

나중은 쑥 같이 쓰고 두 날 가진 칼같이 날카로우며

5。 他的脚，下入死地。他脚步，踏住阴间。
tā dė jiǎo xià rù sǐ dì tā jiǎo bù tà zhù yīn jiān
其足下趨死地、其步離示阿勒不遠、
Her feet go down to death; her steps take hold on hell.
その 足は 死に 下り, その 步みはよみに 通じている.

그 발은 사지로 내려가며 그 걸음은 음부로 나아가나니

6。以致他找不着生命平坦的道。他的路变迁不定,自己还不知道。
yǐ zhì tā zhǎo bù zhuóshēngmìngpíng tǎn dė dào tā dė lù biànqiān bù dìng zì jǐ hái bù zhī dào
生命之道不履、其徑變遷無定、不慮終局、
Lest thou shouldest ponder the path of life, her ways are moveable, that thou canst not know them.
その 女はいのちの 道に 心を 配らず, その 道筋は 確かでないが, 彼女はそれを 知らない.

그는 생명의 평탄한 길을 찾지 못하며 자기 길이 든든치 못하여 그것을 깨닫지 못하느니라

7。众子啊，现在要听从我，不可离弃我口中的话。
zhòng zǐ ā xiàn zài yào tīngcóng wǒ bù kě lí qì wǒ kǒu zhōng dė huà
衆子歟、務必聽我、勿棄我口所言、
Hear me now therefore, O ye children, and depart not from the words of my mouth.
子どもらよ. 今, 私に 聞け. 私の 言うことばから 離れるな.

그런즉 아들들아 나를 들으며 내 입의 말을 버리지 말고

8。你所行的道要离他远，不可就近他的房门。
nǐ suǒ xíng dė dào yào lí tā yuǎn bù kě jiù jìn tā dė fángmén
爾之途當遠離之、勿近其室之門、
Remove thy way far from her, and come not nigh the door of her house:
あなたの 道を 彼女から 遠ざけ, その 家の 門に 近づくな.

네 길을 그에게서 멀리하라 그 집 문에도 가까이 가지 말라

9。恐怕将你的尊荣给别人，将你的岁月给残忍的人。
kǒng pà jiāng nǐ dė zūn róng gěi bié rén jiāng nǐ dė suì yuè gěi cán rěn dė rén
恐爾之榮爲他人所敗、恐爾之年爲殘忍者所促、
Lest thou give thine honour unto others, and thy years unto the cruel:
そうでないと, あなたの 尊嚴を 他人に 渡し, あなたの 年を 殘忍な者に 渡すだろう.

두렵건대 네 존영이 남에게 잃어버리게 되며 네 수한이 잔포자에게 빼앗기게 될까 하노라

10。恐怕外人满得你的力量，你劳碌得来的，归入外人的家。
kǒng pà wài rén mǎn dé nǐ dė lì liáng nǐ láo lù dė lái dė guī rù wài rén dė jiā
恐爾之貨財爲外人所得、恐爾劬勞所獲者、在他人之家、
Lest strangers be filled with thy wealth; and thy labours be in the

house of a stranger;
そうでないと， 他國人があなたの 富で 滿たされ， あなたの 勞苦の 實は 見知らぬ 者の 家に 渡るだろう.

두렵건대 타인이 네 재물로 충족하게 되며 네 수고한 것이 외인의 집 에 있게될까 하노라

11。终久你皮肉和身体消毁，你就悲叹，
zhōng jiǔ nǐ pí ròu hé shēn tǐ xiāo huǐ nǐ jiù bēi tàn
恐爾身精力衰敗時、因爾之終局號泣、
And thou mourn at the last, when thy flesh and thy body are consumed,
そして， あなたの 終わりに， あなたの 肉とからだが 滅びるとき， あなたは 嘆くだろう.

두렵건대 마지막에 이르러 네 몸 네 육체가 쇠패할 때에 네가 한탄하여

12。 说，我怎么恨恶训诲，心中藐视责备，
shuō wǒ zěn me hèn è xùn huì xīn zhōng miǎo shì zé bèi
曰、哀哉、我厭棄訓誨、心中藐視督責、
And say, How have I hated instruction, and my heart despised reproof;
そのとき， あなたは 言おう， 「ああ， 私は 訓戒を 憎み， 私の 心は 叱責を 侮った.

말하기를 내가 어찌하여 훈계를 싫어하며 내 마음이 꾸지람을 가벼이 여기고

13。也不听我师父的话，又不侧耳听那教训我的人。
yě bù tīng wǒ shī fù dè huà yòu bù cè ěr tīng nà jiào xùn wǒ dè rén
不聽師言、不向敎我者傾耳、
And have not obeyed the voice of my teachers, nor inclined mine ear to them that instructed me!
私は 私の 敎師の 聲に 聞き 從わず， 私を 敎える 者に 耳を 傾けなかった.

내 선생의 목소리를 청종치 아니하며 나를 가르치는 이에게 귀를 기울 이지 아니하였던고

14。我在圣会里，几乎落在诸般恶中。
wǒ zài shèng huì lǐ jǐ hū luò zài zhū bān è zhōng
我幾乎在羣衆、在大會、遭遇諸禍、

I was almost in all evil in the midst of the congregation and assembly.
私は, 集會, 會衆のただ 中で, ほとんど 最惡の 狀態であった.と.

많은 무리들이 모인 중에서 모든 악에 거의 빠지게 되었었노라 하게 될까 하노라

15。你要喝自己池中的水，饮自己井里的活水。
nǐ yào hē zì jǐ chí zhōng dė shuǐ yǐn zì jǐ jǐng lǐ dė huó shuǐ
爾當飲己坑所蓄之水、飲己井上湧之水、
Drink waters out of thine own cistern, and running waters out of thine own well.
あなたの 水ためから, 水を 飲め. 豊かな 水をあなたの 井戸から.

너는 네 우물에서 물을 마시며 네 샘에서 흐르는 물을 마시라

16。你的泉源岂可涨溢在外。你的河水岂可流在街上。
nǐ dė quányuán qǐ kě zhǎng yì zài wài nǐ dė hé shuǐ qǐ kě liú zài jiē shàng
使爾泉源漲溢於外、使爾溪河流於街衢、
Let thy fountains be dispersed abroad, and rivers of waters in the streets.
あなたの 泉を 外に 散らし, 通りを 水路にしてよいものか.

어찌하여 네 샘물을 집 밖으로 넘치게 하겠으며 네 도랑물을 거리로 흘러가게 하겠느냐

17。惟独归你一人，不可与外人同用。
wéi dú guī nǐ yī rén bù kě yǔ wài rén tóngyòng
獨歸於爾、並無他人與爾分用、
Let them be only thine own, and not strangers' with thee.
それを 自分だけのものにせよ. あなたのところにいる 他國人のものにするな.

그 물로 네게만 있게 하고 타인으로 더불어 그것을 나누지 말라

18。要使你的泉源蒙福。要喜悦你幼年所娶的妻。
yào shǐ nǐ dė quányuánméng fú yào xǐ yuè nǐ yòu nián suǒ qǔ dė qī
爾享己泉爲福、惟悅爾幼年之佳耦、
Let thy fountain be blessed: and rejoice with the wife of thy youth.
あなたの 泉を 祝福されたものとし, あなたの 若い 時の 妻と 喜び 樂しめ.
네 샘으로 복되게 하라 네가 젊어서 취한 아내를 즐거워하라

19。他如可爱的▼鹿，可喜的母鹿。愿他的胸怀，使你时时
tā rú kě ài dė lù kě xǐ dė mǔ lù yuàn tā dė xiōnghuái shǐ nǐ shí shí
知足。他的爱情，使你常常恋慕。▼=鹿머리+比발
zhī zú tā dė ài qíng shǐ nǐ chángcháng liàn mù
視若麀鹿、可愛可悅、擁抱之樂、常饜爾心、恆加戀慕、甚爲親切、
[麀=곳 곳(處의 뜻)]
Let her be as the loving hind and pleasant roe; let her breasts satisfy thee at all times; and be thou ravished always with her love.
愛らしい 雌鹿, いとしいかもしかよ. その 乳房がいつもあなたを 酔わせ, いつも 彼女の 愛に 夢中になれ.

그는 사랑스러운 암사슴 같고 아름다운 암노루 같으니 너는 그 품을 항상 족하게 여기며 그 사랑을 항상 연모하라

20。我儿，你为可恋慕淫一，为何抱外女的胸怀。
wǒ ér nǐ wéi kě liàn mù yín wéi hé bào wài nǚ dė xiōnghuái
我子、何眷戀淫婦、何狎暱妓女、
And why wilt thou, my son, be ravished with a strange woman, and embrace the bosom of a stranger?
わが 子よ. あなたはどうして 他國の 女に 夢中になり, 見知らぬ 女の 胸を 抱くのか.

내 아들아 어찌하여 음녀를 연모하겠으며 어찌하여 이방 계집의 가슴을 안겠느냐

21。因为人所行的道，都在耶和华眼前。他也修平人一切的路。
yīn wéi rén suǒ xíng dė dào dū zài yé hé huá yǎnqián tā yě xiū píng rén yī qiē dė lù
因人之道途、俱在主之目前、人之所行一切路徑、主悉鑒察、
For the ways of man are before the eyes of the LORD, and he pondereth all his goings.
人の 道は 主の 目の 前にあり, 主はその 道筋のすべてに 心を配っておられる.

대저 사람의 길은 여호와의 눈앞에 있나니 그가 그 모든 길을 평탄케 하시느니라

22。恶人必被自己的罪孽捉住。他必被自己的罪恶如绳索缠绕。
è rén bì bèi zì jǐ dė zuì niè zhuō zhù tā bì bèi zì jǐ dė zuì è rú shéng suǒ chán rào
維彼惡人、其孽自累、其罪如索纏之、孽=서자 얼
His own iniquities shall take the wicked himself, and he shall be holden with the cords of his sins.
惡者は 自分の 咎に 捕えられ, 自分の 罪のなわにつながれる.

악인은 자기의 악에 걸리며 그 죄의 줄에 매이나니

23。他因不受训诲，就必死亡。有因愚昧过甚，必走差了路。
tā yīn bù shòu xùn huì jiù bì sǐ wáng yǒu yīn yú mèi guò shèn bì zǒu chā le lù
彼必以不受訓誨死亡、必以愚甚昏迷、
He shall die without instruction; and in the greatness of his folly he shall go astray.
彼は 懲らしめがないために 死に, その 愚かさが 大きいために あやまちを 犯す.

그는 훈계를 받지 아니함을 인하여 죽겠고 미련함이 많음을 인하여 혼미하게 되느니라

제 6 장

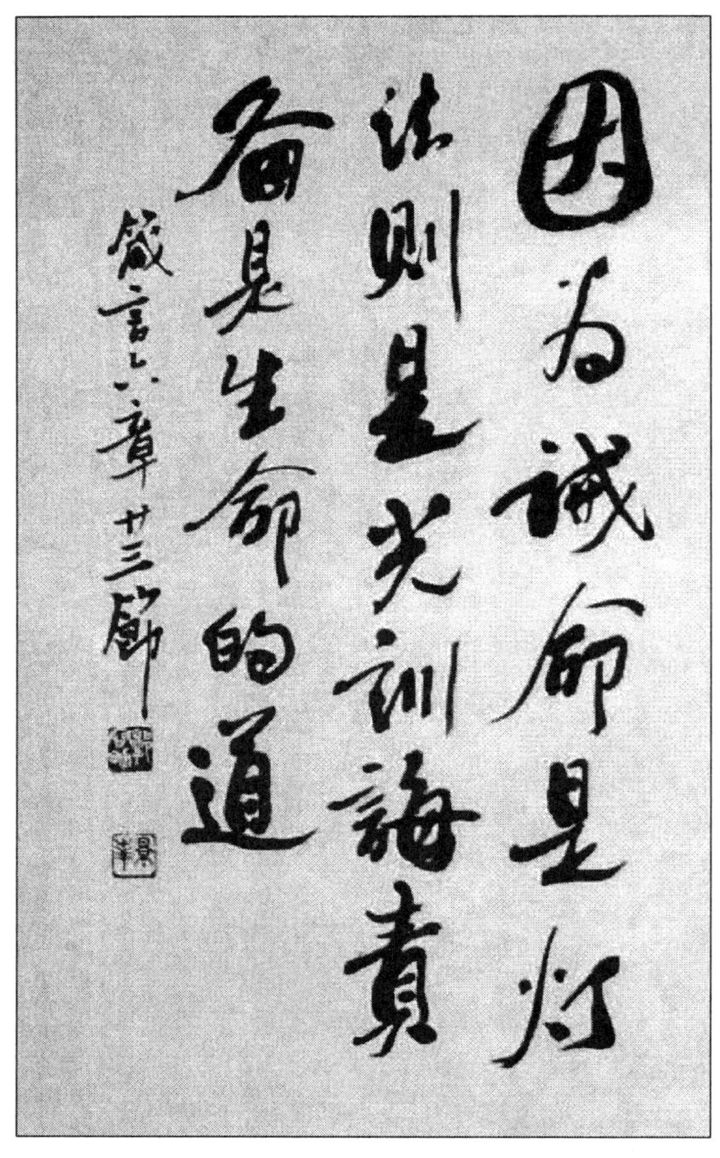

1。 我儿，你若为朋友作保，替外人击掌，
wǒ ér nǐ ruò wéi péng yǒu zuò bǎo tì wài rén jī zhǎng
我子、如爲爾友作保、或爲外人之事擊掌、
My son, if thou be surety for thy friend, if thou hast stricken thy hand with a stranger,
わが 子よ, もし, あなたが 隣人のために 保證人となり, 他國人のために 誓約をし,

내 아들아 네가 만일 이웃을 위하여 담보하며 타인을 위하여 보증하였으면

2。 你就被口中的话语缠住，被嘴里的言语捉住。
nǐ jiù bèi kǒu zhōng dè huà yǔ chán zhù bèi zuǐ lǐ dè yán yǔ zhuō zhù
則爾口之言累爾、爾口之言執爾、
Thou art snared with the words of thy mouth, thou art taken with the words of thy mouth.
あなたの 口のことばによって, あなた 自身がわなにかかり, あなたの 口のことばによって, 捕えられたなら,

네 입의 말로 네가 얽혔으며 네 입의 말로 인하여 잡히게 되었느니라

3。 我儿，你既落在朋友手中，就当这样行，才可救自己。
wǒ ér nǐ jì luò zài péng yǒu shǒu zhōng jiù dāng zhè yàng xíng cái kě jiù zì jǐ
你要自卑，去恳求你的朋友。
nǐ yào zì bēi qù kěn qiú nǐ dè péng yǒu
我子、爾旣陷於人手、當如是行以自救、速往伏祈爾隣、
Do this now, my son, and deliver thyself, when thou art come into the hand of thy friend; go, humble thyself, and make sure thy friend.
わが 子よ, そのときにはすぐこうして, 自分を 救い 出すがよい. あなたは 隣人の 手に 陥ったのだから, 行って, 伏して 隣人にしつこくせがむがよい.

내 아들아 네가 네 이웃의 손에 빠졌은즉 이같이 하라 너는 곧 가서 겸손히 네 이웃에게 간구하여 스스로 구원하되

4。 不要容你的眼睛睡觉，不要容你的眼皮打盹。
bù yào róng nǐ dè yǎn jīng shuì jué bù yào róng nǐ dè yǎn pí dǎ dǔn
勿閉目寢睡、勿哈睫安眠、
Give not sleep to thine eyes, nor slumber to thine eyelids.
あなたの 目を 眠らせず, あなたのまぶたをまどろませず.
네 눈으로 잠들게 하지 말며 눈꺼풀로 감기게 하지 말고

5。 要救自己，如鹿脱离猎户的手，如鸟脱离捕鸟人的手。
yào jiù zì jǐ rú lù tuō lí liè hù dé shǒu rú niǎo tuō lí bǔ niǎo rén dé shǒu
以自救爲務、如鹿脫於獵者之手、如鳥脫於羅禽者之手、
Deliver thyself as a roe from the hand of the hunter, and as a bird from the hand of the fowler.
かもしかが 狩人の 手からのがれるように, 鳥が 鳥を 取る 者の 手からのがれるように 自分を 救い 出せ.

노루가 사냥군의 손에서 벗어나는 것 같이 새가 그물 치는 자의 손에서 벗어나는 것 같이 스스로 구원하라

6。 瀨惰人哪，你去察看蚂蚁的动作，就可得智慧。
lài duò rén nǎ nǐ qù chá kàn mǎ yǐ dé dòng zuò jiù kě dé zhì huì
怠惰者歟、爾往觀蟻之動作、可得智慧、
Go to the ant, thou sluggard; consider her ways, and be wise:
なまけ 者よ. 蟻のところへ 行き, そのやり 方を 見て, 知恵を 得よ.

게으른 자여 개미에게로 가서 그 하는 것을 보고 지혜를 얻으라

7。 蚂蚁没有元师，没有宫长，没有君王，
mǎ yǐ méi yǒu yuán shī méi yǒu gōng cháng méi yǒu jūn wáng
彼無帥無長無君、
Which having no guide, overseer, or ruler,
蟻には 首領もつかさも 支配者もいないが,

개미는 두령도 없고 간역자도 없고 주권자도 없으되

8。 尚且在夏天豫备食物，在收割时聚敛粮食。
shàng qiě zài xià tiān yù bèi shí wù zài shōu gē shí jù liǎn liáng shí
猶知夏時備食、穡時歛糧、
Provideth her meat in the summer, and gathereth her food in the harvest.
夏のうちに 食物を 確保し, 刈り 入れ 時に 食糧を 集める.

먹을 것을 여름 동안에 예비하며 추수 때에 양식을 모으느니라

9。 瀨惰人哪，你要睡到几时呢。你何时睡醒呢。
lài duò rén nǎ nǐ yào shuì dào jǐ shí ní nǐ hé shí shuì xǐng ní
怠惰之人、爾偃息將至何時、爾寢臥何時之起、
How long wilt thou sleep, O sluggard? when wilt thou arise out of thy sleep?
なまけ 者よ. いつまで 寢ているのか. いつ 目をさまして 起きるのか.
게으른 자여 네가 어느 때까지 눕겠느냐 네가 어느 때에 잠이 깨어 일어나겠느냐

10。再睡片时，打盹片时，抱着手躺卧片时，
zài shuì piàn shí dǎ dǔn piàn shí bào zhuó shǒu tǎng wò piàn shí
爾若且睡片時、再寢片時、又叉手偃臥片時、
Yet a little sleep, a little slumber, a little folding of the hands to sleep:
しばらく 眠り， しばらくまどろみ， しばらく 手をこまねいて， また 休む.

좀더 자자, 좀더 졸자, 손을 모으고 좀더 눕자 하면

11。你的贫穷就必如强盗速来，你的缺乏仿佛拿兵器的人来到。
nǐ dė pín qióng jiù bì rú qiáng dào sù lái nǐ dė quē fá fǎng fó ná bīng qì dė rén lái dào
貧窮臨爾、速如行旅、缺乏及爾、迅如武士、
So shall thy poverty come as one that travelleth, and thy want as an armed man.
だから， あなたの 貧しさは 浮浪者のように， あなたの 乏しさは 横着者のようにやって 來る.

네 빈궁이 강도 같이 오며 네 곤핍이 군사 같이 이르리라

12。无赖的恶徒，行动就用乖僻的口。
wú lài dė è tú xíng dòng jiù yòng guāi pì dė kǒu
匪類惡徒、一舉一動、口出妄言、
A naughty person, a wicked man, walketh with a froward mouth.
よこしまな 者や 不法の 者は， 曲がったことを 言って 歩き 回り，

불량하고 악한 자는 그 행동에 궤휼한 입을 벌리며

13。用眼传神，用脚示意，用指点划。
yòng yǎn chuán shén yòng jiǎo shì yì yòng zhǐ diǎn huá
以目斜挑、以足示意、以指指點、
He winketh with his eyes, he speaketh with his feet, he teacheth with his fingers;
目くばせをし， 足で 合圖し， 指でさし，

눈짓을 하며 발로 뜻을 보이며 손가락질로 알게 하며

14。心中乖僻，常设恶谋，布散分争。
xīn zhōng guāi pì cháng shè è móu bù sǎn fēn zhēng
中心乖戾恆謀不法、播散爭端、
Frowardness is in his heart, he deviseth mischief continually; he soweth discord.
そのねじれた 心は， いつも 惡を 計り， 爭いをまき 散らす.

그 마음에 패역을 품으며 항상 악을 꾀하여 다툼을 일으키는 자라

15。所以灾难必忽然临到他身。他必顷刻败坏无法可治。
suǒ yǐ zāi nán bì hū rán lín dào tā shēn tā bì qǐng kè bài huài wú fǎ kě zhì
故災害忽臨之、倏然敗壞、無術可治、
Therefore shall his calamity come suddenly; suddenly shall he be broken without remedy.
それゆえ, 災害は 突然やって 來て, 彼はたちまち 滅ぼされ, いやされることはない.

그러므로 그 재앙이 갑자기 임한즉 도움을 얻지 못하고 당장에 패망하리라

16。耶和华所恨恶的有六样，连他心所憎恶的共有七样。
yé hé huá suǒ hèn è dė yǒu liù yàng lián tā xīn suǒ zēng è dė gòng yǒu qī yàng
主所惡者有六、並其心所厭者共有七、
These six things doth the LORD hate: yea, seven are an abomination unto him:
主の 憎むものが 六つある. いや, 主ご 自身の 忌みきらうものが 七つある.

여호와의 미워하시는 것 곧 그 마음에 싫어하시는 것이 육 칠 가지니

17。就是高傲的眼，撒谎的舌，流无辜人血的手，
jiù shì gāo ào dė yǎn sā huǎng dė shé liú wú gū rén xiě dė shǒu
目驕傲、舌詭譎、手流無辜人之血、
A proud look, a lying tongue, and hands that shed innocent blood,
高ぶる 目, 僞りの 舌, 罪のない 者の 血を 流す 手,

곧 교만한 눈과 거짓된 혀와 무죄한 자의 피를 흘리는 손과

18。图谋恶计的心，飞跑行恶的脚，
tú móu è jì dė xīn fēi pǎo xíng è dė jiǎo
心籌惡謀、足趨惡道、
An heart that deviseth wicked imaginations, feet that be swift in running to mischief,
邪惡な 計畫を 細工する 心, 惡へ 走るに 速い 足,

악한 계교를 꾀하는 마음과 빨리 악으로 달려가는 발과

19。吐谎眼的假见证，并弟兄中布散分争的人。
tǔ huǎng yǎn dė jiǎ jiàn zhèng bìng dì xiōng zhōng bù sǎn fēn zhēng dė rén
言誑妄證、於兄弟中播散爭端、
A false witness that speaketh lies, and he that soweth discord among brethren.
まやかしを 吹聽する 僞りの 證人, 兄弟の 間に 爭いをひき起こす 者.

거짓을 말하는 망령된 증인과 및 형제 사이를 이간하는 자니라

20。我儿，要谨守你父亲的诫命，不可离弃你母亲的法则。
wǒ ér yào jǐn shǒu nǐ fù qīn dė jiè mìng bù kě lí qì nǐ mǔ qīn dė fǎ zé
(或作指教)
huò zuò zhǐ jiào
我子、當守父命、勿棄母教、
My son, keep thy father's commandment, and forsake not the law of thy mother:
わが 子よ. あなたの 父の 命令を 守れ. あなたの 母の 教えを 捨てるな.

내 아들아 네 아비의 명령을 지키며 네 어미의 법을 떠나지 말고

21。要常系在你心上，挂在你顶上。
yào cháng xì zài nǐ xīn shàng guà zài nǐ dǐng shàng
繫之於心、垂之於項、
Bind them continually upon thine heart, and tie them about thy neck.
それをいつも, あなたの 心に 結び, あなたの 首の 回りに 結びつけよ.

그것을 항상 네 마음에 새기며 네 목에 매라

22。你行走，他必引导你。你躺卧，他必保守你。你睡醒，
nǐ xíng zǒu tā bì yǐn dǎo nǐ nǐ tǎng wò tā bì bǎo shǒu nǐ nǐ shuì xǐng
他必与你谈论。
tā bì yǔ nǐ tán lùn
行時則道爾、寢時則保爾、醒時則語、
When thou goest, it shall lead thee; when thou sleepest, it shall keep thee; and when thou awakest, it shall talk with thee.
これは, あなたが 歩くとき, あなたを 導き, あなたが 寝るとき, あなたを 見守り, あなたが 目ざめるとき, あなたに 話しかける.

그것이 너의 다닐 때에 너를 인도하며 너의 잘 때에 너를 보호하며 너의 깰 때에 너로 더불어 말하리니

23。因为诫命是灯，法则（或作指教）是光。训诲的责备是
yīn wéi jiè mìng shì dēng fǎ zé huò zuò zhǐ jiào shì guāng xùn huì dė zé bèi shì
生命的道。
shēng mìng dė dào
爾蓋誡命乃燈、訓誨乃光、警教督責乃生命之道、

For the commandment is a lamp; and the law is light; and reproofs of instruction are the way of life:
命令はともしびであり，おしえは 光であり，訓戒のための 叱責はいのちの 道であるからだ.

대저 명령은 등불이요 법은 빛이요 훈계의 책망은 곧 생명의 길이라

24。能保你远离恶妇，远离外女谄媚的舌头。
néng bǎo nǐ yuǎn lí è fù yuǎn lí wài nǚ chǎn mèi dè shé tóu
保爾不爲惡婦所惑、不受淫婦諂言之害、
To keep thee from the evil woman, from the flattery of the tongue of a strange woman.
これはあなたを 悪い 女から 守り，見知らぬ 女のなめらかな舌から 守る.

이것이 너를 지켜서 악한 계집에게, 이방 계집의 혀로 호리는 말에 빠지지 않게 하리라

25。你心中要恋慕他的美色，也不要被他的眼皮勾引。
nǐ xīn zhōng yào liàn mù tā dè měi sè yě bù yào bèi tā dè yǎn pí xiōng yǐn
爾心勿戀其色、勿爲其目所迷、
Lust not after her beauty in thine heart; neither let her take thee with her eyelids.
彼女の 美しさを 心に 慕うな. そのまぶたに 捕えられるな.

네 마음에 그 아름다운 색을 탐하지 말며 그 눈꺼풀에 홀리지 말라

26。因为妓女能使人只乘一块饼，淫妇猎取人宝贵的生命。
yīn wéi jì nǚ néng shǐ rén zhǐ chéng yī kuài bǐng yín fù liè qǔ rén bǎo guì dè shēngmìng
妓女能使人窮乏、僅賸一餅、淫婦索人之寶貴生命、
For by means of a whorish woman a man is brought to a piece of bread: and the adultress will hunt for the precious life.
遊女はひとかたまりの パン で 買えるが，人妻は 尊いいのちをあさるからだ.

음녀로 인하여 사람이 한 조각 떡만 남게 됨이며 음란한 계집은 귀한 생명을 사냥함이니라

27。人若怀里揣火，衣服岂能不烧呢。
rén ruò huái lǐ chuāi huǒ yī fú qǐ néng bù shāo ní
抱火於懷、衣豈不焚、
Can a man take fire in his bosom, and his clothes not be

burned?
人は 火をふところにかき 込んで, その 着物が 焼けないだろうか.

사람이 불을 품에 품고야 어찌 그 옷이 타지 아니하겠으며

28。人若在火炭上走，脚岂能不烫呢。
rén ruò zài huǒ tàn shàng zǒu jiǎo qǐ néng bù tàng ní
履於爇炭、足豈不灼、
Can one go upon hot coals, and his feet not be burned?
また 人が, 熱い 火を 踏んで, その 足が 焼けないだろうか.

사람이 숯불을 밟고야 어찌 그 발이 데지 아니하겠느냐

29。亲近邻舍之妻的，也是如此。凡挨近他的，不免受罚。
qīn jìn lín shè zhī qī dė yě shì rú cǐ fán āi jìn tā dė bù miǎnshòu fá
淫人妻者亦若是、凡就之者斷非無罪、
So he that goeth in to his neighbour's wife; whosoever toucheth her shall not be innocent.
隣の 人の 妻と 姦通する 者は, これと 同じこと,その 女に 觸れた 者はだれでも 罰を 免れない.

남의 아내와 통간하는 자도 이와 같을 것이라 무릇 그를 만지기만 하는 자도 죄 없게 되지 아니하리라

30。贼因饥饿偷窃充饥，人不藐视他。窃=窃
zéi yīn jī è tōu qiè chōng jī rén bù miǎo shì tā qiè
人因餓竊物以充饑、人雖不藐視、
Men do not despise a thief, if he steal to satisfy his soul when he is hungry;
盗人が 飢え, 自分の 飢えを 滿たすために 盗んだとしたら, 人々はその 者をさげすまないであろうか.

도적이 만일 주릴 때에 배를 채우려고 도적질하면 사람이 그를 멸시치는 아니하려니와

31。若被找着，他必赔还七倍。必将家中所有的，尽都偿还。
ruò bèi zhǎozhuó tā bì péi hái qī bèi bì jiāng jiā zhōng suǒ yǒu dė jìn dū cháng hái
若被執則償七倍、或盡出家中所有以償之、
But if he be found, he shall restore sevenfold; he shall give all the substance of his house.
もし, つかまえられたなら, 彼は 七倍を 償い, 自分の 家の 財産をことごとく 與えなければならない.
들키면 칠배를 갚아야 하리니 심지어 자기 집에 있는 것을 다 내어주게 되리라

32。与妇人行淫的，便是无知，行这事的，必丧掉生命。
yǔ fù rén xíng yín dė biàn shì wú zhī xíng zhè shì dė bì sāngdiàoshēngmìng
淫人妻者甚爲無知、行此者必喪己命、
But whoso committeth adultery with a woman lacketh understanding: he that doeth it destroyeth his own soul.
女と 姦通する 者は 思慮にかけている, これを 行なう 者は 自分自身を 滅ぼす.

부녀와 간음하는 자는 무지한 자라 이것을 행하는 자는 자기의 영혼을 망하게 하며

33。他必受伤损，必被凌辱。他的羞耻不得涂抹。
tā bì shòushāng sǔn bì bèi líng rǔ tā dė xiū chǐ bù dé tú mǒ
受毁傷、彼凌辱、其恥不得洗矣、
A wound and dishonour shall he get; and his reproach shall not be wiped away.
彼は 傷と 恥辱とを 受けて, そのそしりを 消し 去ることができない.

상함과 능욕을 받고 부끄러움을 씻을 수 없게 되나니

34。因为人的嫉恨，成了烈怒。报仇的时候，决不留情。
yīn wéi rén dė jí hèn chéng le liè nù bào chóu dė shí hòu jué bù liú qíng
因其夫知之、必嫉憾忿怒、報怨之時、決不寬宥、
For jealousy is the rage of a man: therefore he will not spare in the day of vengeance.
嫉妬が, その 夫を 激しく 憤らせて, 夫が 復讐するとき, 彼を 容赦しないからだ.

그 남편이 투기함으로 분노하여 원수를 갚는 날에 용서 하지 아니하고

35。什么赎价，他都不顾。你虽送许多礼物，他也不肯干休。
shén mė shú jià tā dū bù gù nǐ suī sòng xǔ duō lǐ wù tā yě bù kěn gān xiū
爾于金以贖必不理、雖餽多禮必不允、
He will not regard any ransom; neither will he rest content, though thou givest many gifts.
彼はどんな 償い 物も 受けつけず, 多くの 贈り 物をしても, 彼は 和らがない.

아무 벌금도 돌아보지 아니하며 많은 선물을 줄지라도 듣지 아니 하리라

제 7 장

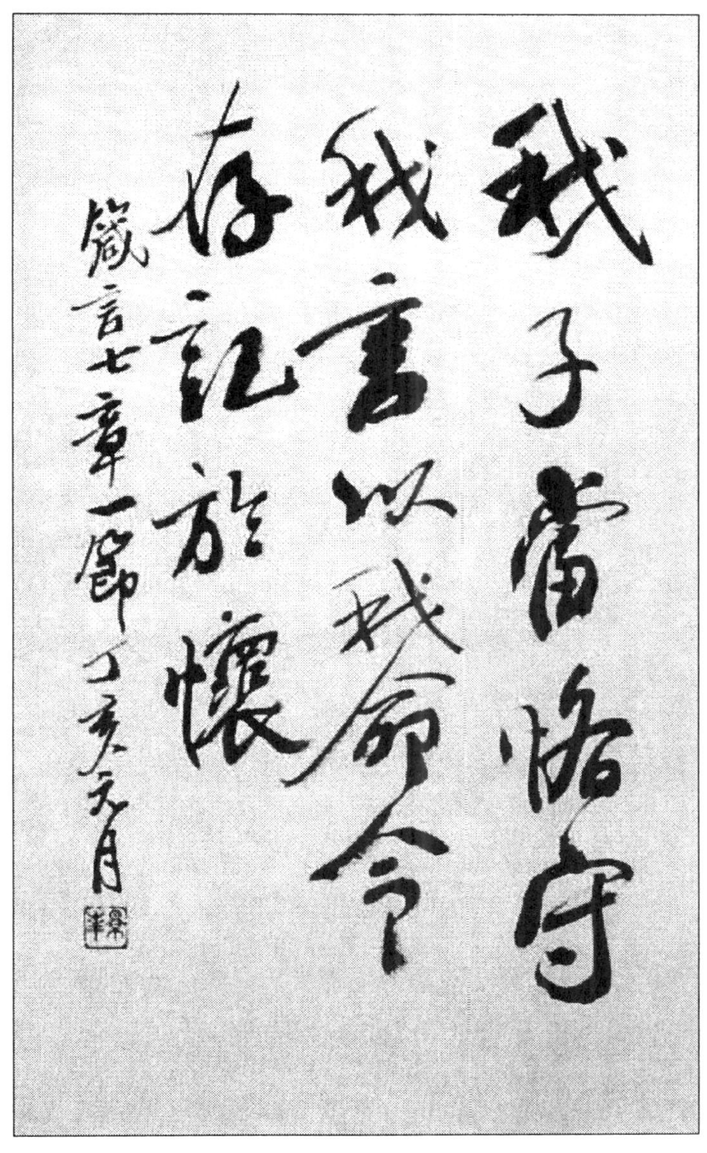

1。 我儿，你要遵守我的言语，将我的命令存记在心。
wǒ ér nǐ yào zūn shǒu wǒ dè yán yǔ jiāng wǒ dè mìng lìng cún jì zài xīn
我子、當恪守我言、以我命令存記於懷、
My son, keep my words, and lay up my commandments with thee.
わが 子よ, 私のことばを 守り, 私の 命令をあなたのうちにたくわえよ.

내 아들아 내 말을 지키며 내 명령을 네게 간직하라

2。 遵守我的命令，就得存活。保守我的法则，(或作指教) 好像保守眼中的 瞳人。
zūn shǒu wǒ dè mìng lìng jiù dé cún huà bǎo shǒu wǒ dè fǎ zé huò zuò zhǐ jiào hǎo xiàng bǎo shǒu yǎn zhōng dè tóng rén
謹守我之誡命、、則可得生、守我教誨、如守眸子、
Keep my commandments, and live; and my law as the apple of thine eye.
私の 命令を 守って, 生きよ. 私のおしえを, あなたのひとみのように 守れ.

내 명령을 지켜서 살며 내 법을 네 눈동자처럼 지키라

3。 系在你指头上，刻在你心版上。
xì zài nǐ zhǐ tóu shàng kè zài nǐ xīn bǎn shàng
繫之於指、銘之於心、謂智慧曰、爾乃我妹、稱明哲爲戚屬、
Bind them upon thy fingers, write them upon the table of thine heart.
それをあなたの 指に 結び, あなたの 心の 板に 書きしるせ.

이것을 네 손가락에 매며 이것을 네 마음판에 새기라

4。 对智慧说，你是我的姊妹。你呼聪明为你的亲人。
duì zhì huì shuō nǐ shì wǒ dè zǐ mèi nǐ hū cōngmíng wéi nǐ dè qīn rén
如是、可保爾不爲淫婦所誘、
Say unto wisdom, Thou art my sister; and call understanding thy kinswoman:
知恵に 向かって, 「あなたは 私の 姉妹だ, 」と 言い, 悟りを「身内の 者. 」と 呼べ.

지혜에게 너는 내 누이라 하며 명철에게 너는 내 친족이라 하라

5。 他就保你远离淫妇，远离说谄媚话的外女。
tā jiù bǎo nǐ yuǎn lí yín fù yuǎn lí shuō chǎn mèi huà dè wài nǚ
不爲諂言之外婦所惑、
That they may keep thee from the strange woman, from the stranger which flattereth with her words.

それは, あなたを 他人の 妻から 守り, ことばのなめらかな 見知らぬ 女から 守るためだ.

그리하면 이것이 너를 지켜서 음녀에게, 말로 호리는 이방 계집에게 빠지지 않게 하리라

6。 我曾在我房屋的窗户内，从我窗棂之间，往外观看。
wǒ zēng zài wǒ fáng wū dė chuāng hù nèi cóng wǒ chuāng líng zhī jiān wǎng wài guān kàn
我曾由我室之窗中、由櫺間觀望、
For at the window of my house I looked through my casement,
私が 私の 家の 窓の 格子窓から 見おろして,

내가 내 집 들창으로, 살창으로 내어다보다가

7。 见愚昧人内，少年人中，分名有一个无知的少年人，
jiàn yú mèi rén nèi shǎonián rén zhōng fēn míng yǒu yī gè wú zhī dė shǎonián rén
則見在愚拙少年中、有一步者更無慧心、
And beheld among the simple ones, I discerned among the youths, a young man void of understanding,
わきまえのない 者たちを 見ていると, 若者のうちに, 思慮に 欠けたひとりの 若い 者のいるのを 認めた.

어리석은 자 중에, 소년 중에 한 지혜 없는 자를 보았노라

8。 从街上经过，走近淫妇的巷口，直往通他家的路去，
cóng jiē shàng jīng guò zǒu jìn yín fù dė xiàng kǒu zhí wǎng tōng tā jiā dė lù qù
遊行於衢、近淫婦所居之巷隅、行至其家之路、
Passing through the street near her corner; and he went the way to her house,
彼は 女の 家への 曲がりかどに 近い 通りを 過ぎ 行き, 女の 家のほうに 歩いて 行った.

그가 거리를 지나 음녀의 골목 모퉁이로 가까이 하여 그 집으로 들어가는데

9。 在黄昏，或晚上，或半夜，或黑暗之中，
zài huáng hūn huò wǎnshàng huò bàn yè huò hēi àn zhī zhōng
或在薄暮黄昏、或在夜間晦暗之中、
In the twilight, in the evening, in the black and dark night:
それは, たそがれの, 日の 沈むころ, 夜がふける, 暗やみのころだった.

저물 때, 황혼 때, 깊은 밤 흑암 중에라

10。看哪，有一个妇人来迎接他，是기妓女的打扮，有诡诈
kàn nǎ yǒu yī gè fù rén lái yíng jiē tā shì jì nǚ dè dǎ bàn yǒu guǐ zhà
的心想。
dè xīn xiǎng
有婦相遇、粧飾如妓、必甚狡詐、
And, behold, there met him a woman with the attire of an harlot, and subtil of heart.
すると，遊女の装いをした心にたくらみのある女が彼を迎えた.

그 때에 기생의 옷을 입은 간교한 계집이 그를 맞으니

11。这妇人喧嚷不守约束，在家里停不住脚。
zhè fù rén xuānnáng bù shǒu yuē shù zài jiā lǐ tíng bù zhù jiǎo
終日笑言戲謔、不受約束、不息足於家、
(She is loud and stubborn; her feet abide not in her house:
この女は騒がしくて，御しにくく，その足は自分の家にとどまらず，

이 계집은 떠들며 완패하며 그 발이 집에 머물지 아니하여

12。有时在街市上，有时在宽阔处，或在各巷口蹲伏。
yǒu shí zài jiē shì shàng yǒu shí zài kuān kuò chù huò zài gè xiàng kǒu dūn fú
有時在衢、有時在市、在路隅以矣、
Now is she without, now in the streets, and lieth in wait at every corner.)
あるときは通りに，あるときは市場にあり，あるいは，あちこちの町かどに立って待ち伏せる.

어떤 때에는 거리, 어떤 때에는 광장 모퉁이, 모퉁이에 서서 사람을 기다리는 자라

13。拉主那少年人，与他亲嘴，脸无羞耻对他说，
lā zhǔ nà shǎonián rén yǔ tā qīn zuǐ liǎn wú xiū chǐ duì tā shuō
婦擩少者、與之接吻、面無羞恥、謂之曰、
So she caught him, and kissed him, and with an impudent face said unto him,
この女は彼をつかまえて口づけし，臆面もなく彼に言う.

그 계집이 그를 붙잡고 입을 맞추며 부끄러움을 모르는 얼굴로 말하되

14。平安祭在我这里。今日才还了我所许的愿。
píng ān jì zài wǒ zhè lǐ jīn rì cái hái le wǒ suǒ xǔ dè yuàn
我今獻平安祭、今日償願、

I have peace offerings with me; this day have I payed my vows.
和解のいけにえをささげて, きょう, 私の 誓願を 果たしました.

내가 화목제를 드려서 서원 한 것을 오늘날 갚았노라

15。因此，我出来迎接你，恳求见你的面，恰巧遇见了你。
yīn cǐ wǒ chū lái yíng jiē nǐ kěn qiú jiàn nǐ dė miàn qià qiǎo yù jiàn le nǐ
願特出以迎爾、求見爾面、幸而遇爾、
Therefore came I forth to meet thee, diligently to seek thy face, and I have found thee.
それで 私はあなたに 會いに 出て 來たのです. あなたを 搜して, やっとあなたを 見つけました.

이러므로 내가 너를 맞으려고 나와서 네 얼굴을 찾다가 너를 만났도다

16。我以经用绣花毯子，和埃及线织的花纹布，铺了我的床。
wǒ yǐ jīng yòng xiù huā tǎn zǐ hé āi jí xiàn zhī dė huā wén bù pū le wǒ dė chuáng
我之牀榻、鋪以花褥、及文繡之毯、來自伊及、
I have decked my bed with coverings of tapestry, with carved works, with fine linen of Egypt.
私は 長いすに 敷き 物を 敷き, あや 織りの エジプト の 亞麻布を 敷き,

내 침상에는 화문 요와 애굽의 문채 있는 이불을 폈고

17。我又用没药，沉香，桂皮，薰了我的榻。
wǒ yòu yòng méi yào chénxiang guì pí xūn le wǒ dė tā
我已以沒藥、沉香、桂皮、薰我之牀、
I have perfumed my bed with myrrh, aloes, and cinnamon.
沒藥, アロエ , 肉桂で, 私の 床をにおわせました.

몰약과 침향과 계피를 뿌렸노라

18。你来，我们可以饱享爱情，直到早晨。我们可以彼此亲爱欢乐。
nǐ lái wǒ mėn kě yǐ bǎo xiǎng ài qíng zhí dào zǎo chén wǒ mėn kě yǐ bǐ cǐ qīn ài huān lè
爾來、我儕可以親愛至於明旦、我儕可相戀歡樂、
Come, let us take our fill of love until the morning: let us solace ourselves with loves.
さあ, 私たちは 朝になるまで, 愛に 醉いつぶれ, 愛撫し 合って 樂しみましょう.

오라 우리가 아침까지 흡족하게 서로 사랑하며 사랑함으로 희락하자

19。因为我丈夫不在家，出门行远路。
yīn wéi wǒ zhàng fū bù zài jiā chū mén xíng yuǎn lù
我夫離家、出行遠道、
For the goodman is not at home, he is gone a long journey:
夫は 家にいません. 遠くへ 旅に 出ていますから.

남편은 집을 떠나 먼 길을 갔는데

20。他手拿银囊。必到月望才回家。
tā shǒu ná yín náng bì dào yuè wàng cái huí jiā
手執銀嚢、必至望日始歸、
He hath taken a bag of money with him, and will come home at the day appointed.
金の 袋を 持って 出ました. 滿月になるまでは 歸って 來ません. と.

은 주머니를 가졌은즉 보름에나 집에 돌아오리라 하여

21。淫妇用许多巧言诱他随从，用谄媚的嘴逼他同行。
yín fù yòng xǔ duō qiǎo yán yòu tā suí cóng yòng chǎn mèi dé zuǐ bī tā tóng xíng
婦多巧言以誘之、以辱之媚詞惑之、
With her much fair speech she caused him to yield, with the flattering of her lips she forced him.
女はくどき 續けて 彼を 惑わし, へつらいのくちびるで 彼をいざなう.

여러 가지 고운 말로 혹하게 하며 입술의 호리는 말로 꾀므로

22。少年人立刻跟随他，好像牛往宰杀之地，又像愚昧人带锁链，去受刑罚。
shǎo nián rén lì kè gēn suí tā hǎo xiàng niú wǎng zǎi shā zhī dì yòu xiàng yú mèi rén dài suǒ liàn qù shòu xíng fá
少者忽焉隨之、如牛就宰地、如陷於爲罰愚者所備至縲絏、
He goeth after her straightway, as an ox goeth to the slaughter, or as a fool to the correction of the stocks;
彼はほふり 場に 引かれる 牛のように, 愚か 者を 懲らしめるための 足かせのように, ただちに 女につき 從い,

소년이 곧 그를 따랐으니 소가 푸주로 가는 것 같고 미련한 자가 벌을 받으려고 쇠사슬에 매이러 가는 것과 일반이라

23。直等箭穿他的肝，如同雀鸟急入网罗，却不知是自丧已命。
zhí děng jiàn chuān tā dé gān rú tóng què niǎo jí rù wǎng luó què bù zhī shì zì sàng yǐ mìng
受傷如箭刺肝、如禽鳥速入網羅、不知終至喪命、
Till a dart strike through his liver; as a bird hasteth to the

snare, and knoweth not that it is for his life.
ついには, 矢が 肝を 射通し, 鳥がわなに 飛び 込むように, 自分のいのちがかかっているのを 知らない.

필경은 살이 그 간을 뚫기까지에 이를 것이라 새가 빨리 그물로 들어가되 그 생명을 잃어버릴 줄을 알지 못함과 일반이니라

24。众子啊，现在要听从我，留心听我口中的话。
zhòng zǐ ā xiàn zài yào tīng cóng wǒ liú xīn tīng wǒ kǒu zhōng dė huà
衆子歟、今當聽我、聆我口中之言、
Hearken unto me now therefore, O ye children, and attend to the words of my mouth.
子どもらよ. 今, 私に 聞き 従い, 私の 言うことに 心を 留めよ.

아들들아 나를 듣고 내 입의 말에 주의하라

25。你的心，不可偏向淫妇的道。不要入他的迷途。
nǐ dė xīn bù kě piānxiàng yín fù dė dào bù yào rù tā dė mí tú
勿縱爾心、偏於其途、勿迷於其徑、
Let not thine heart decline to her ways, go not astray in her paths.
あなたの 心は, 彼女の 道に 迷い 込んではならない. その 通り 道に 迷ってはならない.

네 마음이 음녀의 길로 치우치지 말며 그 길에 미혹치 말지어다

26。因为被他伤害仆倒的不少。被他杀戮的而且甚多。
yīn wéi bèi tā shāng hài pú dǎo dė bù shǎo bèi tā shā lù dė ér qiě shèn duō
蓋被其傷仆者不少、被其殺害者甚衆、
For she hath cast down many wounded: yea, many strong men have been slain by her.
彼女は 多くの 者を 切り 倒した. 彼女に 殺された 者は 數えきれない.

대저 그가 많은 사람을 상하여 엎드러지게 하였나니 그에게 죽은자가 허다하니라

27。他的家是在阴间之路，下到死亡之宫。
tā dė jiā shì zài yīn jiān zhī lù xià dào sǐ wáng zhī gōng
入其室、則登往示阿勒下死地之路、
Her house is the way to hell, going down to the chambers of death.
彼女の 家はよみへの 道, 死の 部屋に 下って 行く.
그 집은 음부의 길이라 사망의 방으로 내려가느니라

제 8 장

1。 智慧岂不呼叫，聪明岂不发声。
zhì huì qǐ bù hū jiào cōngmíng qǐ bù fā shēng
智慧大乎、明哲發聲、
Doth not wisdom cry? and understanding put forth her voice?
知恵は 呼ばわらないだろうか. 英知はその 聲をあげないだろうか.

지혜가 부르지 아니하느냐 명철이 소리를 높이지 아니하느냐

2。 他在道旁高处的顶上，在十字路口站立。
tā zài dào páng gāo chù de dǐngshàng zài shí zì lù kǒu zhàn lì
立道旁之高處、通衢之所、
She standeth in the top of high places, by the way in the places of the paths.
これは 丘の 頂, 道のかたわら, 通り 道の 四つ 角に 立ち,

그가 길가의 높은 곳과 사거리에 서며

3。 在城门旁，在城门口，在城门洞，大声说，
zài chéngménpáng zài chéngmén kǒu zài chéngméndòng dà shēngshuō
在城門側、在城門前、出入之處、宣言曰、
She crieth at the gates, at the entry of the city, at the coming in at the doors.
門のかたわら, 町の 入口, 正門の 入口で 大聲で 呼ばわって 言う.

성문 곁과 문 어귀와 여러 출입하는 문에서 불러 가로되

4。 众人哪，我呼叫你们，我向世人发声，
zhòng rén nǎ wǒ hū jiào nǐ men wǒ xiàng shì rén fā shēng
惟爾諸人、我呼爾曹、我向世人揚聲曰、
Unto you, O men, I call; and my voice is to the sons of man.
人々よ. わたしはあなたがたに 呼ばわり, 人の 子らに 聲をかける.

사람들아 내가 너희를 부르며 내가 인자들에게 소리를 높이노라

5。 说，愚昧人哪，你们要会悟灵明。愚昧人哪，你们当心理明白。
shuō yú mèi rén nǎ nǐ mén yào huì wù líng míng yú mèi rén nǎ nǐ mén dāng xīn lǐ míng bái
拙者當學明哲、蠢者當覺悟、
O ye simple, understand wisdom: and, ye fools, be ye of an understanding heart.
わきまえのない 者よ. 分別をわきまえよ. 愚かな 者よ. 思慮をわきまえよ.

어리석은 자들아 너희는 명철할지니라 미련한 자들아 너희는 마음이 밝을지니라 너희는 들을지어다

6。 你们当听，因我要说极美的话。我张嘴要论正直的事。
nǐ mėndāng tīng yīn wǒ yào shuō jí měi dė huà wǒ zhāng zuǐ yào lùn zhèng zhí dė shì
我啓口所言、乃至善至正、爾其聽之、
Hear; for I will speak of excellent things; and the opening of my lips shall be right things.
聞け, わたしは 高貴なことについて 語り, わたしのくちびるは 正しいことを 述べよう

내가 가장 선한 것을 말하리라 내 입술을 열어 정직을 내리라

7。 我的口要发出真理。我的嘴憎恶邪恶。
wǒ dė kǒu yào fā chū zhēn lǐ wǒ dė zuǐ zēng è xié è
我口述眞實、我脣惡邪惡、
For my mouth shall speak truth; and wickedness is an abomination to my lips.
わたしの 口は 眞實を 告げ, わたしのくちびるは 惡を 忌みきらうからだ.

내 입은 진리를 말하며 내 입술은 악을 미워하느니라

8。 我口中的言语，都是公义，并无弯曲乖僻。
wǒ kǒu zhōng dė yán yǔ dū shì gōng yì bìng wú wān qū guāi pì
我口之言皆公義、毫無乖謬偏曲、
All the words of my mouth are in righteousness; there is nothing froward or perverse in them.
わたしの 言うことはみな 正しい. そのうちには 曲がったことや よ こしまはない.

내 입의 말은 다 의로운즉 그 가운데 굽은 것과 패역한 것이 없나니

9。 有聪明的以为明显，得知识的以为正直。
yǒu cōngmíng dė yǐ wéi míngxiǎn dé zhī shí dė yǐ wéi zhèng zhí
凡智者必以爲然、凡得知識者必以爲正、
They are all plain to him that understandeth, and right to them that find knowledge.
これはみな, 識別する 者には, 正直, 知識を 見いだす 者には, 正しい.

이는 다 총명 있는 자의 밝히 아는 바요 지식 얻은 자의 정직히 기는 바니라

10。你们当受我的教训，不受白银。宁得知识，胜过黄金。
nǐ mendāngshòu wǒ dé jiào xùn bù shòu bái yín níng dé zhī shí shèng guò huáng jīn
寧受我訓、不受白銀、得知識、勝得精金、
Receive my instruction, and not silver; and knowledge rather than choice gold.
銀を 受けるよりも, わたしの 懲らしめを 受けよ, えり 抜きの 黄金よりも 知識を.

너희가 은을 받지 말고 나의 훈계를 받으며 정금보다 지식을 얻으라

11。因为智慧比진珍珠（或作红宝石）更美。一切可喜爱的，
yīn wéi zhì huì bǐ zhēn zhū huò zuò hóng bǎo shí gēng měi yī qiē kě xǐ ài dè
都不足与比较。
dū bù zú yǔ bǐ jiào
智慧較珍珠尤美、一切可慕者、不足與之比擬、
For wisdom is better than rubies; and all the things that may be desired are not to be compared to it.
知恵は 眞珠にまさり, どんな 喜びも, これには 比べられないからだ.

대저 지혜는 진주보다 나으므로 무릇 원하는 것을 이에 비교할 수 없음이니라

12。我智慧以灵明为居所，又寻得知识和谋略。
wǒ zhì huì yǐ líng míng wéi jū suǒ yòu xún dé zhī shí hé móu lüè
我智慧與明哲同居、才智之謀畧、我所尋得、
I wisdom dwell with prudence, and find out knowledge of witty inventions.
知恵であるわたしは 分別を 住みかとする. そこには 知識と 思慮とがある.

나 지혜는 명철로 주소를 삼으며 지식과 근신을 찾아 얻나니

13。敬畏耶和华，在乎恨恶邪恶。那骄傲，狂妄，并恶道，
jìng wèi yé hé huá zài hū hèn è xié è nà jiāo ào kuángwàng bìng è dào
以及乖谬的口，都为我所恨恶。
yǐ jí guāi miù dė kǒu dū wéi wǒ suǒ hèn è
敬畏主卽惡惡也、驕慢、狂妄、邪道、乖謬之口、皆我所厭惡
The fear of the LORD is to hate evil: pride, and arrogancy, and the evil way, and the froward mouth, do I hate.
主を 恐れることは 惡を 憎むことである. わたしは 高ぶりと, おごりと, 惡の 道と, ねじれたことばを 憎む.

여호와를 경외하는 것은 악을 미워하는 것이라 나는 교만과 거만과 악한 행실과 패역한 입을 미워하느니라

14。我有谋略，和真知识。我乃聪明。我有能力。
wǒ yǒu móu lüè hé zhēn zhī shí wǒ nǎi cōngmíng wǒ yǒu néng lì
我有謀畧、我有眞見、我具明哲、我有權力、
Counsel is mine, and sound wisdom: I am understanding; I have strength.
攝理とすぐれた 知性とはわたしのもの. わたしは 分別であって, わたしには 力がある.

내게는 도략과 참 지식이 있으며 나는 명철이라 내게 능력이 있으므로

15。帝王藉我坐国位。君王藉我定公平。
dì wáng jiè wǒ zuò guó wèi jūn wáng jiè wǒ dìnggōngpíng
帝王治國俱恃我、人君立公義之法亦恃我、
By me kings reign, and princes decree justice.
わたしによって, 王たちは 治め, 君主たちは 正義を 制定する.

나로 말미암아 왕들이 치리하며 방백들이 공의를 세우며

16。王子和首领，世上一切的审判官，都是藉我掌权。
wáng zǐ hé shǒu lǐng shì shàng yī qiē dè shěn pàn guān dū shì jiè wǒ zhǎngquán
侯伯與顯者、及世之士師、悉恃我秉權、
By me princes rule, and nobles, even all the judges of the earth.
わたしによって, 支配者たちは 支配する. 高貴な 人たちはすべて 正義のさばきつかさ.

나로 말미암아 재상과 존귀한 자 곧 세상의 모든 재판관들이 다스리느니라

17。爱我的，我也爱他。恳切寻求我的，必寻得见。
ài wǒ dè wǒ yě ài tā kěn qiē xún qiú wǒ dè bì xún dé jiàn
愛我者、我亦愛之、尋求我者、必尋得我、
I love them that love me; and those that seek me early shall find me.
わたしを 愛する 者を, わたしは 愛する. わたしを 熱心に 捜す 者は, わたしを 見つける.

나를 사랑하는 자들이 나의 사랑을 입으며 나를 간절히 찾는 자가 나를 만날 것이니라

18。丰富尊荣在我。恒久的财并公义也在我。
fēng fù zūn róng zài wǒ héng jiǔ dè cái bìnggōng yì yě zài wǒ

富貴在我、恆久之財與公義亦在我、
Riches and honour are with me; yea, durable riches and righteousness.
富と 譽れとはわたしとともにあり, 尊い 寶物と 義もわたし とともにある.

부귀가 내게 있고 장구한 재물과 의도 그러하니라

19。我的果实胜过黄金。强如精金，我的出产超乎高银。
wǒ dė guǒ shí shèng guò huáng jīn qiáng rú jīng jīn wǒ dė chū chǎn chāo hū gāo yín
我之結果愈於精金鍊金、我之出產、愈於佳銀、
My fruit is better than gold, yea, than fine gold; and my revenue than choice silver.
わたしの 實は 黃金よりも, 純金よりも 良く, わたしの 生み 出すものはえり 拔きの 銀にまさる.

내 열매는 금이나 정금보다 나으며 내 소득은 천은보다 나으니라

20。我在公义道上走，在公平的路上中行。
wǒ zài gōng yì dào shàng zǒu zài gōng píng dė lù shàng zhōng xíng
我行公義之路、履正直之徑、
I lead in the way of righteousness, in the midst of the paths of judgment:
わたしは 正義の 道, 公正の 通り 道の 眞中を 步み,

나는 의로운 길로 행하며 공평한 길 가운데로 다니나니

21。使爱我的承受货财，并充满他们的府库。
shǐ ài wǒ dė chéng shòu huò cái bìng chōng mǎn tā mėn dė fǔ kù
使愛我者得有貨財、使其府庫充盈、
That I may cause those that love me to inherit substance; and I will fill their treasures.
わたしを 愛する 者には 財產を 受け 繼がせ, 彼らの 財寶を 滿たす.

이는 나를 사랑하는 자로 재물을 얻어서 그 곳간에 채우게 하려함이니라

22。在耶和华造化的起头，在太初创造万物之先，就有了我。
zài yé hé huá zào huà dė qǐ tóu zài tài chū chuàng zào wàn wù zhī xiān jiù yǒu le wǒ
在主道之始、我爲主所有、卽在太初、在造物之先、
The LORD possessed me in the beginning of his way, before his works of old.
主は, その 働きを 始める 前から, そのみわざの 初めから, わたしを 得ておられた.

여호와께서 그 조화의 시작 곧 태초에 일하시기 전에 나를 가지셨으며

23。从亘古，从太初，未有世界以前，我已被立。
cóng gèn gǔ cóng tài chū wèi yǒu shì jiè yǐ qián wǒ yǐ bèi lì
在萬世之先、在元始、尙未有地、我已被立、
I was set up from everlasting, from the beginning, or ever the earth was.
大昔から，初めから，大地の 始まりから，わたしは 立てられた.

만세 전부터 상고부터, 땅이 생기기 전부터, 내가 세움을 입었나니

24。没有深渊，没有大水的泉源，我已生出。
méi yǒu shēnyuān méi yǒu dà shuǐ dè quányuán wǒ yǐ shēng chū
未有深淵、未有大水之泉源、我已先生、
When there were no depths, I was brought forth; when there were no fountains abounding with water.
深淵もまだなく，水のみなぎる 源もなかったとき，わたしはすでに 生まれていた.

아직 바다가 생기지 아니하였고 큰 샘들이 있기 전에 내가 이미 났으며

25。大山未曾奠定，小山未有之先，我已生出。
dà shān wèi zēng diàn dìng xiǎoshān wèi yǒu zhī xiān wǒ yǐ shēng chū
山嶽尙未奠定、岡陵尙未有之先、我已先生、
Before the mountains were settled, before the hills was I brought forth:
山が 立てられる 前に，丘より 先に，わたしはすでに 生まれていた.

산이 세우심을 입기 전에 언덕이 생기기 전에 내가 이미 났으니

26。耶和华还没有创造大地，和田野，并世上的土盾，哦已生出。
yé hé huá hái méi yǒu chuàng zào dà dì hé tián yě bìng shì shàng dè tǔ dùn ó yǐ shēng chū
主尙未造大地田野及寰宇之高壞、我已在矣、
While as yet he had not made the earth, nor the fields, nor the highest part of the dust of the world.
神がまだ 地も 野原も，この 世の 最初のちりも 造られなかったときに.

하나님이 아직 땅도 들도 세상 진토의 근원도 짓지 아니하셨을 때에라

27。他位立高天，我在那里。他在源面的周围，划出圆圈，
tā wèi lì gāo tiān wǒ zài nà lǐ tā zài yuánmiàn dè zhōu wéi huá chū yuánquān
主創造穹蒼、使空氣四周涵蓋大淵我已同在、
When he prepared the heavens, I was there: when he set a compass upon the face of the depth:
神が 天を 堅く 立て, 深淵の 面に 円を 描かれたとき, わたしはそこにいた.

그가 하늘을 지으시며 궁창으로 해면에 두르실 때에 내가 거기 있었고

28。上使穹苍坚硬，下使渊源稳固，
shàng shǐ qióngcāng jiānyìng xià shǐ yuānyuán wěn gù
主在上鋪張天雲、使淵泉洶湧、
When he established the clouds above: when he strengthened the fountains of the deep:
神が 上のほうに 大空を 固め, 深淵の 源を 堅く 定め,

그가 위로 구름 하늘을 견고하게 하시며 바다의 샘들을 힘있게 하시며

29。为沧海定出界限，使水不越过他的命令，立定大地的根基。
wéi cāng haǐ dìng chū jiè xiàn shǐ shuǐ bù yuè guò tā dè mìng lìng lì dìng dà dì dè gēn jī
為海定限、使水不越岸、並立大地之根基、
When he gave to the sea his decree,that the waters should not pass his commandment: when he appointed the foundations of the earth:
海にその 境界を 置き, 水がその 境を 越えないようにし, 地の基を 定められたとき,

바다의 한계를 정하여 물로 명령을 거스리지 못하게 하시며 또 땅의 기초를 정하실 때에

30。那时，我在他那里为工师，日日为他所喜爱，常常在他
nà shí wǒ zài tā nà lǐ wéi gōng shī rì rì wéi tā suǒ xǐ ài chángcháng zài tā
面前踊跌，
miànqián yǒng diē
其時我與主偕在爲巧匠、日月爲主所悅、恆踊躍於主前、
Then I was by him, as one brought up with him: and I was daily his delight, rejoicing always before him;
わたしは 神のかたわらで, これを 組み 立てる 者であった. わたしは 毎日喜び, いつも 御前で 楽しみ,

내가 그 곁에 있어서 창조자가 되어 날마다 그 기뻐하신 바가 되었으며 항상 그 앞에서 즐거워하였으며

31。踊跌在他为人豫备可住之地，也喜悦住在世人之间。
yǒng diē zài tā wéi rén yù bèi kě zhù zhī dì yě xǐ yuè zhù zài shì rén zhī jiān
踊躍於主之寰區、亦甚喜悅世人、
Rejoicing in the habitable part of his earth; and my delights were with the sons of men.
神の 地, この 世界で 楽しみ, 人の 子らを 喜んだ.

사람이 거처할 땅에서 즐거워하며 인자들을 기뻐하였었느니라

32。众子啊，现在要听从我。因为谨守我道的，便为有福。
zhòng zǐ ā xiàn zài yào tīng cóng wǒ yīn wéi jǐn shǒu wǒ dào dè biàn wéi yǒu fú
今衆子、當聽我言、凡守我道者福矣、
Now therefore hearken unto me, O ye children: for blessed are they that keep my ways.
子どもらよ, 今, わたしに 聞き 従え. 幸いなことよ. わたしの 道を 守る 者は.

아들들아 이제 내게 들으라 내 도를 지키는 자가 복이 있느니라

33。要听教训，就得智慧，不可弃绝。弃=棄
yào tīng jiào xùn jiù dé zhì huì bù kě qì jué qì
當聽訓誨、以得智慧、不可違棄、
Hear instruction, and be wise, and refuse it not.
訓戒を 聞いて 知恵を 得よ. これを 無視してはならない.

훈계를 들어서 지혜를 얻으라 그것을 버리지 말라

34。听从我，日日在我门口仰望，在我们框旁边等候的，那人便为有福。
tīng cóng wǒ rì rì zài wǒ mén kǒu yǎng wàng zài wǒ mén kuàng páng biān děng hòu dè nà rén biàn wéi yǒu fú
凡聽我、日待於我門、侍於我門柱之側者、斯人便爲有福、
Blessed is the man that heareth me, watching daily at my gates, waiting at the posts of my doors.
幸いなことよ. 日々わたしの 戸口のかたわらで 見張り, わたしの 戸口の 柱のわきで 見守って, わたしの 言うことを 聞く 人は.

누구든지 내게 들으며 날마다 내 문 곁에서 기다리며 문설주 옆에서 기다리는 자는 복이 있나니

35。因为寻得我的，就寻得生命，也必蒙耶和华的恩惠。
yīn wéi xún dé wǒ dè jiù xún dé shēngmìng yě bì méng yé hé huá dè ēn huì
得我者得生命、並蒙主之恩寵、
For whoso findeth me findeth life, and shall obtain favour of

the LORD.
なぜなら，わたしを 見いだす 者は， いのちを 見いだし， 主から 恵みをいただくからだ.

대저 나를 얻는 자는 생명을 얻고 여호와께 은총을 얻을 것임이니라

36。得罪我的，却害了自己的性命。恨恶我的，都喜爱死亡。
dé zuì wǒ dė què hài le zì jǐ dė xìngmìng hèn è wǒ dė dū xǐ ài sǐ wáng
失我者害已命、凡憾我者卽愛死亡、
But he that sinneth against me wrongeth his own soul: all they that hate me love death.
わたしを 見失う 者は 自分自身をそこない， わたしを 憎む者はみな， 死を 愛する.

그러나 나를 잃는 자는 자기의 영혼을 해하는 자라 무릇 나를 미워하는 자는 사망을 사랑하느니라

제 9 장

1。 智慧建造房屋，凿成七根柱子，
zhì huì jiàn zào fáng wū záo chéng qī gēn zhù zǐ
智慧建室、鑿其七柱、
Wisdom hath builded her house, she hath hewn out her seven pillars:
知恵は 自分の 家を 建て， 七つの 柱を 据え,

지혜가 그 집을 짓고 일곱 기둥을 다듬고

2。 宰杀牲畜，调和旨酒，设摆筵席。
zǎi shā shēng chù diào hé zhǐ jiǔ shè bǎi yán xí
宰牲調酒、肆筵設席、
She hath killed her beasts; she hath mingled her wine; she hath also furnished her table.
いけにえをほふり, ぶどう 酒に 混ぜ 物をし， その 食卓も 整え,

짐승을 잡으며 포도주를 혼합하여 상을 갖추고

3。 打发使女出去，自己在城中至高处呼叫，
dǎ fā shǐ nǚ chū qù zì jǐ zài chéngzhōng zhì gāo chù hū jiào
遣婢登邑之高處呼曰、
She hath sent forth her maidens: she crieth upon the highest places of the city,
小娘にことづけて， 町の 高い 所で 告げさせた.

그 여종을 보내어 성중 높은 곳에서 불러 이르기를

4。说，谁是愚蒙人，可以转到这里来。又对那无知的人说，
shuō shéi shì yú méng rén kě yǐ zhuǎn dào zhè lǐ lái yòu duì nà wú zhī de rén shuō
誰爲拙者、可入此、又對無知者曰、
Whoso is simple, let him turn in hither: as for him that wanteth understanding, she saith to him,
「わきまえのない 者はだれでも, ここに 來なさい.」と. また, 思慮に 欠けた 者に 言う.

무릇 어리석은 자는 이리로 돌이키라 또 지혜 없는 자에게 이르기를

5。 你们来，吃我的饼，喝我调和的酒。
nǐ mén lái chī wǒ dė bǐng hē wǒ diào hé dė jiǔ
爾來食我餅、飲我所調和之酒、
Come, eat of my bread, and drink of the wine which I have mingled.
「わたしの 食事を 食べに 來なさい. わたしの 混ぜ 合わせたぶどう 酒を 飲み,
너는 와서 내 식물을 먹으며 내 혼합한 포도주를 마시고

6。 你们愚蒙人，要舍弃愚蒙，就得存活。并要走光明的道。
nǐ mén yú méng rén yào shè qì yú méng jiù dé cún huó bìng yào zǒu guāngmíng dė dào
拙者棄拙、行於明哲之道、則可得生、
Forsake the foolish, and live; and go in the way of understanding.
わきまえのないことを 捨てて, 生きなさい. 悟りのある 道を, まっすぐ 歩みなさい.」と.

어리석음을 버리고 생명을 얻으라 명철의 길을 행하라 하느니라

7。 指斥亵慢人的，必受辱骂。责备恶人的，必被玷污。
zhǐ chì xiè màn rén dė bì shòu rǔ mà zé bèi è rén dė bì bèi diàn wū
譴責侮慢者、反受凌辱、規勸惡人者、反被詬詈、
He that reproveth a scorner getteth to himself shame: and he that rebuketh a wicked man getteth himself a blot.
あざける 者を 戒める 者は, 自分が 恥を 受け, 悪者を 責める 者は, 自分が 傷を 受ける.

거만한 자를 징계하는 자는 도리어 능욕을 받고 악인을 책망하는 자는 도리어 흠을 잡히느니라

8。 不要责备亵慢人，恐怕他恨你。要责备智慧人，他必爱你。
bù yào zé bèi xiè màn rén kǒng pà tā hèn nǐ yào zé bèi zhì huì rén tā bì ài nǐ
勿規勸侮慢者、恐彼憾爾、若規勸智慧者、則必愛爾、
Reprove not a scorner, lest he hate thee: rebuke a wise man, and he will love thee.
あざける 者を 責めるな. おそらく, 彼はあなたを 憎むだろう. 知恵のある 者を 責めよ. そうすれば, 彼はあなたを 愛するだろう.

거만한 자를 책망하지 말라 그가 너를 미워할까 두려우니라 지혜 있는 자를 책망하라 그가 너를 사랑하리라

9。 教导智慧人，他就越发有智慧。指示义人，他就增长学问。
jiào dǎo zhì huì rén tā jiù yuè fā yǒu zhì huì zhǐ shì yì rén tā jiù zēngcháng xué wèn
授道於智人、其智必加指示義人、其學必進、
Give instruction to a wise man, and he will be yet wiser: teach a just man, and he will increase in learning.
知恵のある 者に 與えよ. 彼はますます 知恵を 得よう. 正しい 者を 教えよ. 彼は 理解を 深めよう.

지혜 있는 자에게 교훈을 더하라 그가 더욱 지혜로와질 것이요 의로운 사람을 가르치라 그의 학식이 더하리라

10。敬畏耶和华，是智慧的开端。认识至圣者，便是聪明。
jìng wèi yé hé huá shì zhì huì dé kāi duān rèn shí zhì shèng zhě biàn shì cōngmíng
敬畏主乃智慧之始、識至聖之主卽是明哲、
The fear of the LORD is the beginning of wisdom: and the knowledge of the holy is understanding.
主を 恐れることは 知恵の 初め, 聖なる 方を 知ることは 悟りである.

여호와를 경외하는 것이 지혜의 근본이요 거룩하신 자를 아는 것이 명철이니라

11。你藉着我，日子必增多，年岁也必加添。
nǐ jiè zhuó wǒ rì zǐ bì zēng duō nián suì yě bì jiā tiān
爾必因我得享遐齡、爾年壽必增、
For by me thy days shall be multiplied, and the years of thy life shall be increased.
わたしによって, あなたの 日は 多くなり, あなたのいのちの 年は 増すからだ.

나 지혜로 말미암아 네 날이 많아질 것이요 네 생명의 해가 더하리라

12。你若有智慧，是与自己有益。你若亵慢，就必独自担当。
nǐ ruò yǒu zhì huì shì yǔ zì jǐ yǒu yì nǐ ruò xiè màn jiù bì dú zì dān dāng
如爾有智慧、則智慧於爾有益、如爾侮慢、則自任其咎、
If thou be wise, thou shalt be wise for thyself: but if thou scornest, thou alone shalt bear it.
もし, あなたが 知恵を 得れば, その 知恵はあなたのものだ. もし, あなたがこれをあざけるなら, あなただけが, その 責任を 負うことになる.

네가 만일 지혜로우면 그 지혜가 네게 유익할 것이나 네가 만일 거만하면 너 홀로 해를 당하리라

13。愚昧的妇人喧嚷。他是愚蒙，一无所知。
yú mèi dé fù rén xuānnáng tā shì yú méng yī wú suǒ zhī
愚婦笑言諠譁、蚩蒙昏昧、毫無所知、
A foolish woman is clamorous: she is simple, and knoweth nothing.
愚かな 女は, 騒がしく, わきまえがなく, 何も 知らない.

미련한 계집이 떠들며 어리석어서 아무 것도 알지 못하고

14。他坐在自己的家门口，坐在城中高处的座位上，
tā zuò zài zì jǐ dé jiā mén kǒu zuò zài chéngzhōng gāo chù dé zuò wèi shàng
或坐己家之門、或在邑之高處之座、
For she sitteth at the door of her house, on a seat in the high

places of the city,
彼女は 自分の 家の 戸口にすわり, 町の 高い 所にある 座にすわり,

자기 집 문에 앉으며 성읍 높은 곳에 있는 자리에 앉아서

15。呼叫过路的，就是直行其道的人，
hū jiào guò lù dè jiù shì zhí xíng qí dào dè rén
呼旅人、卽直行其道自、曰、
To call passengers who go right on their ways:
まっすぐに 歩いて 行く 往來の 人を 招いて 言う.

자기 길을 바로 가는 행객을 불러 이르되

16。说，谁是愚蒙人，可以转到这里来。又对那无知的人说，
shuō shéi shì yǘ méng rén kě yǐ zhuǎn dào zhè lǐ lái yòu duì nà wú zhī dè rén shuō
誰爲拙者、可入此、又對無知者曰、
Whoso is simple, let him turn in hither: and as for him that wanteth understanding, she saith to him,
[わきまえのない 者はだれでもここに 來なさい.]と. また 思慮に 欠けた 者に 向かって, 彼女は 言う.

무릇 어리석은 자는 이리로 돌이 키라 또 지혜 없는 자에게 이르기를

17。偷来的水是甜的，暗吃的饼是好的。
tōu lái dè shuǐ shì tián dè àn chī dè bǐng shì hǎo dè
竊水甚甘、盜餠有味、
Stolen waters are sweet, and bread eaten in secret is pleasant.
「盜んだ 水は 甘く, こっそり 食べる 食べ 物はうまい. 」と.

도적질한 물이 달고 몰래 먹는 떡이 맛이 있다 하는도다

18。人却不知有阴魂在他那里。他的客在阴间的深处。
rén què bù zhī yǒu yīn hún zài tā nà lǐ tā dè kè zài yīn jiān dè shēn chù
不知寓其室者盡陰靈、爲其客者下入示阿勒之深處、
But he knoweth not that the dead are there; and that her guests are in the depths of hell.
しかしその 人は, そこに 死者の 靈がいることを, 彼女の 客がよみの 深みにいることを, 知らない.

오직 그 어리석은 자는 죽은 자가 그의 곳에 있는 것과 그의 객들이 음부 깊은 곳에 있는 것을 알지 못하느니라

제 10 장

1。 所罗门的箴言。智慧之子，使父亲欢乐。愚昧之子，叫母
suǒ luó mén dė zhēn yán zhì huì zhī zǐ shǐ fù qīn huān lè yú mèi zhī zǐ jiào mǔ
亲担忧。忧=憂
qīn dān yōu yōu
所羅門之箴言如左、智慧之子、使父喜樂、愚昧之子、爲母所憂、
The proverbs of Solomon. A wise son maketh a glad father: but a foolish son is the heaviness of his mother.
ソロモン の・言 知恵のある 子は 父を 喜ばせ, 愚かな 子は 母の 悲しみである.

솔로몬의 잠언이라 지혜로운 아들은 아비로 기쁘게 하거니와 미련한 아들은 어미의 근심이니라

2。 不义之财，毫无益处。惟有公义，能救人脱离死亡。
bù yì zhī cái háo wú yì chù wéi yǒu gōng yì néng jiù rén tuō lí sǐ wáng
非義之財、無所裨益、惟公義始能救人於死、
Treasures of wickedness profit nothing: but righteousness delivereth from death.
不義によって 得た 財寶は 役に 立たない, しかし 正義は 人を 死から 救い 出す.

불의의 재물은 무익하여도 의리는 죽음에서 건지느니라

3。 耶和华不使义人受饥饿。恶人所欲的他必推开。
yé hé huá bù shǐ yì rén shòu jī è è rén suǒ yù dė tā bì tuī kāi
善人主祐之不饑、惡人、主使之不得所欲、
The LORD will not suffer the soul of the righteous to famish: but he casteth away the substance of the wicked.
主は 正しい 者を 飢えさせない. しかし 惡者の 願いを 突き 放す.

여호와께서 의인의 영혼은 주리지 않게 하시나 악인의 소욕은 물리치시느니라

4。 手懒的要受贫穷。手勤的却要富足。
shǒu lǎn dė yào shòu pín qióng shǒu qín dė què yào fù zú
經營手惰者必貧、手勤者必富、
He becometh poor that dealeth with a slack hand: but the hand of the diligent maketh rich.
無精者の 手は 人を 貧乏にし, 勤勉な 者の 手は 人を 富ます.

손을 게으르게 놀리는 자는 가난하게 되고 손이 부지런한 자는 부하게 되느니라

5。 夏天聚敛的，是智慧之子。收割时沉睡的，是贻羞之子。
xià tiān jù liǎn dė shì zhì huì zhī zǐ shōu gē shí chénshuì dė shì yí xiū zhī zǐ
夏時斂者乃賢子、穡時寢者爲不肖子、
He that gathereth in summer is a wise son: but he that sleepeth in harvest is a son that causeth shame.
夏のうちに 集める 者は 思慮深い 子であり, 刈り 入れ時に 眠る者は 恥知らずの 子である.

여름에 거두는 자는 지혜로운 아들이나 추수 때에 자는 자는 부끄러움을 끼치는 아들이니라

6。 福祉临到义人的头。强暴蒙蔽恶人的口。
fú zhǐ lín dào yì rén dė tóu qiáng bào méng bì è rén dė kǒu
善人首戴福祉、惡人口含很毒、
Blessings are upon the head of the just: but violence covereth the mouth of the wicked.
正しい 者の 頭には 祝福があり, 惡者の 口は 暴虐を 隱す.

의인의 머리에는 복이 임하거늘 악인의 입은 독을 머금었느니라

7。 义人的纪念被称赞。恶人的名字必朽烂。烂=爛
yì rén dė jì niàn bèi chēng zàn è rén dė míng zì bì xiǔ làn làn
善人之名、必爲人所讚、惡人之名、必腐爛、
The memory of the just is blessed: but the name of the wicked shall rot.
正しい 者の 呼び 名はほめたたえられ, 惡者の 名は 朽ち 果てる.

의인을 기념할 때에는 칭찬하거니와 악인의 이름은 썩으리라

8。 心中智慧的，必受命令。口里愚妄的，必致倾倒。
xīn zhōng zhì huì dė bì shòumìng lìng kǒu lǐ yú wàng dė bì zhì qīng dǎo
心慧若聽受命令、口愚者、必陷於禍患、
The wise in heart will receive commandments: but a prating fool shall fall.
心に 知恵のある 者は 命令を 受け 入れる. むだ 口をたたく 愚か 者は 踏みつけられる.

마음이 지혜로운 자는 명령을 받거니와 입이 미련한 자는 패망하리라

9。 行正直路的，步步安稳。走弯曲道的，必致败露。
xíngzhèng zhí lù dė bù bù ān wěn zǒu wān qū dào dė bì zhì bài lù
履正直道者、必安步無懼、行邪曲路者、必致敗露、
He that walketh uprightly walketh surely: but he that perverteth his ways shall be known.
まっすぐに 歩む 者の歩みは 安全である. しかし 自分の道を

曲げる者は 思い 知らされる.

바른 길로 행하는 자는 걸음이 평안하려니와 굽은 길로 행하는 자는 드러나리라

10。以眼传神的，使人忧患。口里愚妄的，必致倾倒。
yǐ yǎn chuánshén dé shǐ rén yōu huàn kǒu lǐ yú wàng dé bì zhì qīng dǎo
以目示意者、必使人懷憂、口愚者、必陷於禍患、
He that winketh with the eye causeth sorrow: but a prating fool shall fall.
目くばせする 者は 人を 痛め, むだ 口をたたく 愚か 者は 踏みつけられる.

눈짓하는 자는 근심을 끼치고 입이 미련한 자는 패망하느니라

11。义人的口是生命的泉源。强暴蒙蔽恶人的口。
yì rén dé kǒu shì shēngmìng dé quányuán qiáng bào méng bì è rén dé kǒu
善人之口乃生命之源、惡人之口含很毒、
The mouth of a righteous man is a well of life: but violence covereth the mouth of the wicked.
正しい 者の 口はいのちの 泉. 惡者の 口は 暴虐を 隱す.

의인의 입은 생명의 샘이라도 악인의 입은 독을 머금었느니라

12。恨能挑启争端。爱能遮掩一切过错。
hèn néng tiāo qǐ zhēngduān ài néng zhē yǎn yī qiē guò cuò
憾足以起爭端、愛足以掩諸過失、
Hatred stirreth up strifes: but love covereth all sins.
憎しみは 争いをひき 起こし, 愛はすべてのそむきの 罪をおおう.

미움은 다툼을 일으켜도 사랑은 모든 허물을 가리우느니라

13。明哲人嘴里有智慧。无知人背上受刑杖。
míng zhé rén zuǐ lǐ yǒu zhì huì wú zhī rén bèi shàngshòuxíngzhàng
明哲人之口有才智、無知者之背受仆責、
In the lips of him that hath understanding wisdom is found: but a rod is for the back of him that is void of understanding.
悟りのある 者のくちびるには 知恵があり, 思慮に 欠けた 者の 背には 杖がある.

명철한 자의 입술에는 지혜가 있어도 지혜 없는 자의 등을 위하여는 채찍이 있느니라

14。智慧人积存知识。愚妄人的口速致败坏。积=積
zhì huì rén jī cún zhī shí yú wàng rén dė kǒu sù zhì bài huài jī
智者懷藏知識、愚者之口速致敗亡、
Wise men lay up knowledge: but the mouth of the foolish is near destruction.
知恵のある 者は 知識をたくわえ, 愚か 者の 口は 滅びに 近い.

지혜로운 자는 지식을 간직하거니와 미련한 자의 입은 멸망에 가까우니라

15。富户的财物，是他的坚城。穷人的贫乏，是他的财坏。
fù hù dė cái wù shì tā dė jiānchéng qióng rén dė pín fá shì tā dė cái huài
富人貲財、如其堅城、貧人缺乏、常臨危境、
The rich man's wealth is his strong city: the destruction of the poor is their poverty.
富む 者の 財産はその 堅固な 城. 貧民の 滅びは 彼らの 貧困.

부자의 재물은 그의 견고한 성이요 가난한 자의 궁핍은 그의 패망이니라

16。义人的勤劳致生。恶人的进项致死。(死原文作罪)
yì rén dė qín láo zhì shēng è rén dė jìn xiàng zhì sǐ sǐ yuánwén zuò zuì
善人經營、致得生命、惡人結果、無非罪戾、
The labour of the righteous tendeth to life: the fruit of the wicked to sin.
正しい 者の 報酬はいのち. 悪者の 収穫は 罪.

의인의 수고는 생명에 이르고 악인의 소득은 죄에 이르느니라

17。禁守训诲的，乃在生命的道上。违弃责备的，便失迷了路。
jìn shǒu xùn huì dė nǎi zài shēngmìng dė dào shàng wéi qì zé bèi dė biàn shī mí le lù
守訓誨者乃從生命之道、棄督責者必致迷妄、
He is in the way of life that keepeth instruction: but he that refuseth reproof erreth.
訓戒を 大事にする 者はいのちへの 道にあり, 叱責を 捨てる 者は 迷い 出る.

훈계를 지키는 자는 생명 길로 행하여도 징계를 버리는 자는 그릇 가느니라

18。隐藏怨恨的，有说谎的嘴。口出谗谤的，是愚妄的人。
yǐn cángyuàn hèn dė yǒu shuōhuǎng dė zuǐ kǒu chū chánbàng dė shì yú wàng dė rén
匿憾者口必言誑、讒毁人者爲愚昧、
He that hideth hatred with lying lips, and he that uttereth a

slander, is a fool.
憎しみを 隱す 者は 僞りのくちびるを 持ち, そしりを 口に 出す 者は 愚かな 者である.

미워함을 감추는 자는 거짓의 입술을 가진 자요 참소하는 자는 미련한 자니라

19。多言多语难免有过。禁止嘴唇是有智慧。
duō yán duō yǔ nán miǎn yǒu guò jìn zhǐ zuǐ chún shì yǒu zhì huì
多言難免有罪、緘口者可謂有智、
In the multitude of words there wanteth not sin: but he that refraineth his lips is wise.
ことば 數が 多いところには, そむきの 罪がつきもの. 自分のくちびるを 制する者は 思慮がある.

말이 많으면 허물을 면키 어려우나 그 입술을 제어하는 자는 지혜가 있느니라

20。义人的舌，乃似高银。恶人的心，所值无几。
yì rén dė shé nǎi sì gāo yín è rén dė xīn suǒ zhí wú jǐ
善人之言、有如佳銀、惡人之心、所値無幾、
The tongue of the just is as choice silver: the heart of the wicked is little worth.
正しい 者の 舌はえり 拔きの 銀. 惡者の 心は 價値がない.

의인의 혀는 천은과 같거니와 악인의 마음은 가치가 적으니라

21。义人的口教养多人。愚昧人因无知而死亡。
yì rén dė kǒu jiào yǎng duō rén yú mèi rén yīn wú zhī ér sǐ wáng
善人之口、教養人多、愚者因無知而死、
The lips of the righteous feed many: but fools die for want of wisdom.
正しい 者のくちびるは 多くの 人を 養い, 愚か 者は 思慮がないために 死ぬ.

의인의 입술은 여러 사람을 교육하나 미련한 자는 지식이 없으므로 죽느니라

22。耶和华所赐的福，使人富足。并不加上忧虑。
yé hé huá suǒ cì dė fú shǐ rén fù zú bìng bù jiā shàng yōu lǜ
主若降福、人始致富、並不使兼增憂慮、
The blessing of the LORD, it maketh rich, and he addeth no sorrow with it.
主の 祝福そのものが 人を 富ませ, 人の 苦勞は 何もそれに

加えない.

여호와께서 복을 주시므로 사람으로 부하게 하시고 근심을 겸하여 주지 아니하시느니라

23。愚妄人以行恶为戏要. 名哲人却以智慧为乐。
yú wàng rén yǐ xíng è wéi xì yào míng zhé rén què yǐ zhì huì wéi lè
愚者行邪若戲、明哲之人、恆存智慧、
It is as sport to a fool to do mischief: but a man of understanding hath wisdom.
愚かな 者には 惡事が 樂しみ. 英知のある 者には 知恵が 樂しみ.

미련한 자는 행악으로 낙을 삼는 것 같이 명철한 자는 지혜로 낙을 삼느니라

24。恶人所怕的必临到他。义人所愿的必蒙应允。
è rén suǒ pà dė bì lín dào tā yì rén suǒ yuàn dė bì méngyìng yǔn
惡人高懼、必臨及其身、善人所欲、主必賜之、
The fear of the wicked, it shall come upon him: but the desire of the righteous shall be granted.
惡者の 恐れていることはその 身にふりかかり, 正しい 者の 望みはかなえられる.

악인에게는 그의 두려워하는 것이 임하거니와 의인은 그 원하는 것이 이루어지느니라

25。暴风一过，恶人归于无有。义人的根基却是永久。
bào fēng yī guò è rén guī yú wú yǒu yì rén dė gēn jī què shì yǒng jiǔ
惡人歸於無有、如狂風之疾過、惟善人有基永存、
As the whirlwind passeth, so is the wicked no more: but the righteous is an everlasting foundation.
つむじ 風が 過ぎ 去るとき, 惡者はいなくなるが, 正しい 者は永遠の 礎である.

회리바람이 지나가면 악인은 없어져도 의인은 영원한 기초 같으니라

26。懒惰人叫差他的人，如醋倒牙，如烟薰目。
lǎn duò rén jiào chā tā dė rén rú cù dǎo yá rú yān xūn mù
怠惰之人、使遣之者難忍、如醯傷齒、如煙薰目、
As vinegar to the teeth, and as smoke to the eyes, so is the sluggard to them that send him.
使いにやる 者にとって, なまけ 者は, 歯に 酢, 目に 煙のようなものだ.

게으른 자는 그 부리는 사람에게 마치 이에 초 같고 눈에 연기 같으니라

27。敬畏耶和华，使人日子加多。但恶人的年岁必被减少。
jìng wèi yé hé huá shǐ rén rì zǐ jiā duō dàn è rén dé nián suì bì bèi jiǎn shǎo
敬畏主者、得享遐齡、惡人之年壽、必致斷折、
The fear of the LORD prolongeth days: but the years of the wicked shall be shortened.
主を 恐れることは 日をふやし， 悪者の 年は 縮められる.

여호와를 경외하면 장수하느니라 그러나 악인의 연세는 짧아지느니라

28。义人的盼望，必得喜乐。恶人的指望，必至灭没。
yì rén dė pàn wàng bì dé xǐ lè è rén dė zhǐ wàng bì zhì miè méi
善人得其所望而樂、惡人所冀、必致空虛、
The hope of the righteous shall be gladness: but the expectation of the wicked shall perish.
正しい 者の 望みは 喜びであり， 悪者の 期待は 消えうせる.

의인의 소망은 즐거움을 이루어도 악인의 소망은 끊어지느니라

29。耶和华的道，是正直人的保障。却成了作孽人的败坏。
yé hé huá dė dào shì zhèng zhí rén dė bǎo zhàng què chéng liǎo zuò niè rén dė bài huài
主之道、正直人視為鞏固之城、惟惡者以為可懼、
The way of the LORD is strength to the upright: but destruction shall be to the workers of iniquity.
主の 道は， 潔白な 人にはとりでであり， 不法を 行なう 者には 滅びである.

여호와의 도가 정직한 자에게는 산성이요 행악하는 자에게는 멸망이니라

30。义人用不挪移。恶人不得住在地上。
yì rén yòng bù nuó yí è rén bù dé zhù zài dì shàng
善人永不遷移、惡人不得居於世、
The righteous shall never be removed: but the wicked shall not inhabit the earth.
正しい 者はいつまでも 動かされない. しかし 悪者はこの 地に 住みつくことができない.

의인은 영영히 이동되지 아니하여도 악인은 땅에 거하지 못하게 되느니라

31。义人的口，滋生智慧。乖谬的舌，必被割断。
yì rén dė kǒu zī shēng zhì huì guāi miù dė shé bì bèi gē duàn
善人之口、滋生智慧、乖謬之舌、斷之勿疑、
The mouth of the just bringeth forth wisdom: but the froward tongue shall be cut out.
正しい 者の 口は 知恵を 實らせる. しかしねじれた 舌は 抜かれる.

의인의 입은 지혜를 내어도 패역한 혀는 베임을 당할 것이니라

32。义人的嘴，能令人喜悦。恶人的口，说乖谬的话。
yì rén dė zuǐ néng lìng rén xǐ yuè è rén dė kǒu shuō guāi miù dė huà
善人之脣、出言致悅、惡人之口、吐辭乖戾、
The lips of the righteous know what is acceptable: but the mouth of the wicked speaketh frowardness.
正しい 者のくちびるは 好意を， 惡者の 口はねじれごとを 知っている.

의인의 입술은 기쁘게 할 것을 알거늘 악인의 입은 패역을 말하느니라

제 11 장

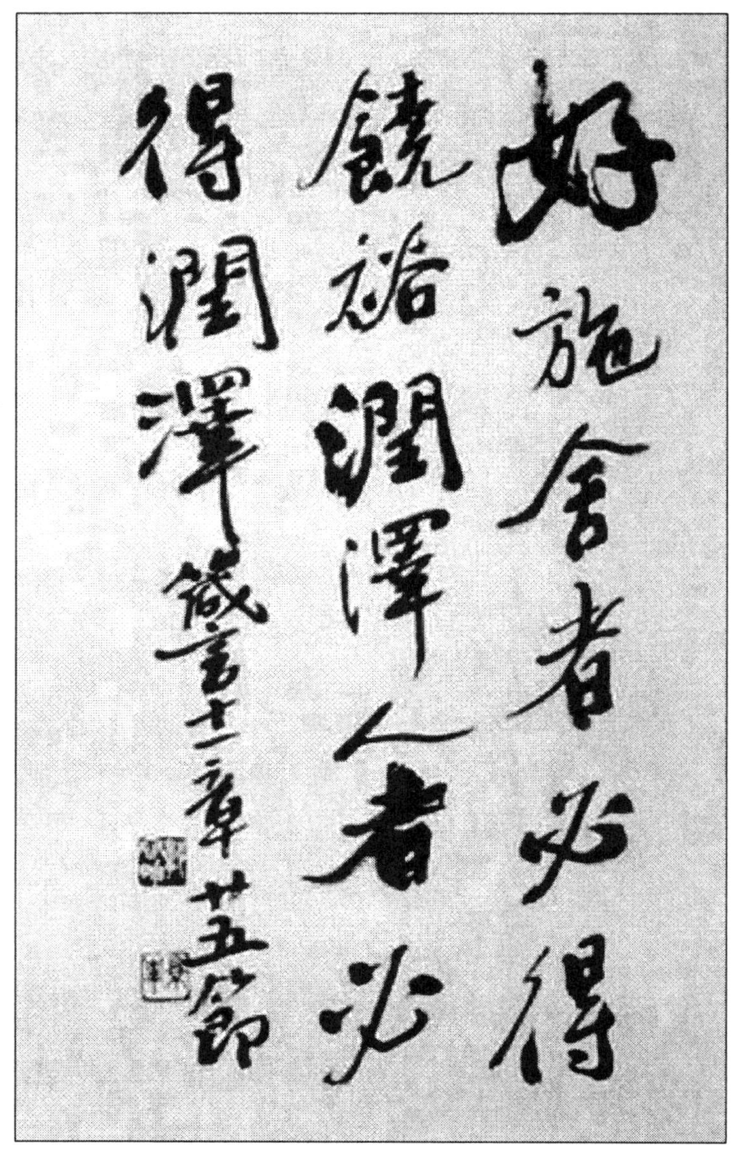

1。 诡诈的天平，为耶和华所憎恶。公平的法吗，为他所喜悦。
guǐ zhà dė tiānpíng wéi yé hé huá suǒ zēng è gōngpíng dė fǎ mǎ wéi tā suǒ xǐ yuè
詐僞之衡、爲主所惡、公平之權、爲主所悅、
A false balance is abomination to the LORD: but a just weight is his delight.
欺きのはかりは 主に 忌みきらわれる. 正しいおもりは 主に 喜ばれる.

속이는 저울은 여호와께서 미워하셔도 공평한 추는 그가 기뻐하시느니라

2。 骄傲来，羞耻也来。谦逊人却有智慧。
jiāo ào lái xiū chǐ yě lái qiānxùn rén què yǒu zhì huì
人驕矜必致取辱、謙遜者可謂有智、
When pride cometh, then cometh shame: but with the lowly is wisdom.
高ぶりが 來れば, 恥もまた 來る. 知恵はへりくだる 者とともにある.

교만이 오면 욕도 오거니와 겸손한 자에게는 지혜가 있느니라

3。 正直人的纯正，必引导自己。奸诈人的乖僻，必毁灭自己。
zhèng zhí rén dė chúnzhèng bì yǐn dǎo zì jǐ jiān zhà rén dė guāi pì bì huǐ miè zì jǐ
正直人爲己之端方所導、悖逆者必因己之邪曲敗亡、
The integrity of the upright shall guide them: but the perverseness of transgressors shall destroy them.
直ぐな 人の 誠實は, その 人を 導き, 裏切り 者のよこしまは, その 人を 破滅させる.

정직한 자의 성실은 자기를 인도하거니와 사특한 자의 패역은 자기를 망케하느니라

4。 发怒的日子，资财无益。惟有公义能救人脱离死亡。
fā nù dė rì zǐ zī cái wú yì wéi yǒu gōng yì néng jiù rén tuō lí sǐ wáng
値震怒之日、貨財無益、惟善德能救人於死、
Riches profit not in the day of wrath: but righteousness delivereth from death.
財産は 激しい 怒りの 日には 役に 立たない. しかし 正義は 人を 死から 救い 出す.

재물은 진노하시는 날에 무익하나 의리는 죽음을 면케 하느니라

5。 完全人的义，必指引他的路。但恶人必因自己的恶跌倒。
wánquán rén dė yì bì zhǐ yǐn tā dė lù dàn è rén bì yīn zì jǐ dė è diē dǎo

德備者之途、必因己善而平直、惡人必因其惡而傾仆、
The righteousness of the perfect shall direct his way: but the wicked shall fall by his own wickedness.
潔白な 人の 道は, その 正しさによって 平らにされ, 惡者は, その 惡事によって 倒れる.

완전한 자는 그 의로 인하여 그 길이 곧게 되려니와 악한 자는 그 악을 인하여 넘어지리라

6。 正直人的义，必拯救自己。奸诈人必陷在自己的罪孽中。
zhèng zhí rén dė yì bì zhěng jiù zì jǐ jiān zhà rén bì xiàn zài zì jǐ dė zuì niè zhōng
正直者爲其善所拯、悖逆者爲其惡所執、
The righteousness of the upright shall deliver them: but transgressors shall be taken in their own naughtiness.
直ぐな 人は, その 正しさによって 救い 出され, 裏切り 者は, 自分の 欲によって 捕えられる.

정직한 자는 그 의로 인하여 구원을 얻으려니와 사특한 자는 자기의 악에 잡히리라

7。 恶人一死， 他的指望必灭绝。罪人的盼望，也必灭没。
è rén yī sǐ tā dė zhǐ wàng bì miè jué zuì rén dė pàn wàng yě bì miè méi
惡人旣死、其望盡絶、不義者所冀、亦必盡絶、
When a wicked man dieth, his expectation shall perish: and the hope of unjust men perisheth.
惡者が 死ぬとき, その 期待は 消えうせ, 邪惡な 者たちの 望みもまた 消えうせる.

악인은 죽을 때에 그 소망이 끊어지나니 불의의 소망이 없어지느니라

8。 义人得脱离患难，有恶人来代替他。
yì rén dé tuō lí huàn nán yǒu è rén lái dài tì tā
善人脫於患難、惡人至而代之、
The righteous is delivered out of trouble, and the wicked cometh in his stead.
正しい 者は 苦しみから 救い 出され, 彼に 代わって 惡者がそれに 陷る.

의인은 환난에서 구원을 얻고 악인은 와서 그를 대신하느니라

9。 不虔敬的人用口败坏邻舍。义人却因知识得救。
bù qián jìng dė rén yòng kǒu bài huài lín shè yì rén què yīn zhī shí dé jiù
邪惡者以口陷人、善人因智慧得拯救、

An hypocrite with his mouth destroyeth his neighbour: but through knowledge shall the just be delivered.
神を 敬わない 者はその 口によって 隣人を 滅ぼそうとするが, 正しい 者は 知識によって 彼らを 救おうとする.

사특한자는 입으로 그 이웃을 망하게 하여도 의인은 그 지식으로 말미암아 구원을 얻느니라

10。义人享福合城喜乐。恶人灭亡， 人都欢呼。
yì rén xiǎng fú hé chéng xǐ lè è rén miè wáng rén dū huān hū
善人享福、擧邑喜樂、惡人滅亡、民皆歡呼、
When it goeth well with the righteous, the city rejoiceth: and when the wicked perish, there is shouting.
町は, 正しい 者が 栄えると, こおどりし, 惡者が 滅びると, 喜びの 聲をあげる.

의인이 형통하면 성읍이 즐거워하고 악인이 패망하면 기뻐 외치느니라

11。城因正直人祝福便高举。却因邪恶人的就倾覆。
chéng yīn zhèng zhí rén zhù fú biàn gāo jǔ què yīn xié è rén dė jiù qīng fù
城因正直人祝福則高堅、因惡者妄言則傾圮、
By the blessing of the upright the city is exalted: but it is overthrown by the mouth of the wicked.
直ぐな 人の 祝福によって, 町は 高くあげられ, 惡者の 口によって, 滅ぼされる.

성읍은 정직한 자의 축원을 인하여 진흥하고 악한 자의 입을 인하여 무너지느니라

12。藐视邻舍的，毫无智慧。名哲人却静默不言。
miǎo shì lín shè dė háo wú zhì huì míng zhé rén què jìng mò bù yán
無知者侮慢同人、明哲人緘默不言、
He that is void of wisdom despiseth his neighbour: but a man of understanding holdeth his peace.
隣人をさげすむ 者は 思慮に 欠けている, しかし 英知のある者は 沈默を 守る.

지혜 없는 자는 그 이웃을 멸시하나 명철한 자는 잠잠하느니라

13。往来传舌的，泄漏密事。心中诚实的，遮隐事情。
wǎng lái chuán shé dė xiè lòu mì shì xīn zhōng chéng shí dė zhē yǐn shì qíng
往來談人是非者、必洩人之秘事、性心誠者必隱人之私情、
A talebearer revealeth secrets: but he that is of a faithful

spirit concealeth the matter.
歩き 回って 人を 中傷する 者は 秘密を 漏らす. しかし 眞實な 心の 人は 事を 秘める

두루다니며 한담하는 자는 남의 비밀을 누설하나 마음이 신실한 자는 그런것을 숨기느니라

14。无智谋，民就败落。谋士多，人便安居。
wú zhì móu mín jiù bài luò móu shì duō rén biàn ān jū
無政治、民必隕墮、議士多、國乃平康、
Where no counsel is, the people fall: but in the multitude of counsellors there is safety.
指導がないことによって 民は 倒れ, 多くの 助言者によって 救いを 得る.

도략이 없으면 백성이 망하여도 모사가 많으면 평안을 누리느니라

15。外人作报的，必受亏损。恨恶击掌的，却得安稳。
wài rén zuò bào dė bì shòu kuī sǔn hèn è jī zhǎng dė què dé ān wěn
爲外人作保者必受害、不好擊掌者、可平安無事、
He that is surety for a stranger shall smart for it: and he that hateth suretiship is sure.
他國人の 保證人となる 者は 苦しみを 受け, 保證をきらう 者は 安全だ.

타인을 위하여 보증이 되는 자는 손해를 당하여도 보증이 되기를 싫어하는 자는 평안하니라

16。恩德的妇女得尊荣。强暴的男子得资财。
ēn dé dė fù nǚ dé zūn róng qiáng bào dė nán zǐ dé zī cái
淑美之女得尊榮、努力之男得貨財、
A gracious woman retaineth honour: and strong men retain riches.
優しい 女は 譽れをつかみ, 横暴な 者は 富をつかむ.

유덕한 여자는 존영을 얻고 근면한 남자는 재물을 얻느니라

17。仁慈的人，善待自己。残忍的人，忧害已身。
rén cí dė rén shàn dài zì jǐ cán rěn dė rén yōu hài yǐ shēn
仁慈者加增己益、殘忍者擾害己身、
The merciful man doeth good to his own soul: but he that is cruel troubleth his own flesh.
眞實な 者は 自分のたましいに 報いを 得るが, 殘忍な 者は 自分の 身に 煩いをもたらす.

인자한 자는 자기의 영혼을 이롭게 하고 잔인한 자는 자기의 몸을 해롭게 하느니라

18。恶人经营，得虛浮的工价。撒义种的，得实在的果效。
è rén jīng yíng dé xū fú dè gōng jià sā yì zhǒng dè dé shí zài dè guǒ xiào
惡人經營、所得虛幻、播善種者、必獲眞實果報、
The wicked worketh a deceitful work: but to him that soweth righteousness shall be a sure reward.
惡者は 僞りの 報酬を 得るが, 義を 蒔く 者は 確かな 賃金を 得る.

악인의 삯은 허무하되 의를 뿌린 자의 상은 확실하니라

19。恒心为义的，必得生命。追求邪恶的，必致死亡。
héng xīn wéi yì dè bì dé shēngmìng zhuī qiú xié è dè bì zhì sǐ wáng
恆心行善者、必得生命、專意作惡者、必致死亡、
As righteousness tendeth to life: so he that pursueth evil pursueth it to his own death.
このように, 義を 追い 求める 者はいのちに 至り, 惡を 追い 求める 者は 死に 至る.

의를 굳게 지키는 자는 생명에 이르고 악을 따르는 자는 사망에 이르느니라

20。心中乖僻的，为耶和华所憎恶。行事完全的，为他所喜悦。
xīn zhōngguāi pì dè wéi yé hé huá suǒ zēng è xíng shì wánquán dè wéi tā suǒ xǐ yuè
心乖謬者、爲主所惡、行正直路者、爲主所悅、
They that are of a froward heart are abomination to the LORD: but such as are upright in their way are his delight.
心の 曲がった 者は 主に 忌みきらわれる,しかしまっすぐに 道を 歩む 者は 主に 喜ばれる.

마음이 패려한 자는 여호와의 미움을 받아도 행위가 온전한 자는 그의 기뻐하심을 받느니라

21。恶人虽然连手，必不免受罚。义人的后裔，必得拯救。
è rén suī rán lián shǒu bì bù miǎnshòu fá yì rén dè hòu yì bì dé zhěng jiù
惡人歷世、無不受罰善人苗裔、必得脫免、
Though hand join in hand, the wicked shall not be unpunished: but the seed of the righteous shall be delivered.
確かに 惡人は 罰を 免れない. しかし 正しい 者のすえは 救いを 得る.

악인은 피차 손을 잡을지라도 벌을 면치 못할 것이나 의인의 자손은 구원을 얻으리라

22。妇女美貌而无见识，如同金环带在猪鼻上。
fù nǚ měi mào ér wú jiàn shí rú tóng jīn huán dài zài zhū bí shàng
女美而無知、猶如金環戴於豕鼻、
As a jewel of gold in a swine's snout, so is a fair woman which is without discretion.
美しいが， たしなみのない 女は， 金の 輪が 豚の 鼻にあるようだ.

아름다운 여인이 삼가지 아니하는 것은 마치 돼지 코에 금고리 같으니라

23。义人的心愿，尽得好处。恶人的指望，致干忿怒。
yì rén dė xīn yuàn jìn dé hǎo chù è rén dė zhǐ wàng zhì gān fèn nù
善人所欲惟善、惡人所盼望、俱干主怒、
The desire of the righteous is only good: but the expectation of the wicked is wrath.
正しい 者の 願い， ただ 良いこと. 悪者の 望み， 激しい 怒り.

의인의 소원은 오직 선하나 악인의 소망은 진노를 이루느니라

24。有施散的，却更增添。有吝惜过度的，反致穷乏。
yǒu shī sǎn dė què gēngzēng tiān yǒu lìn xī guò dù dė fǎn zhì qióng fá
有散財者反增添、有惜財過度者反致貧乏、
There is that scattereth, and yet increaseth; and there is that withholdeth more than is meet, but it tendeth to poverty.
ばらまいても， なお 富む 人があり， 正當な 支拂いを 惜しんでも， かえって 乏しくなる 者がある.

흩어 구제하여도 더욱 부하게 되는 일이 있나니 과도히 아껴도 가난하게 될 뿐이니라

25。好施舍的，必得丰裕。滋润人的，必得滋润。
hǎo shī shè dė bì dé fēng yù zī rùn rén dė bì dé zī rùn
好施舍者、必得饒裕、潤澤人者、必得潤澤、
The liberal soul shall be made fat: and he that watereth shall be watered also himself.
おおらかな 人は 肥え， 人を 潤す 者は 自分も 潤される.

구제를 좋아하는 자는 풍족하여질 것이요 남을 윤택하게 하는 자는 윤택하여지리라

26。屯粮不卖的，民必咒诅他。情愿出卖的，人必为他祝福。
tún liáng bù mài dė mín bì zhòu zǔ tā qíngyuàn chū mài dė rén bì wéi tā zhù fú

藏糧糶者、民必詛之、惟糶之者、民必爲之祝福、 糶=쌀팔 조
He that withholdeth corn, the people shall curse him: but blessing shall be upon the head of him that selleth it.
穀物を 賣り 惜しむ 者は 民にのろわれる. しかしそれを 賣る 者の 頭には 祝福がある.

곡식을 내지 아니하는 자는 백성에게 저주를 받을 것이나 파는 자는 그 머리에 복이 임하리라

27。恳切求善的，就求得恩惠。惟独求恶的，恶必临到他身。
kěn qiē qiú shàn dė jiù qiú dé ēn huì wéi dú qiú è dė è bì lín dào tā shēn
求善者必獲恩、謀惡者惡必臨身、
He that diligently seeketh good procureth favour: but he that seeketh mischief, it shall come unto him.
熱心に 善を 捜し 求める 者は 惠みを 見つけるが, 惡を 求める 者には 惡が 來る.

선을 간절히 구하는 자는 은총을 얻으려니와 악을 더듬어 찾는 자에게는 악이 임하리라

28。衣仗自己财物的，必跌到。义人必发旺如青叶。
yī zhàng zì jǐ cái wù dė bì diē dào yì rén bì fā wàng rú qīng yè
恃己財者必顚仆、善人興發如葉、
He that trusteth in his riches shall fall; but the righteous shall flourish as a branch.
自分の 富に 據り 賴む 者は 倒れる, しかし 正しい 者は 若葉のように 芽を 出す.

자기의 재물을 의지하는 자는 패망하려니와 의인은 푸른 잎사귀 같아서 번성하리라

29。忧害已家的，必承受清风。愚昧人必作慧心人的仆人。
yōu hài yǐ jiā dė bì chéngshòuqīngfēng yú mèi rén bì zuò huì xīn rén dė pú rén
擾害己家者、所得惟風、愚者必役於智者、
He that troubleth his own house shall inherit the wind: and the fool shall be servant to the wise of heart.
自分の 家族を 煩わせる 者は 風を 相續し, 愚か 者は 心に 知恵のある 者のしもべとなる.

자기 집을 해롭게 하는 자의 소득은 바람이라 미련한 자는 마음이 지혜로운 자의 종이 되리라

30。义人所结的果子，就是生命。有智慧的必能得人。
yì rén suǒ jié dė guǒ zǐ jiù shì shēngmìng yǒu zhì huì dė bì néng dé rén

善人之果、卽生命樹之果、能得人者爲明哲、

The fruit of the righteous is a tree of life; and he that winneth souls is wise.

正しい 者の 結ぶ 實はいのちの 木である. 知恵のある 者は 人の 心をとらえる.

의인의 열매는 생명나무라 지혜로운 자는 사람을 얻느니라

31。看哪，义人在世尚且受报，何况恶人和罪人呢。
kàn nǎ yì rén zài shì shàng qiě shòu bào hé kuàng è rén hé zuì rén ní

善人在世、尙不免受報、況惡人與罪人乎、

Behold, the righteous shall be recompensed in the earth: much more the wicked and the sinner.

もし 正しい 者がこの世で 報いを 受けるなら, 惡者や罪人は, なおさら, その 報いを 受けよう.

보라 의인이라도 이 세상에서 보응을 받겠거든 하물며 악인과 죄인이리요

제 12 장

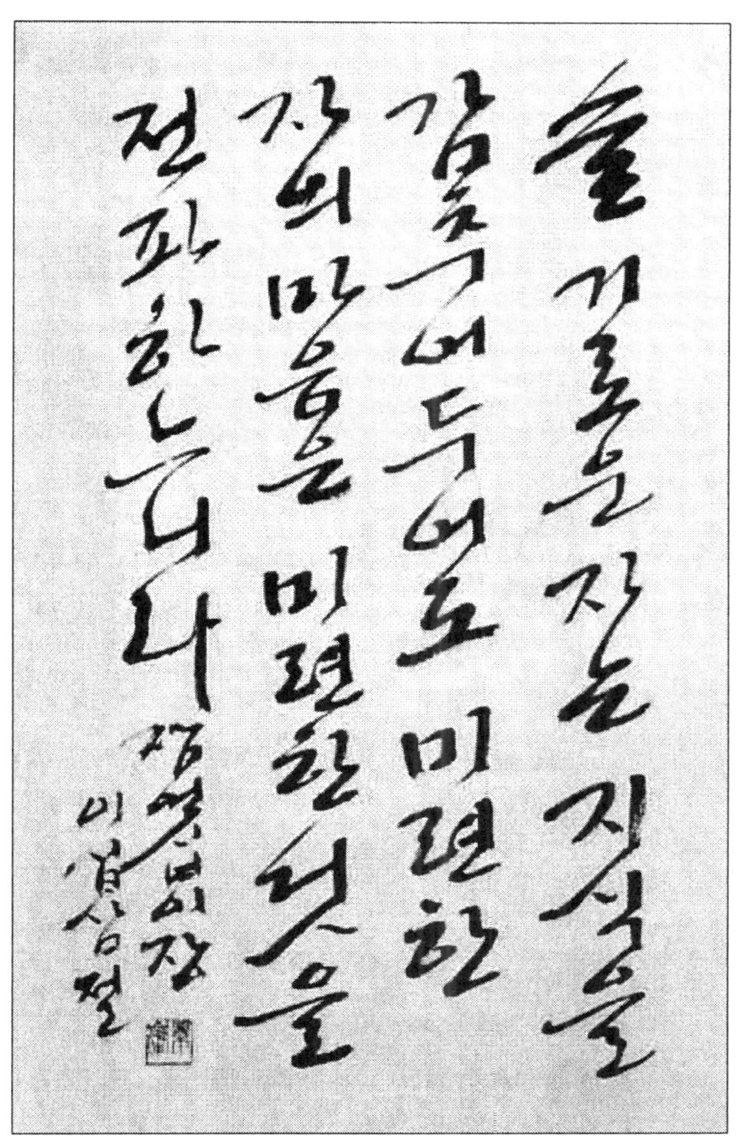

1。 喜爱管教的，就是喜爱知识。恨恶责备的，却是畜类。
xǐ ài guǎn jiào dė jiù shì xǐ ài zhī shí hèn è zé bèi dė què shì chù lèi
人喜訓誨卽喜知識、惡督責者乃愚人、
Whoso loveth instruction loveth knowledge: but he that hateth reproof is brutish.
訓戒を 愛する 人は 知識を 愛する. 叱責を 憎む 者はまぬけ者だ.

훈계를 좋아하는 자는 지식을 좋아하나니 징계를 싫어하는 자는 짐승과 같으니라

2。 善人必蒙耶和华的恩惠。设诡计的人，耶和华必定他得罪。
shàn rén bì méng yé hé huá dė ēn huì shè guǐ jì dė rén yé hé huá bì dìng tā dé zuì
善人必蒙主施恩、設詭計者主必定罪、
A good man obtaineth favour of the LORD: but a man of wicked devices will he condemn.
善人は 主から 恵みをいただき, 悪をたくらむ 者は 罰を 受ける

선인은 여호와께 은총을 받으려니와 악을 꾀하는 자는 정죄하심을 받으리이다

3。 人靠恶行不能坚立。义人的根，必不动摇。
rén kào è xíng bù néng jiān lì yì rén dė gēn bì bù dòng yáo
人恃惡不得堅立、善人之本不動移、
A man shall not be established by wickedness: but the root of the righteous shall not be moved.
人は 悪をもって 身を 堅く 立てることはできず, 正しい 人の 根はゆるがない.

사람이 악으로 굳게 서지 못하나니 의인의 뿌리는 움직이지 아니하느니라

4。 贤德的妇人，是丈夫的冠冕。贻羞的妇人，如同朽烂在他丈夫的骨中。
cái dé dė fù rén shì zhàng fū dė guān miǎn yí xiū dė fù rén rú tóng xiǔ làn zài tā zhàng fū dė gǔ zhōng
淑女如夫之冕、啓羞之婦、使夫難堪、如骨已朽、
A virtuous woman is a crown to her husband: but she that maketh ashamed is as rottenness in his bones.
しっかりした 妻は 夫の 冠. 恥をもたらす 妻は, 夫の 骨の中の 腐れのようだ.

어진 여인은 그 지아비의 면류관이나 욕을 끼치는 여인은 그 지아비로 뼈가 썩음 같게 하느니라

5。 义人的思念是公平。恶人的计谋是诡诈。
yì rén dė sī niàn shì gōngpíng è rén dė jì móu shì guǐ zhà
善人所懷者公義、惡人所謀者詭譎、
The thoughts of the righteous are right: but the counsels of the wicked are deceit.
正しい 人の 計畫することは 公正で, 惡者の 指導には 欺きがある.

의인의 생각은 공직하여도 악인의 도모는 궤휼이니라

6。 恶人的言论，是埋伏流人的血。正直人的口，必拯救人。
è rén dė yán lùn shì mái fú liú rén dė xiě zhèng zhí rén dė kǒu bì zhěng jiù rén
邪惡人之出言、乃暗害人命、正直人之議論、乃以拯救人、
The words of the wicked are to lie in wait for blood: but the mouth of the upright shall deliver them.
惡者のことばは 血に 飢えている, しかし 正しい 者の 口は 彼らを 救い 出す.

악인의 말은 사람을 엿보아 피를 흘리자 하는 것이어니와 정직한 자의 입은 사람을 구원하느니라

7。 恶人倾覆，归于无有。义人的家，必站得住。
è rén qīng fù guī yú wú yǒu yì rén dė jiā bì zhàn dé zhù
惡人傾覆、歸於無有、善人之家、恆久穩立、
The wicked are overthrown, and are not: but the house of the righteous shall stand.
惡者はくつがえされて, いなくなる. しかし 正しい 者の 家は 立ち 續ける.

악인은 엎드러져서 소멸되려니와 의인의 집은 서 있으리라

8。 人必按自己的智慧被称赞。心中乖谬的，必被藐视。
rén bì àn zì jǐ dė zhì huì bèi chēng zàn xīn zhōngguāi miù dė bì bèi miǎo shì
人必循己智慧而被稱譽、必乖者被人藐視、
A man shall be commended according to his wisdom: but he that is of a perverse heart shall be despised.
人はその 思慮深さによってほめられ, 心のねじけた 者はさげすまれる.

사람은 그 지혜대로 칭찬을 받으려니와 마음이 패려한 자는 멸시를 받으리라

9。 被人轻贱，却有仆人，强如自尊，缺少食物。
bèi rén qīng jiàn què yǒu pú rén qiáng rú zì zūn quē shǎo shí wù

居卑而自役、愈於自大而乏食、
He that is despised, and hath a servant, is better than he that honoureth himself, and lacketh bread.
身分の 低い 人で 職を 持っている 者は, 高ぶっている 人で 食に 乏しい 者にまさる.

비천히 여김을 받을지라도 종을 부리는 자는 스스로 높은 체 하고도 음식이 핍절한 자보다 나으니라

10。义人顾惜他牲畜的命。恶人的怜悯，也是残忍。
yì rén gù xī tā shēng chù dè mìng è rén dè lián mǐn yě shì cán rěn
善人矜恤牲畜、惡人心懷殘忍、
A righteous man regardeth the life of his beast: but the tender mercies of the wicked are cruel.
正しい 者は, 自分の 家畜のいのちに 氣を 配る. 惡者のあわれみは, 殘忍である.

의인은 그 육축의 생명을 돌아보나 악인의 긍휼은 잔인이니라

11。耕种自己田地的，必得饱食。追随虚浮的，却是无知。
gēngzhǒng zì jǐ tián dì dè bì dé bǎo shí zhuī suí xū fú dè què shì wú zhī
耕己田者得飽食、從閑蕩人者乏慧心、
He that tilleth his land shall be satisfied with bread: but he that followeth vain persons is void of understanding.
自分の畑を 耕す者は 食糧に 飽き 足り, むなしいものを 追い求める 者は 思慮に 欠ける.

자기의 토지를 경작하는 자는 먹을 것이 많거니와 방탕한 것을 따르는 자는 지혜가 없느니라

12。恶人想得坏人的网罗。义人的根，得以结实。
è rén xiǎng dé huài rén dè wǎng luó yì rén dè gēn dé yǐ jié shí
惡人爲惡如喜入惡網、善人之本必鞏固、
The wicked desireth the net of evil men: but the root of the righteous yieldeth fruit.
惡者は, 惡の 網を 張るのを 好み, 正しい 者の 根は, 芽を 出す.

악인은 불의의 이를 탐하나 의인은 그 뿌리로 말미암아 결실하느니라

13。恶人嘴中的过错，是自己的网罗。但义人必脱离患难。
è rén zuǐ zhōng dè guò cuò shì zì jǐ dè wǎng luó dàn yì rén bì tuō lí huàn nán
惡人因口中愆尤而陷禍、惟善人得脫患難、

The wicked is snared by the transgression of his lips: but the just shall come out of trouble.
惡人はくちびるでそむきの 罪を 犯して, わなにかかる. しかし 正しい 者は 苦しみを 免れる.

악인은 입술의 허물로 인하여 그물에 걸려도 의인은 환난에서 벗어나느니라

14。人因口所结的果子，必饱得美福。人手所作的，必为自己的报应。
rén yīn kǒu suǒ jié dė guǒ zǐ bì bǎo dé měi fú rén shǒu suǒ zuò dė bì wéi zì jǐ dė bào yìng
人必以口德之果報、足享嘉福、上帝必循人手所爲、施報於人
A man shall be satisfied with good by the fruit of his mouth: and the recompence of a man's hands shall be rendered unto him.
人はその 口の 實によって 良いものに 滿ち 足りる. 人の 手の 働きはその 人に 報いを 與える.

사람은 입의 열매로 인하여 복록에 족하며 그 손의 행하는 대로 자기가 받느니라

15。愚妄人所行的，在自己的眼中看为正直。惟智慧人，肯听人的劝教。
yú wàng rén suǒ xíng dė zài zì jǐ dė yǎn zhōng kàn wéi zhèng zhí wéi zhì huì rén kěn tīng rén dė quàn jiào
愚人視己道爲正、智慧者聽人勸誨、
The way of a fool is right in his own eyes: but he that hearkeneth unto counsel is wise.
愚か 者は 自分の 道を 正しいと 思う, しかし 知恵のある 者は 忠告を 聞き 入れる.

미련한 자는 자기 행위를 바른 줄로 여기나 지혜로운 자는 권고를 듣느니라

16。愚妄人的悯怒，立时显露。通达人能忍辱藏羞。
yú wàng rén dė mǐn nù lì shí xiǎn lù tōng dá rén néng rěn rǔ cáng xiū
愚人若怒、隨卽顯露、忍辱者達人也、
A fool's wrath is presently known: but a prudent man covereth shame.
愚か 者は 自分の 怒りをすぐ 現わす. 利口な 者ははずかしめを 受けても 默っている.

미련한 자는 분노를 당장에 나타내거니와 슬기로운 자는 수욕을 참느니라

17。说出真话的，显明公义。作假见证的，显出诡诈。
shuō chū zhēn huà dè xiǎnmínggōng yì zuò jiǎ jiànzhèng dè xiǎn chū guǐ zhà
素言眞者、必述公義之辭、素言誑者必作假證、
He that speaketh truth sheweth forth righteousness: but a false witness deceit.
眞實の 申し 立てをする 人は 正しいことを 告げ, 僞りの 證人は 欺き 事を 告げる.

진리를 말하는 자는 의를 나타내어도 거짓 증인은 궤휼을 말하느니라

18。说话浮躁的，如刀刺人。智慧人的舌头，却为医人的良药。
shuōhuà fú zào dè rú dāo cì rén zhì huì rén dè shé tóu què wéi yī rén dè liángyào
有出言如以刃刺人者、有智人之言如良藥、
There is that speaketh like the piercings of a sword: but the tongue of the wise is health.
輕率に 話して 人を 劍で 刺すような 者がいる. しかし 知恵のある 人の舌は 人をいやす.

혹은 칼로 찌름 같이 함부로 말하거니와 지혜로운 자의 혀는 양약 같으니라

19。口吐真言，永远坚立。舌说谎话，只存片时。
kǒu tǔ zhēn yán yǒngyuǎn jiān lì shé shuōhuǎng huà zhǐ cún piàn shí
眞言永立、誑言只存片時、
The lip of truth shall be established for ever: but a lying tongue is but for a moment.
眞實のくちびるはいつまでも 堅く 立つ. 僞りの 舌はまばたきの 間だけ.

진실한 입술은 영원히 보존되거니와 거짓 혀는 눈 깜짝일 동안만 있을 뿐이니라

20。图谋恶事的，心存诡诈。劝人和睦的，便得喜乐。
tú móu è shì dè xīn cún guǐ zhà quàn rén hé mù dè biàn dé xǐ lè
謀惡自終必必覺自斯、勸人和睦者必得喜樂、
Deceit is in the heart of them that imagine evil: but to the counsellors of peace is joy.
惡をたくらむ 者の 心には 欺きがあり, 平和を 圖る 人には 喜びがある.
악을 꾀하는 자의 마음에는 궤휼이 있고 화평을 논하는 자에게는 희락이 있느니라

21。义人不遭灾害恶人满受祸患。
yì rén bù zāo zāi hài è rén mǎnshòu huò huàn
無禍可臨於善人、惡人充以災害、
There shall no evil happen to the just: but the wicked shall be filled with mischief.
正しい 者は 何の 災害にも 會わない. 惡者はわざわいで 滿たされる.

의인에게는 아무 재앙도 임하지 아니하려니와 악인에게는 앙화가 가득하리라

22。说谎言的嘴，为耶和华所憎恶。行事诚实的，为他所喜悦。
shuōhuǎng yán dè zuǐ wéi yé hé huá suǒ zēng è xíng shì chéng shí dè wéi tā suǒ xǐ yuè
誑言爲主所惡、行眞實者爲主所悅、
Lying lips are abomination to the LORD: but they that deal truly are his delight.
僞りのくちびるは 主に 忌みきらわれる. 眞實を 行なう 者は 主に 喜ばれる.

거짓 입술은 여호와께 미움을 받아도 진실히 행하는 자는 그의 기뻐하심을 받느니라

23。通达人隐藏知识。愚昧人的心，彰显愚昧。
tōng dá rén yǐn cáng zhī shí yú mèi rén dè xīn zhāngxiǎn yú mèi
達人自藏所識、愚人之必、自述其愚、
A prudent man concealeth knowledge: but the heart of fools proclaimeth foolishness.
利口な 者は 知識を 隱し, 愚かな 者は 自分の 愚かさを 言いふらす.

슬기로운 자는 지식을 감추어 두어도 미련한 자의 마음은 미련한 것을 전파하느니라

24。殷勤人的手必掌权。懒惰的人必弗苦。
yīn qín rén dè shǒu bì zhǎngquán lǎn duò dè rén bì fú kǔ
作事殷勤者、必得轄人、經營怠惰者、必爲人役、
The hand of the diligent shall bear rule: but the slothful shall be under tribute.
勤勉な 者の 手は 支配する. 無精者は 苦役に 服する.

부지런한 자의 손은 사람을 다스리게 되어도 게으른 자는 부림을 받느니라

25。人心忧虚，屈而不伸。一句良言，使心欢乐。
rén xīn yōu xū qū ér bù shēn yī jù liáng yán shǐ xīn huān lè
人必有所慮、則煩悶不安、惟良言可使之暢適、
Heaviness in the heart of man maketh it stoop: but a good word maketh it glad.
心に 不安のある 人は 沈み, 親切なことばは 人を 喜ばす.

근심이 사람의 마음에 있으면 그것으로 번뇌케 하나 선한 말은 그것을 즐겁게 하느니라

26。义人引导他的邻舍。恶人的道，叫人失迷。
yì rén yǐn dǎo tā dė lín shè è rén dė dào jiào rén shī mí
善人以道示於人、惡人之途迷乎己、
The righteous is more excellent than his neighbour: but the way of the wicked seduceth them.
正しい 者はその 友を 探り 出し, 惡者の 道は 彼らを 迷わせる.

의인은 그 이웃의 인도자가 되나 악인의 소행은 자기를 미혹하게 하느니라

27。懒惰的人，不烤打猎所得的。殷勤的人，却得宝贵的财物。
lǎn duò dė rén bù kǎo dǎ liè suǒ dé dė yīn qín dė rén què dé bǎo guì dė cái wù
楕者不燔所獵、勸者必多得財寶、
The slothful man roasteth not that which he took in hunting: but the substance of a diligent man is precious.
無精者は 獲物を 捕えない. しかし 勤勉な 人は 多くの 尊い 人を 捕える.

게으른 자는 그 잡을 것도 사냥하지 아니하나니 사람의 부귀는 부지런한 것이니라

28。在公义的道上有生命。其路之中，并无死亡。
zài gōng yì dė dào shàng yǒu shēngmìng qí lù zhī zhōng bìng wú sǐ wáng
善義之道、終有生命、善義之徑、引至不死、
In the way of righteousness is life: and in the pathway thereof there is no death.
正義の 道にはいのちがある. その 道筋には 死がない.

의로운 길에 생명이 있나니 그 길에는 사망이 없느니라

제 13 장

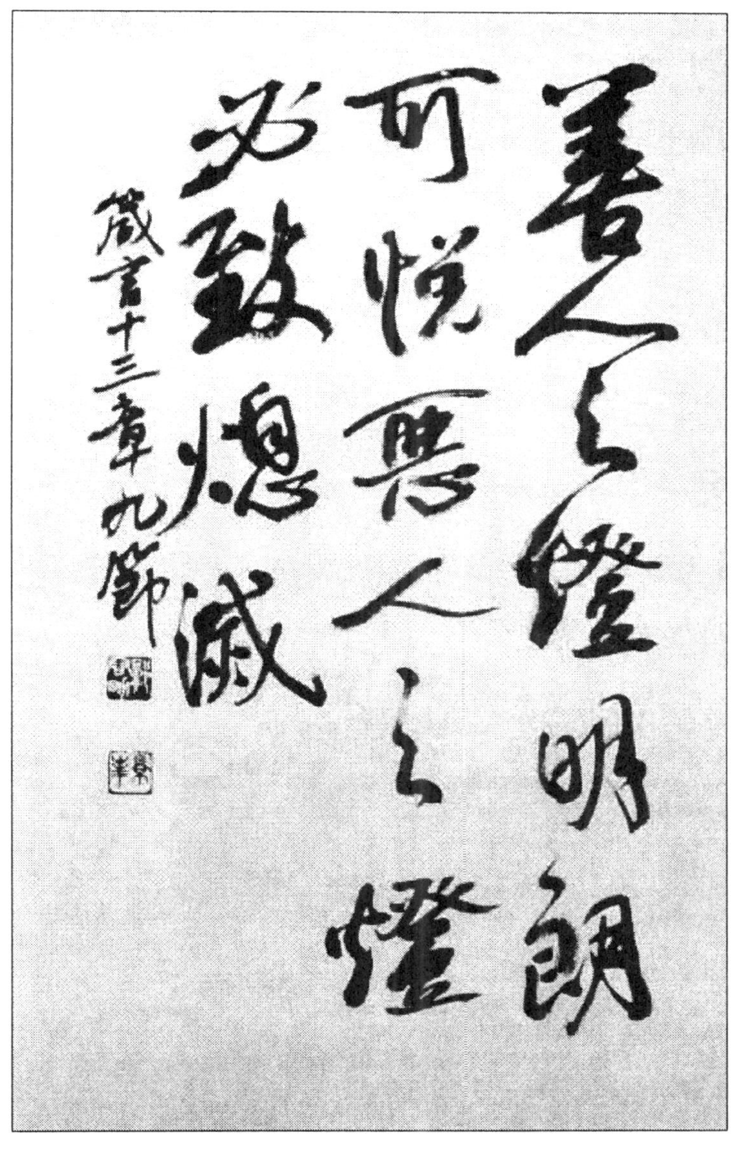

1。 智慧子听父亲的教训。亵慢人不听责备。
zhì huì zǐ tīng fù qīn dé jiào xùn xiè màn rén bù tīng zé bèi
智子受父教、侮慢者不聽督責、
A wise son heareth his father's instruction: but a scorner heareth not rebuke.
知恵のある 子は 父の 訓戒に 従い, あざける 者は 叱責を 聞かない.

지혜로운 아들은 아비의 훈계를 들으나 거만한 자는 꾸지람을 즐겨 듣지 아니하느니라

2。 人因口所结的果子，必享美福。奸诈人必遭强暴。
rén yīn kǒu suǒ jié dé guǒ zǐ bì xiǎng měi fú jiān zhà rén bì zāo qiáng bào
人必因口德之果報享福、悖逆者必因所好者得凶報、
A man shall eat good by the fruit of his mouth: but the soul of the transgressors shall eat violence.
人はその 口の 實によって 良いものを 食べ, 裏切り 者は 暴虐を 食べる.

사람은 입의 열매로 인하여 복록을 누리거니와 마음이 궤사한 자는 강포를 당하느니라

3。 谨守口的，得保生命。大张嘴的，必致败亡。
jǐn shǒu kǒu dé dé bǎo shēngmìng dà zhāng zuǐ dé bì zhì bài wáng
守口者保生命、多言者必致敗亡、
He that keepeth his mouth keepeth his life: but he that openeth wide his lips shall have destruction.
自分の口を 見張る 者は 自分のいのちを 守り, くちびるを 大きく開く 者には 滅びが 來る.

입을 지키는 자는 그 생명을 보전하나 입술을 크게 벌리는 자에게는 멸망이 오느니라

4。 懒惰人羡慕，却无所得。殷勤人必得丰裕。
lǎn duò rén xiàn mù què wú suǒ dé yīn qín rén bì dé fēng yù
惰者必欲而不得、勸者必得心意滿足、
The soul of the sluggard desireth, and hath nothing: but the soul of the diligent shall be made fat.
なまけ 者は 欲を 起こしても 心に 何もない. しかし 勤勉な 者の 心は 滿たされる.

게으른 자는 마음으로 원하여도 얻지 못하나 부지런한 자의 마음은 풍족함을 얻느니라

5。 义人恨恶谎言。恶人有臭名，且致惨愧。
yì rén hèn è huǎng yán è rén yǒu chòumíng qiě zhì cǎn kuì
善人惡誑言、惡人行動、可恥可羞、
A righteous man hateth lying: but a wicked man is loathsome, and cometh to shame.
正しい 者は 僞りのことばを 憎む. 惡者は 惡臭を 放ちながら 恥ずべきふるまいをする.

의인은 거짓말을 미워하나 악인은 행위가 흉악하여 부끄러운 데 이르느니라

6。 行为正直的，有公义保守。犯罪的被邪恶倾覆。
xíng wéi zhèng zhí dè yǒu gōng yì bǎo shǒu fàn zuì dè bèi xié è qīng fù
道正者必爲善所護、獲罪者必爲惡所敗、
Righteousness keepeth him that is upright in the way: but wickedness overthroweth the sinner.
正義は 潔白な 生き 方を 保ち, 惡は 罪人を 滅ぼす.

의는 행실이 정직한 자를 보호하고 악은 죄인을 패망케 하느니라

7。 假作富足的，却一无所有。装作穷乏的，却广有财物。
jiǎ zuò fù zú dè què yī wú suǒ yǒu zhuāng zuò qióng fá dè què guǎng yǒu cái wù
有自顯爲富者而一無所有、有自稱爲貧者而廣有貲財、
There is that maketh himself rich, yet hath nothing: there is that maketh himself poor, yet hath great riches.
富んでいるように 見せかけ, 何も 持たない 者がいる. 貧しいように 見せかけ, 多くの 財産を 持つ 者がいる.

스스로 부한 체 하여도 아무 것도 없는 자가 있고 스스로 가난한체 하여도 재물이 많은 자가 있느니라

8。 人的资财，是他生命的赎价。穷乏人却不见威吓的话。
rén dè zī cái shì tā shēngmìng dè shú jià qióng fá rén què bù jiàn wēi xià dè huà
人有貲財、有時可用以贖命、貧者乃免聽叱咤之言、
The ransom of a man's life are his riches: but the poor heareth not rebuke.
富はその 人のいのちの 身の 代金である. しかし 貧しい 者は 叱責を 聞かない.

사람의 재물이 그 생명을 속할 수는 있으나 가난한 자는 협박을 받을 일이 없느니라

9。 义人光明亮。（明亮原文作喜欢）恶人的灯要熄灭。
yì rén guāngmíngliàng míngliàngyuánwén zuò xǐ huān è rén dè dēng yào xī miè

善人之燈、明朗可悅、惡人之燈、必致熄滅、
The light of the righteous rejoiceth: but the lamp of the wicked shall be put out.
正しい 者の 光は 輝き， 悪者のともしびは 消える.

의인의 빛은 환하게 빛나고 악인의 등불은 꺼지느니라

10。骄傲只启争竟。听劝言的，却有智慧。
jiāo ào zhǐ qǐ zhēng jìng tīng quàn yán dè què yǒu zhì huì
人恃驕泰、常啓爭端、聽勸言者、則爲有智、
Only by pride cometh contention: but with the well advised is wisdom.
高ぶりは, ただ 争いを 生じ, 知恵は 勧告を 聞く 者とともにある.

교만에서는 다툼만 일어날 뿐이라 권면을 듣는 자는 지혜가 있느니라

11。不劳而得之财，必然消耗。勤劳积蓄的，必见加增。
bù láo ér dé zhī cái bì rán xiāo hào qín láo jī xù dè bì jiàn jiā zēng
不勞而得之財必耗、以手積蓄者必增、
Wealth gotten by vanity shall be diminished: but he that gathereth by labour shall increase.
急に 得た 財産は 減るが, 働いて 集める 者は, それを 増す.

망령되이 얻은 재물은 줄어가고 손으로 모은 것은 늘어가느니라

12。所盼望的迟延未得，令人心忧。所愿意的临到，却是生命树。
suǒ pàn wàng dè chí yán wèi dé lìng rén xīn yōu suǒ yuàn yì dè lín dào què shì shēng mìng shù
望而不得、使心憂傷、所欲旣遂、如得生命之樹、
Hope deferred maketh the heart sick: but when the desire cometh, it is a tree of life.
期待が 長びくと 心は 病む. 望みがかなうことは, いのちの木である.

소망이 더디 이루게 되면 그것이 마음을 상하게 하나니 소원이 이루는 것은 곧 생명나무니라

13。藐视训言的，自取灭亡。敬畏诫命的，必得善报。
miǎo shì xùn yán dè zì qǔ miè wáng jìng wèi jiè mìng dè bì dé shàn bào
藐視敎言者、必致敗亡、敬畏誡命者、必得善報、
Whoso despiseth the word shall be destroyed: but he that feareth the commandment shall be rewarded.

みことばをさげすむ 者は 身を 滅ぼし, 命令を 敬う 者は 報いを 受ける.

말씀을 멸시하는 자는 패망을 이루고 계명을 두려워하는 자는 상을 얻느니라

14。智慧人的法则，（或作指教）是生命的泉源，可以使人离开死亡的网罗。
zhì huì rén dė fǎ zé huò zuò zhǐ jiào shì shēngmìng dė quányuán kě yǐ shǐ rén lí kāi sǐ wáng dė wǎng luó

智者之教誨、卽生命之源、可使人脫於致死之網羅、

The law of the wise is a fountain of life, to depart from the snares of death.

知恵のある 者のおしえはいのちの 泉, これによって, 死のわなをのがれることができる.

지혜 있는 자의 교훈은 생명의 샘이라 사람으로 사망의 그물을 벗어나게 하느니라

15。美好的聪明，使人蒙恩。奸诈人的道路，崎岖难行。
měi hǎo dė cōngmíng shǐ rén méng ēn jiān zhà rén dė dào lù qí qū nán xíng

明哲爲美、使人蒙恩、悖逆者所行之道艱難、

Good understanding giveth favour: but the way of transgressors is hard.

良い 思慮は 好意を 生む. 裏切り 者の 行ないは 荒い.

선한 지혜는 은혜를 베푸나 궤사한 자의 길은 험하니라

16。凡通达人都知识行事。愚昧人张扬自己的愚昧。
fán tōng dá rén dū zhī shí xíng shì yú mèi rén zhāngyáng zì jǐ dė yú mèi

範達人所行、俱憑知識、愚者則揚己拙、

Every prudent man dealeth with knowledge: but a fool layeth open his folly.

すべて 利口な 者は 知識によって 行動し, 愚かな 者は 自分の 愚かさを 言い 廣める.

무릇 슬기로운 자는 지식으로 행하여도 미련한 자는 자기의 미련한 것을 나타내느니라

17。奸恶的使者，必陷在祸患里。忠信的使臣，乃医人的良药。
jiān è dė shǐ zhě bì xiàn zài huò huàn lǐ zhōng xìn dė shǐ chén nǎi yī rén dė liáng yào

奸使陷人於禍患、忠使猶如良藥、

A wicked messenger falleth into mischief: but a faithful ambassador is health.

悪い 使者はわざわいに 陥り, 忠實な 使者は 人をいやす.

악한 사자는 재앙에 빠져도 충성된 사신은 양약이 되느니라

18。弃绝教管的，必致贫受辱。领受责备的，必得尊荣。
qì jué jiào guǎn dė bì zhì pín shòu rǔ lǐng shòu zé bèi dė bì dé zūn róng
輕忽教誨者、必貧窮受辱、謹守誡言者、必得尊榮、
Poverty and shame shall be to him that refuseth instruction: but he that regardeth reproof shall be honoured.
貧乏と 恥とは 訓戒を 無視する 者に 來る. しかし 叱責を 大事にする 者はほめられる.

훈계를 저버리는 자에게는 궁핍과 수욕이 이르거니와 경계를 지키는 자는 존영을 얻느니라

19。所欲的成就，心觉甘甜。远离恶事，为愚昧人所憎恶。
suǒ yù dė chéng jiù xīn jué gān tián yuǎn lí è shì wéi yú mèi rén suǒ zēng è
所欲得遂、心覺甘美、離惡爲愚人所惡、
The desire accomplished is sweet to the soul: but it is abomination to fools to depart from evil.
望みがかなえられるのはここちよい. 愚かな 者は 惡から 離れる ことを 忌みきらう.

소원을 성취하면 마음에 달아도 미련한 자는 악에서 떠나기를 싫어하느니라

20。与智慧人同行的，必得智慧。和愚昧人作伴的，必受亏损。
yǔ zhì huì rén tóng xíng dė bì dé zhì huì hé yú mèi rén zuò bàn dė bì shòu kuī sǔn
與智人接交者、必得智慧、與愚人爲侶者、必致敗亡、
He that walketh with wise men shall be wise: but a companion of fools shall be destroyed.
知恵のある 者とともに 歩む 者は 知恵を 得る, 愚かな 者の 友となる 者は 害を 受ける.

지혜로운 자와 동행하면 지혜를 얻고 미련한 자와 사귀면 해를 받느니라

21。祸患追赶罪人。义人必得善报。
huò huàn zhuī gǎn zuì rén yì rén bì dé shàn bào
禍災必追惡人、善人必蒙主善報、
Evil pursueth sinners: but to the righteous good shall be repayed.
わざわいは 罪人を 追いかけ, 幸いは 正しい 者に 報いる.

재앙은 죄인을 따르고 선한 보응은 의인에게 이르느니라

22。善人给子孙遗留产业。罪人为义人积存资财。
shàn rén gěi zǐ sūn yí liú chǎn yè zuì rén wéi yì rén jī cún zī cái
善人遺業子孫、惡人貲財、存爲善人所用、
A good man leaveth an inheritance to his children's children: and the wealth of the sinner is laid up for the just.
善良な 人は 子孫にゆずりの 地を 殘す. 罪人の 財寶は 正しい 者のためにたくわえられる.

선인은 그 산업을 자자손손에게 끼쳐도 죄인의 재물은 의인을 위하여 쌓이느니라

23。穷人耕种多得粮食，但因不义有消灭的。
qióng rén gēngzhòng duō dé liáng shí dàn yīn bù yì yǒu xiāo miè dė
貧者耕田、可得多糧、用財過度、必致消耗、
Much food is in the tillage of the poor: but there is that is destroyed for want of judgment.
貧しい 者の 開拓地に, 多くの 食糧がある. 公義がないところで, 財産は 滅ぼし 盡くされる.

가난한 자는 밭을 경작하므로 양식이 많아지거늘 혹 불의로 인하여 가산을 탕패하는 자가 있느니라

24。不忍用杖打儿子的，是恨恶他。疼爱儿子的，随时管教。
bù rěn yòngzhàng dǎ ér zǐ dė shì hèn è tā téng ài ér zǐ dė suí shí guǎn jiào
不忍以杖扑子、反爲惡子、惟愛子者專加督責、
He that spareth his rod hateth his son: but he that loveth him chasteneth him betimes.
むちを 控える 者はその子を 憎む 者である. 子を 愛する 者はつとめてこれを 懲らしめる.

초달을 차마 못하는 자는 그 자식을 미워함이라 자식을 사랑하는 자는 근실히 징계하느니라

25。义人吃得饱足。恶人肚服缺粮。
yì rén chī dé bǎo zú è rén dù fú quē liáng
善人得食以飽、惡人之腹必枵
The righteous eateth to the satisfying of his soul: but the belly of the wicked shall want.
正しい 者は 食べてその 食欲を 滿たし, 惡者は 腹をすかせる.

의인은 포식하여도 악인의 배는 주리느니라

제 14 장

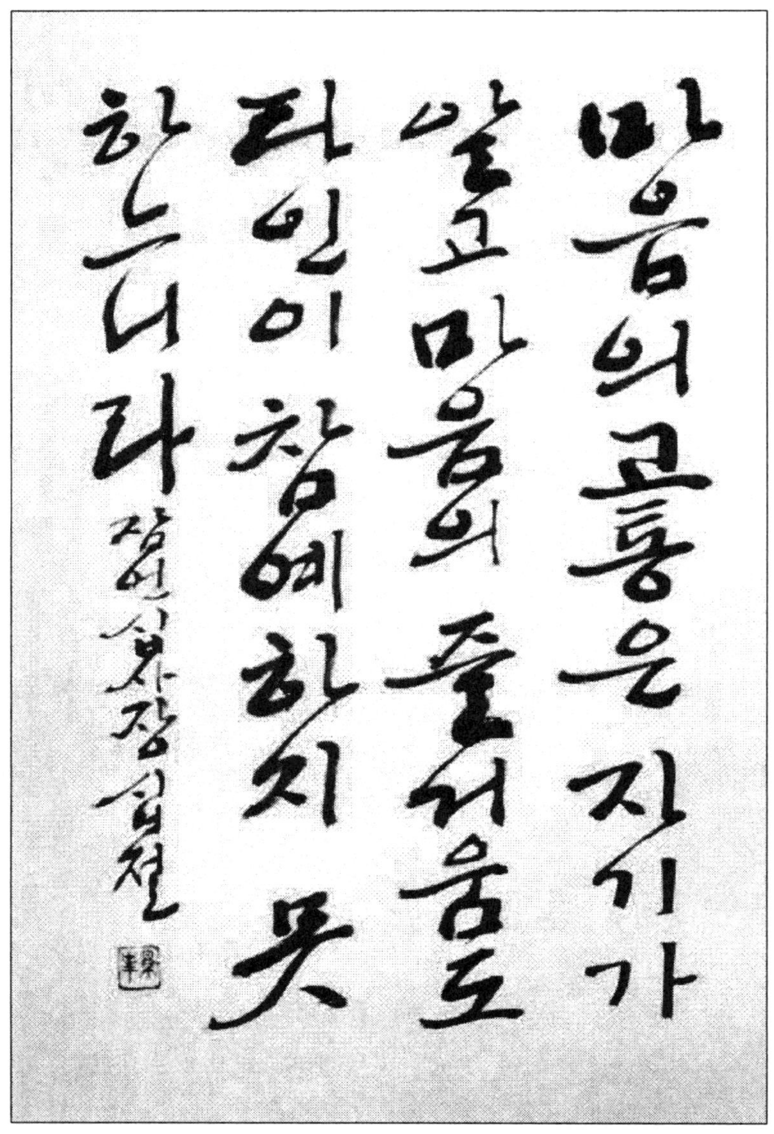

1。 智慧妇人，建立家室。愚妄妇人，亲手折毁。
zhì huì fù rén jiàn lì jiā shì yú wàng fù rén qīn shǒu zhé huǐ
智婦建立家室、愚婦親手毁之、
Every wise woman buildeth her house: but the foolish plucketh it down with her hands.
知恵のある 女は 自分の 家を 建て, 愚かな 女は 自分の 手でこれをこわす.

무릇 지혜로운 여인은 그 집을 세우되 미련한 여인은 자기 손으로 그것을 허느니라

2。 行动正直的，敬畏耶和华。乖僻的，却藐视他。
xíng dòng zhèng zhí dè jìng wèi yé hé huá guāi pì dè què miǎo shì tā
行正直者敬畏主、行邪曲道者藐視主、
He that walketh in his uprightness feareth the LORD: but he that is perverse in his ways despiseth him.
まっすぐに 歩む 者は, 主を 恐れ, 曲がって 歩む 者は, 主をさげすむ.

정직하게 행하는 자는 여호와를 경외하여도 패역하게 행하는 자는 여호와를 경멸히 여기느니라

3。 愚妄人口中骄傲，如杖责打已身。智慧人的嘴必保守自己。
yú wàng rén kǒu zhōng jiāo ào rú zhàng zé dǎ yǐ shēn zhì huì rén dè zuǐ bì bǎo shǒu zì jǐ
愚人狂傲、口招杖責、哲人之言、可保其身、
In the mouth of the foolish is a rod of pride: but the lips of the wise shall preserve them.
愚か 者の 口には 誇りの 若枝がある. 知恵のある 者のくちびるは 身を 守る.

미련한 자는 교만하여 입으로 매를 자청하고 지혜로운 자는 입술로 스스로 보전하느니라

4。 家里无牛，槽头乾净。土产加多，乃凭牛力。
jiā lǐ wú niú cáo tóu gān jìng tǔ chǎn jiā duō nǎi píng niú lì
家若無牛、則槽空虛、糧食豊裕、俱恃牛力、
Where no oxen are, the crib is clean: but much increase is by the strength of the ox.
牛がいなければ 飼葉おけはきれいだ. しかし 牛の 力によって 収穫は 多くなる.

소가 없으면 구유는 깨끗하려니와 소의 힘으로 얻는 것이 많으니라

5。 诚实见证人，不说谎话。假见证人，吐出谎言。
chéng shí jiàn zhèng rén bù shuō huǎng huà jiǎ jiàn zhèng rén tǔ chū huǎng yán
素不言誑者、作證必實、素言誑者、作證必妄、
A faithful witness will not lie: but a false witness will utter lies.
眞實な 證人はまやかしを 言わない. 僞りの 證人はまやかしを 吹聽する.

신실한 증인은 거짓말을 아니하여도 거짓 증인은 거짓말을 뱉느니라

6。 亵慢人寻智慧，却寻不着。聪明人易得知识。
xiè màn rén xún zhì huì què xún bù zhuó cōng míng rén yì dé zhī shí
侮慢者求智不得、明哲自易得知識、
A scorner seeketh wisdom, and findeth it not: but knowledge is easy unto him that understandeth.
あざける 者は 知恵を 捜しても 得られない, しかし 悟りのある 者はたやすく 知識を 得る.

거만한 자는 지혜를 구하여도 얻지 못하거니와 명철한 자는 지식 얻기가 쉬우니라

7。 到愚昧人面前，不见他嘴中有知识。
dào yú mèi rén miàn qián bù jiàn tā zuǐ zhōng yǒu zhī shí
爾至愚人前、不聞其有智言、
Go from the presence of a foolish man, when thou perceivest not in him the lips of knowledge.
愚かな 者の 前を 離れ 去れ. 知識のことばはそこにはない.

너는 미련한 자의 앞을 떠나라 그 입술에 지식 있음을 보지 못함이니라

8。 通达人的智慧，在乎明白己道。愚昧人的愚妄，乃是诡
tōng dá rén de zhì huì zài hū míng bái yǐ dào yú mèi rén de yú wàng nǎi shì guǐ
诈。(或作自欺)
zhà huò zuò zì qī
達者之智、在明己道、愚者之拙、在乎自斯、
The wisdom of the prudent is to understand his way: but the folly of fools is deceit.
利口な 者は 自分の 知恵で 自分の 道をわきまえ, 愚かな 者は 自分の 愚かさで 自分を 欺く.

슬기로운 자의 지혜는 자기의 길을 아는 것이라도 미련한 자의 어리석음은 속이는 것이니라

9。 愚妄人犯罪，以为戏耍。（或作赎愆祭愚弄愚妄人）正直
yú wàng rén fàn zuì yǐ wéi xì shuǎ huò zuò shú qiān jì yú nòng yú wàng rén zhèng zhí
人互相喜悦。
rén hù xiāng xǐ yuè
愚人獲罪、自取訕笑、惟正直之人、乃蒙喜悅、
Fools make a mock at sin: but among the righteous there is favour.
罪過のためのいけにえは 愚か 者をあざけり， 正しい 者の 間には 恩恵がある.

미련한 자는 죄를 심상히 여겨도 정직한 자 중에는 은혜가 있느니라

10。心中的苦楚，自己知道。心理的喜乐，外人无干。
xīn zhōng dè kǔ chǔ zì jǐ zhī dào xīn lǐ dè xǐ lè wài rén wú gān
心懷愁苦、惟己能知、心有喜樂、人難同覺、
The heart knoweth his own bitterness; and a stranger doth not intermeddle with his joy.
心がその 人自身の 苦しみを 知っている. その 喜びにもほかの者はあずからない.

마음의 고통은 자기가 알고 마음의 즐거움도 타인이 참예하지 못하느니라

11。奸恶人的房屋必倾倒。正直人的帐棚必兴盛。
jiān è rén dè páng wū bì qīng dǎo zhèng zhí rén dè zhàngpéng bì xīngshèng
惡者之家必滅、義者之幕必興、
The house of the wicked shall be overthrown: but the tabernacle of the upright shall flourish.
惡者の 家は 滅ぼされ， 正しい 者の 天幕は 榮える.

악한 자의 집은 망하겠고 정직한 자의 장막은 흥하리라

12。有一条路人以为正。至终成为死亡之路。
yǒu yī tiáo lù rén yǐ wéi zhèng zhì zhōngchéng wéi sǐ wáng zhī lù
有一道、人以爲正、不知終爲趨死之道、
There is a way which seemeth right unto a man, but the end thereof are the ways of death.
人の 目にはまっすぐに 見える 道がある. その 道の 終わりは 死の 道である.

어떤 길은 사람의 보기에 바르나 필경은 사망의 길이니라

13。人在喜笑中，心也忧愁。快乐至极，就生愁苦。
rén zài xǐ xiàozhōng xīn yě yōu chóu kuài lè zhì jí jiù shēngchóu kǔ
有笑而反爲心傷、有樂而終變憂戚、

Even in laughter the heart is sorrowful; and the end of that mirth is heaviness.
笑うときにも 心は 痛み, 終わりには 喜びが 悲しみとなる.

웃을 때에도 마음에 슬픔이 있고 즐거움의 끝에도 근심이 있느니라

14。心中背道的，必满得自己的结果。善人必从自己（的行
xīn zhōng bèi dào dè bì mǎn dé zì jǐ dè jié guǒ shàn rén bì cóng zì jǐ dè xíng
为，得以知足）
wéi dé yǐ zhī zú
心逆者因其行爲受足報、善人與之遠離、
The backslider in heart shall be filled with his own ways: and a good man shall be satisfied from himself.
心の 墮落している 者は 自分の 道に 甘んじる. 善良な 人は 彼から 離れる.

마음이 패려한 자는 자기 행위로 보응이 만족하겠고 선한 사람도 자기의 행위로 그러하리라

15。愚蒙人是话都信。通达人处处谨慎。
yú méng rén shì huà dū xìn tōng dá rén chù chù jǐn shèn
愚者聞言必信、哲人凡事勤愼、
The simple believeth every word: but the prudent man looketh well to his going.
わきまえのない 者は 何でも 言われたことを 信じ, 利口な 者は 自分の 歩みをわきまえる.

어리석은 자는 온갖 말을 믿으나 슬기로운 자는 그 행동을 삼가느니라

16。智慧人惧怕，就远离恶事。愚妄人却狂傲自恃。
zhì huì rén jù pà jiù yuǎn lí è shì yú wàng rén què kuáng ào zì shì
哲人警懼而離惡事、愚人狂妄、毫無忌憚、
A wise man feareth, and departeth from evil: but the fool rageth, and is confident.
知恵のある 者は 用心深くて 悪を 避け, 愚かな 者は 怒りやすくて 自信が 強い.

지혜로운 자는 두려워하여 악을 떠나나 어리석은 자는 방자하여 스스로 믿느니라

17。轻易发怒的，行事愚妄。设立诡计的。被人恨恶。
qīng yì fā nù dè xíng shì yú wàng shè lì guǐ jì dè bèi rén hèn è

易怒者妄爲、設詭計者見惡、
He that is soon angry dealeth foolishly: and a man of wicked devices is hated.
短氣な 者は 愚かなことをする. 惡をたくらむ 者は 憎まれる.

노하기를 속히 하는 자는 어리석은 일을 행하고 악한 계교를 꾀하는 자는 미움을 받느니라

18。愚蒙人得愚昧为产业。通达人得知识为冠冕。
yú méng rén dé yú mèi wéi chǎn yè tōng dá rén dé zhī shí wéi guānmiǎn
拙者守愚爲業、智者以智爲冕、
The simple inherit folly: but the prudent are crowned with knowledge.
わきまえのない 者は 愚かさを 受け 繼ぎ, 利口な 者は 知識の 冠をかぶる.

어리석은 자는 어리석음으로 기업을 삼아도 슬기로운 자는 지식으로 면류관을 삼느니라

19。坏人俯伏在善人面前。恶人俯伏在义人门口。
huài rén fǔ fú zài shàn rén miànqián è rén fǔ fú zài yì rén mén kǒu
惡者鞠躬於善人之前、罪人伺候於義者之門、
The evil bow before the good; and the wicked at the gates of the righteous.
惡人はよい 人の 前で, 惡者は 正しい 人の 門のところで 身をかがめる.

악인은 선인 앞에 엎드리고 불의자는 의인의 문에 엎드리느니라

20。贫穷人连邻舍也恨他。富足人朋友最多。
pín qióng rén lián lín shè yě hèn tā fù zú rén péng yǒu zuì duō
人貧乏則鄰里亦惡之、人富厚則愛之者衆、
The poor is hated even of his own neighbour: but the rich hath many friends.
貧しい 者はその 隣人にさえ 憎まれるが, 富む 者を 愛する 人は 多い.

가난한 자는 그 이웃에게도 미움을 받게 되나 부요한 자는 친구가 많으니라

21。藐视邻舍的，这人有罪。怜悯贫穷的，这人有福。
miǎo shì lín shè dè zhè rén yǒu zuì lián mǐn pín qióng dé zhè rén yǒu fú
侮慢友朋者則爲有罪、愛憐貧乏者則爲有福、
He that despiseth his neighbour sinneth: but he that hath

mercy on the poor, happy is he.
自分の 隣人をさげすむ 人は 罪人. 貧しい 者をあわれむ 人は 幸いだ.

그 이웃을 업신여기는 자는 죄를 범하는 자요 빈곤한 자를 불쌍히 여기는 자는 복이 있는 자니라

22。谋恶的岂非走入迷途么。谋善的必得慈爱和诚实。
móu è dė qǐ fēi zǒu rù mí tú mė móushàn dė bì dé cí ài hé chéng shí
爲人謀惡者則自斯、爲人謀善者必蒙恩寵、必愚誠實、
Do they not err that devise evil? but mercy and truth shall be to them that devise good.
惡をたくらむ 者は 迷い 出るではないか, 善を 計る 者には 恵みとまことがある.

악을 도모하는 자는 그릇 가는 것이 아니냐 선을 도모하는 자에게는 인자와 진리가 있으리라

23。诸般勤劳，都有益处。嘴上多言，乃致穷乏。
zhū bān qín láo dū yǒu yì chù zuǐ shàng duō yán nǎi zhì qióng fá
諸事劬勞、無不有益、脣舌多言、必致貧乏、
In all labour there is profit: but the talk of the lips tendeth only to penury.
すべての 勤勞には 利益がある. おしゃべりは 欠損を 招くだけだ.

모든 수고에는 이익이 있어도 입술의 말은 궁핍을 이룰 뿐이니라

24。智慧人的财，为自己的冠冕。愚妄人的愚昧，终是愚昧。
zhì huì rén dė cái wéi zì jǐ dė guānmiǎn yú wàng rén dė yú mèi zhōng shì yú mèi
智而富、其財適增其榮、遇而富、其財適加其愚、
The crown of the wise is their riches: but the foolishness of fools is folly.
知恵のある 者の 冠はその 知恵. 愚かな 者のかぶり 物はその 愚かさ.

지혜로운 자의 재물은 그의 면류관이요 미련한 자의 소유는 다만 그 미련한 것이니라

25。作真见证的，救人性命。吐出谎言的，施行诡诈。
zuò zhēn jiàn zhèng dė jiù rén xìngmìng tǔ chū huǎng yán dė shī xíng guǐ zhà
眞證能救人命、妄證必言誑以害人、
A true witness delivereth souls: but a deceitful witness speaketh lies.
誠實な 證人は 人のいのちを 救い 出す. 欺く 者はまやかし

を 吹聽する.

진실한 증인은 사람의 생명을 구원하여도 거짓말을 뱉는 사람은 속이느니라

26。敬畏耶和华的，大有倚靠。他的儿女，也有避难所。
jìng wèi yé hé huá dė dà yǒu yǐ kào tā dė ér nǚ yě yǒu bí nán suǒ
人敬畏主、即有堅實之期望、其子孫必得護庇、
In the fear of the LORD is strong confidence: and his children shall have a place of refuge.
力强い 信頼は 主を 恐れることにあり, 子たちの 避け 所となる.

여호와를 경외하는 자에게는 견고한 의뢰가 있나니 그 자녀들에게 피난처가 있으리라

27。敬畏耶和华，就是生命的泉源，可以使人离开死亡的网罗。
jìng wèi yé hé huá jiù shì shēngmìng dė quányuán kě yǐ shǐ rén lí kāi sǐ wáng dė wǎng luó
敬畏主即生命之源、可使人脫於致死之網羅、
The fear of the LORD is a fountain of life, to depart from the snares of death.
主を 恐れることはいのちの 泉, 死のわなからのがれさせる.

여호와를 경외하는 것은 생명의 샘이라 사망의 그물에서 벗어나게 하느니라

28。帝王荣耀在乎民多。君王衰败在乎民少。
dì wángróng yào zài hū mín duō jūn wángshuāi bài zài hū mín shǎo
君王之尊榮在乎民多、掌勸者之敗由於失民、
In the multitude of people is the king's honour: but in the want of people is the destruction of the prince.
民の 多いことは 王の 榮え. 民がなくなれば 君主は 滅びる.

백성이 많은 것은 왕의 영광이요 백성이 적은 것은 주권자의 패망이니라

29。不轻易发怒的，大有聪明。性情暴躁的，大显愚妄。
bù qīng yì fā nù dė dà yǒu cōngmíng xìngqíng bào zào dė dà xiǎn yú wàng
忍怒子大有明哲、性躁者易顯愚拙、
He that is slow to wrath is of great understanding: but he that is hasty of spirit exalteth folly.
怒りをおそくする 者は 英知を 增し, 氣の 短い 者は 愚かさを 增す.

노하기를 더디 하는 자는 크게 명철하여도 마음이 조급한 자는 어리석음을 나타내느니라

30。心中安静，是肉体的生命。嫉妒是骨中的朽烂。
xīn zhōng ān jìng shì ròu tǐ dé shēngmìng jí dù shì gǔ zhōng dé xiǔ làn
人心溫良則身爽、人必嫉妒則骨朽、
A sound heart is the life of the flesh: but envy the rottenness of the bones.
穏やかな 心は, からだのいのち. 激しい 思いは 骨をむしばむ.

마음의 화평은 육신의 생명이나 시기는 뼈의 썩음이니라

31。欺压贫寒的，是辱没造他的主。怜悯穷乏的，乃是尊敬主
qī yā pín hán dé shì rǔ méi zào tā dé zhǔ lián mǐn qióng fá dé nǎi shì zūn jìng zhǔ
斯厭貧人者、卽侮造之之主、尊主者必矜憫窮民、
He that oppresseth the poor reproacheth his Maker: but he that honoureth him hath mercy on the poor.
寄るべのない 者をしいたげる 者は 自分の 造り 主をそしり, 貧しい 者をあわれむ 者は 造り 主を 敬う.

가난한 사람을 학대하는 자는 그를 지으신 이를 멸시하는 자요 궁핍한 사람을 불쌍히 여기는 자는 주를 존경하는 자니라

32。恶人在所行的恶上，必被推倒。义人临死，有所投靠。
è rén zài suǒ xíng dé è shàng bì bèi tuī dǎo yì rén lín sǐ yǒu suǒ tóu kào
惡人行惡而見逐、善人臨死而有望、
The wicked is driven away in his wickedness: but the righteous hath hope in his death.
惡者は 自分の 惡によって 打ち 倒され, 正しい 者は, 自分の 死の 中にものがれ 場がある.

악인은 그 환난에 엎드러져도 의인은 그 죽음에도 소망이 있느니라

33。智慧存在聪明人心中。愚昧人心理所存的，显而易见。
zhì huì cún zài cōngmíng rén xīn zhōng yú mèi rén xīn lǐ suǒ cún dé xiǎn ér yì jiàn
明哲人之智慧、懷藏於心、愚者衷之所有、立顯於外、
Wisdom resteth in the heart of him that hath understanding: but that which is in the midst of fools is made known.
知恵は 悟りのある 者の 心にいこう. 愚かな 者の 間でもそれは 知られている.

지혜는 명철한 자의 마음에 머물거니와 미련한 자의 속에 있는 것은 나타나느니라

34。公义使邦国高举。罪恶是人民的羞辱。
gōng yì shǐ bāng guó gāo jǔ zuì è shì rén mín dé xiū rǔ
善義使邦興、過惡使國辱、

Righteousness exalteth a nation: but sin is a reproach to any people.
正義は 國を 高め, 罪は 國民をはずかしめる.

의는 나라로 영화롭게 하고 죄는 백성을 욕되게 하느니라

35。智慧的臣子，蒙王恩惠。贻羞的仆人，遭其震怒。
zhì huì dè chén zǐ méngwáng ēn huì yí xiū dè pú rén zāo qí zhèn nù
哲臣蒙王之恩、愚僕遭主人之怒、
The king's favour is toward a wise servant: but his wrath is against him that causeth shame.
思慮深いしもべは 王の 好意を 受け, 恥知らずの 者は 王の 激しい 怒りに 會う.

슬기롭게 행하는 신하는 왕의 은총을 입고 욕을 끼치는 신하는 그의 진노를 당하느니라

제 15 장

1。 回答柔和，使怒消退。言语暴戾，触动怒气。
huí dá róu hé shǐ nù xiāo tuì yán yǔ bào lì chù dòng nù qì
答言溫和則息怒、言語暴戾則激怒、
A soft answer turneth away wrath: but grievous words stir up anger.
柔らかな 答えは 憤りを 静める. しかし 激しいことばは 怒りを 引き 起こす.

유순한 대답은 분노를 쉬게 하여도 과격한 말은 노를 격동하느니라

2。 智慧人的舌，善发知识。愚昧人的口，吐出愚昧。
zhì huì rén dé shé shàn fā zhī shí yú mèi rén dé kǒu tǔ chū yú mèi
智者言語、善用知識、愚者之口、傾吐其癡、
The tongue of the wise useth knowledge aright: but the mouth of fools poureth out foolishness.
知恵のある 者の 舌は 知識をよく 用い, 愚かな 者の 口は 愚かさを 吐き 出す.

지혜 있는 자의 혀는 지식을 선히 베풀고 미련한 자의 입은 미련한 것을 쏟느니라

3。 耶和华的眼目，无处不在。恶人善人，他都鉴察。
yé hé huá dé yǎn mù wú chù bù zài è rén shàn rén tā dū jiàn chá
主之目、逼處鑒察善人惡人、
The eyes of the LORD are in every place, beholding the evil and the good.
主の 御目はどこにでもあり, 悪人と 善人とを 見張っている.

여호와의 눈은 어디서든지 악인과 선인을 감찰하시느니라

4。 温良的舌，是生命树。乖谬的嘴，使人心碎。
wēnliáng dé shé shì shēngmìng shù guāi miù dé zuǐ shǐ rén xīn suì
溫良之言、猶如生命之樹、乖戾之辭、使人心傷、
A wholesome tongue is a tree of life: but perverseness therein is a breach in the spirit.
穏やかな 舌はいのちの 木. 偽りの 舌はたましいの 破滅.

온량한 혀는 곧 생명 나무라도 패려한 혀는 마음을 상하게 하느니라

5。 愚妄人藐视父亲的管教。领受责备的，得着见识。
yú wàng rén miǎo shì fù qīn dé guǎn jiào lǐng shòu zé bèi dé dé zhuó jiàn shí
藐父訓者愚、誡言者智、
A fool despiseth his father's instruction: but he that regardeth reproof is prudent.
愚か 者は 自分の 父の 訓戒を 侮る. 叱責を 大事にする 者

は 利口になる.

아비의 훈계를 업신여기는 자는 미련한 자요 경계를 받는 자는 슬기를 얻을 자니라

6。 义人家中，多有财宝。恶人得利，反受扰害。
yì rén jiā zhōng duō yǒu cái bǎo è rén dé lì fǎn shòu ráo hài
善人之家、多藏貨財、惡人獲利、終受擾累、
In the house of the righteous is much treasure: but in the revenues of the wicked is trouble.
正しい 者の 家には 多くの 富がある. 惡者の 收穫は 煩いをもたらす.

의인의 집에는 많은 보물이 있어도 악인의 소득은 고통이 되느니라

7。 智慧人的嘴，播扬知识。愚昧人的心，并不如此。
zhì huì rén dė zuǐ bō yáng zhī shí yú mèi rén dė xīn bìng bù rú cǐ
智者之口、宜傳知識、愚者之心、毫無定見、
The lips of the wise disperse knowledge: but the heart of the foolish doeth not so.
知恵のある 者のくちびるは 知識を 廣める. 愚かな 者の 心はそうではない.

지혜로운 자의 입술은 지식을 전파하여도 미련한 자의 마음은 정함이 없느니라

8。 恶人献祭，为耶和华所憎恶。正直人祈祷，为他所喜悦。
è rén xiàn jì wéi yé hé huá suǒ zēng è zhèng zhí rén qí dǎo wéi tā suǒ xǐ yuè
惡人之祭祀、爲主所惡、正直人之祈禱、爲主所悅、
The sacrifice of the wicked is an abomination to the LORD: but the prayer of the upright is his delight.
惡者のいけにえは 主に 忌みきらわれる. 正しい 者の 祈りは 主に 喜ばれる.

악인의 제사는 여호와께서 미워하셔도 정직한 자의 기도는 그가 기뻐하시느니라

9。 恶人的道路，为也和华憎恶。追求公义的。为他所喜爱。
è rén dė dào lù wéi yě hé huá zēng è zhuī qiú gōng yì dė wéi tā suǒ xǐ ài
惡人之道爲主所惡、尋求善義者、爲主所愛、
The way of the wicked is an abomination unto the LORD: but he loveth him that followeth after righteousness.
主は 惡者の 行ないを 忌みきらい, 義を 追い 求める 者を 愛する.
악인의 길은 여호와께서 미워하셔도 의를 따라가는 자는 그가 사랑하시느니라

10。舍弃正路的，必受严刑。恨恶责备的，必致死亡。
shè qì zhèng lù dė bì shòu yán xíng hèn è zé bèi dė bì zhì sǐ wáng
棄正道者、必受嚴刑、惡督責者、必致死亡、
Correction is grievous unto him that forsaketh the way: and he that hateth reproof shall die.
正しい 道を 捨てる 者にはきびしい 懲らしめがあり, 叱責を 憎む 者は 死に 至る.

도를 배반하는 자는 엄한 징계를 받을 것이요 견책을 싫어하는 자는 죽을 것이니라

11。阴间和死亡，尚在耶和华眼前，何况世人的心呢。
yīn jiān hé sǐ wáng shàng zài yé hé huá yǎn qián hé kuàng shì rén dė xīn ní
示阿勒、亞巴頓、尙在主之洞鑒、况世人之心乎、
Hell and destruction are before the LORD: how much more then the hearts of the children of men?
よみと 滅びの 淵とは 主の 前にある. 人の 子らの 心はなおさらのこと.

음부와 유명도 여호와의 앞에 드러나거든 하물며 인생의 마음이리요

12。亵慢人不爱受责备。他也不就近智慧人。
xiè màn rén bù ài shòu zé bèi tā yě bù jiù jìn zhì huì rén
侮慢之人、不悅聽勸戒、不親就於智人、
A scorner loveth not one that reproveth him: neither will he go unto the wise.
あざける 者はしかってくれる 者を 愛さない. 知恵のある 者にも 近づかない.

거만한 자는 견책 받기를 좋아하지 아니하며 지혜 있는 자에게로 가지도 아니하느니라

13。心中喜乐，面带笑容。心理忧愁，灵被损伤。
xīn zhōng xǐ lè miàn dài xiào róng xīn lǐ yōu chóu líng bèi sǔn shāng
心樂則而容歡笑、心憂則神色慘淡、
A merry heart maketh a cheerful countenance: but by sorrow of the heart the spirit is broken.
心に 喜びがあれば 顔色を 良くする. 心に 憂いがあれば 氣はふさぐ.

마음의 즐거움은 얼굴을 빛나게 하여도 마음의 근심은 심령을 상하게 하느니라

14。聪明人心求知识。愚昧人口吃愚昧。
cōng míng rén xīn qiú zhī shí yú mèi rén kǒu chī yú mèi

哲人之心樂求知識、愚人之口、好出癡言、
The heart of him that hath understanding seeketh knowledge: but the mouth of fools feedeth on foolishness.
悟りのある 者の 心は 知識を 求めるが, 愚かな 者の 口は 愚かさを 食いあさる.

명철한 자의 마음은 지식을 요구하고 미련한 자의 입은 미련한 것을 즐기느니라

15。困苦人的日子，都是愁苦。心中欢畅的，常享丰筵。
kùn kǔ rén dė rì zǐ dū shì chóu kǔ xīn zhōnghuānchàng dė chángxiǎngfēng yán
受患難者日憂、有歡心者恆享宴樂、
All the days of the afflicted are evil: but he that is of a merry heart hath a continual feast.
悩む 者には 毎日が 不吉の 日であるが, 心に 楽しみのある 人には 毎日が 宴會である.

고난 받는 자는 그 날이 다 험악하나 마음이 즐거운자는 항상 잔치하느니라

16。少有财宝，敬畏耶和华，强如多有财宝， 烦乱不安。
shǎo yǒu cái bǎo jìng wèi yé hé huá qiáng rú duō yǒu cái bǎo fán luàn bù ān
多有貨財、煩擾不安、不知少有而畏主、
Better is little with the fear of the LORD than great treasure and trouble therewith.
わずかな 物を 持っていて 主を 恐れるのは, 多くの 財寶を 持っていて 恐慌があるのにまさる.

가산이 적어도 여호와를 경외하는 것이 크게 부하고 번뇌하는 것보다 나으니라

17。吃素菜，彼此相爱，强如吃肥牛，彼此相恨。
chī sù cài bǐ cǐ xiāng ài qiáng rú chī féi niú bǐ cǐ xiāng hèn
食肥牛而相憾、不如食蔬菜而相愛、
Better is a dinner of herbs where love is, than a stalled ox and hatred therewith.
野菜を 食べて 愛し 合うのは, 肥えた 牛を 食べて 憎み 合うのにまさる.

여간 채소를 먹으며 서로 사랑하는 것이 살진 소를 먹으며 서로 미워하는 것보다 나으니라

18。暴怒的人，挑启争端。忍怒的人，止息分争。
bào nù dė rén tiāo qǐ zhēngduān rěn nù dė rén zhǐ xī fēn zhēng

遽怒者启争端、緩怒者可息訟、
A wrathful man stirreth up strife: but he that is slow to anger appeaseth strife.
激しやすい 者は 争いを 引き 起こし, 怒りをおそくする 者はいさかいを 静める.

분을 쉽게 내는 자는 다툼을 일으켜도 노하기를 더디하는 자는 시비를 그치게 하느니라

19。懒惰人的道，像荆棘的篱笆。正直人的路，是平坦的大道。
lǎn duò rén dė dào xiàngjīng jí dė lí bā zhèng zhí rén dė lù shì píng tǎn dė dà dào
惰者之道、如有荊棘之籬、正直人之路、盡爲平坦、
The way of the slothful man is as an hedge of thorns: but the way of the righteous is made plain.
なまけ 者の 道はいばらの 生け 垣のよう. 實直な 者の 小道は 平らな 大路.

게으른 자의 길은 가시울타리 같으나 정직한 자의 길은 대로니라

20。智慧子使父亲喜乐。愚昧人藐视母亲。
zhì huì zǐ shǐ fù qīn xǐ lè yú mèi rén miǎo shì mǔ qīn
智子使父悅、愚人藐視母、
A wise son maketh a glad father: but a foolish man despiseth his mother.
知恵のある 子は 父を 喜ばせ, 愚かな 者はその 母をさげすむ.

지혜로운 아들은 아비를 즐겁게 하여도 미련한 자는 어미를 업신여기느니라

21。无知的人，以愚妄为乐。聪明的人，按正直而行。
wú zhī dė rén yǐ yú wàng wéi lè cōngmíng dė rén àn zhèng zhí ér xíng
無知者以愚爲樂、哲人直行正道、
Folly is joy to him that is destitute of wisdom: but a man of understanding walketh uprightly.
思慮に 欠けている 者は 愚かさを 喜び, 英知のある 者はまっすぐに 歩む.

무지한 자는 미련한 것을 즐겨하여도 명철한 자는 그 길을 바르게 하느니라

22。不显商议，所谋无效。谋士众多，所谋乃成。
bù xiǎnshāng yì suǒ móu wú xiào móu shì zhòng duō suǒ móu nǎi chéng
不與人議、所謀必廢、集衆議、事乃成、
Without counsel purposes are disappointed: but in the multitude of

counsellors they are established.
密議をこらさなければ, 計畫は 破れ, 多くの 助言者によって, 成功する.

의논이 없으면 경영이 파하고 모사가 많으면 경영이 성립하느니라

23。口善应对，自觉喜乐。话合其时，何等美好。
kǒu shànyīng duì zì jué xǐ lè huà hé qí shí hé děng měi hǎo
人對答合宜、自覺喜悅、應時之言、何其美哉、
A man hath joy by the answer of his mouth: and a word spoken in due season, how good is it!
良い 返事をする 人には 喜びがあり, 時宜にかなったことばは, いかにも 麗しい.

사람은 그 입의 대답으로 말미암아 기쁨을 얻나니 때에 맞은 말이 얼마나 아름다운고

24。智慧人从生命的道上升，使他远离在下的阴间。
zhì huì rén cóng shēng mìng dė dào shàng shēng shǐ tā yuǎn lí zài xià dė yīn jiān
智者有生命之道而上昇、得離在下之示阿勒、
The way of life is above to the wise, that he may depart from hell beneath.
悟りのある 者はいのちの 道を 上って 行く. これは 下にあるよみを 離れるためだ.

지혜로운 자는 위로 향한 생명길로 말미암음으로 그 아래 있는 음부를 떠나게 되느니라

25。耶和华必折毁骄傲人的家。去要立定寡妇的地界。
yé hé huá bì zhé huǐ jiāo ào rén dė jiā qù yào lì dìng guǎ fù dė dì jiè
主必折毀驕人之室、安定嫠婦之田界、
The LORD will destroy the house of the proud: but he will establish the border of the widow.
主は 高ぶる 者の 家を 打ちこわし, やもめの 地境を 決められる.

여호와는 교만한 자의 집을 허시며 과부의 지계를 정하시느니라

26。恶谋为耶和华所憎恶。良言乃为钝净。
è móu wéi yé hé huá suǒ zēng è liáng yán nǎi wéi dùn jìng
惡念主所厭惡、良言主視爲潔、
The thoughts of the wicked are an abomination to the LORD: but the words of the pure are pleasant words.
惡人の 計畫は 主に 忌みきらわれる. 親切なことばは, きよい.

악한 꾀는 여호와의 미워하시는 것이라도 선한 말은 정결하니라

27。贫恋财利的，扰害已家。恨恶贿赂的，必得存活。
pín liàn cái lì dė ráo hài yǐ jiā hèn è huì lù dė bì dé cún huó
貪利者擾害己家、惡賄者必得生存、
He that is greedy of gain troubleth his own house; but he that hateth gifts shall live.
利得をむさぼる 者は 自分の 家族を 煩わし, まいないを 憎む 者は 生きながらえる.

이를 탐하는 자는 자기 집을 해롭게 하나 뇌물을 싫어하는 자는 사느니라

28。义人的心，思量如何回答。恶人的口，吐出恶言。
yì rén dė xīn sī liáng rú hé huí dá è rén dė kǒu tǔ chū è yán
善人之心、思維何以應對、惡者之口、直吐邪惡、
The heart of the righteous studieth to answer: but the mouth of the wicked poureth out evil things.
正しい 者の 心は, どう 答えるかを 思い 巡らす, 惡者の 口は 惡を 吐き 出す.

의인의 마음은 대답할 말을 깊이 생각하여도 악인의 입은 악을 쏟느니라

29。耶和华远离恶人。却听义人的祷告。
yé hé huá yuǎn lí è rén què tīng yì rén dė dǎo gào
主離遠惡人、俯聽善人之祈禱、
The LORD is far from the wicked: but he heareth the prayer of the righteous.
主は 惡者から 遠ざかり, 正しい 者の 祈りを 聞かれる.

여호와는 악인을 멀리 하시고 의인의 기도를 들으시느니라

30。眼有光使心喜乐。好信息使骨滋润。
yǎn yǒu guāng shǐ xīn xǐ lè hǎo xìn xī shǐ gǔ zī rùn
光輝射目則心悅、佳音入耳則神爽、
The light of the eyes rejoiceth the heart: and a good report maketh the bones fat.
目の 光は 心を 喜ばせ, 良い 知らせは 人を 健やかにする.

눈의 밝은 것은 마음을 기쁘게 하고 좋은 기별은 뼈를 윤택하게 하느니라

31。听从生命责备的，必常在智慧人中。
tīng cóng shēng mìng zé bèi dė bì cháng zài zhì huì rén zhōng

聽生命之督責者、必居於智慧人中、
The ear that heareth the reproof of life abideth among the wise.
いのちに 至る 叱責を 聞く 耳のある 者は, 知恵のある 者の 間に 宿る.

생명의 경계를 듣는 귀는 지혜로운 자 가운데 있느니라

32。弃绝管教的，轻看自己的生命。听从责备的，却得智慧。
qì jué guǎn jiào dè qīng kàn zì jǐ dè shēngmìng tīng cóng zé bèi dè què dé zhì huì
棄敎誨者輕忽己命、聽勸敎者必得明哲、
He that refuseth instruction despiseth his own soul: but he that heareth reproof getteth understanding.
訓戒を 無視する 者は 自分のいのちをないがしろにする. 叱責を 聞き 入れる 者は 思慮を 得る.

훈계 받기를 싫어하는 자는 자기의 영혼을 경히 여김이라 견책을 달게 받는 자는 지식을 얻느니라

33。敬畏耶和华，是智慧的训诲。尊荣以前，必有谦卑。
jìng wèi yé hé huá shì zhì huì dè xùn huì zūn róng yǐ qián bì yǒu qiān bēi
敬畏主卽智慧之督責、欲得尊榮、必先謙遜、
The fear of the LORD is the instruction of wisdom; and before honour is humility.
主を 恐れることは 知恵の 訓戒である. 謙遜は 榮譽に 先立つ.

여호와를 경외하는 것은 지혜의 훈계라 겸손은 존귀의 앞잡이니라

제 16 장

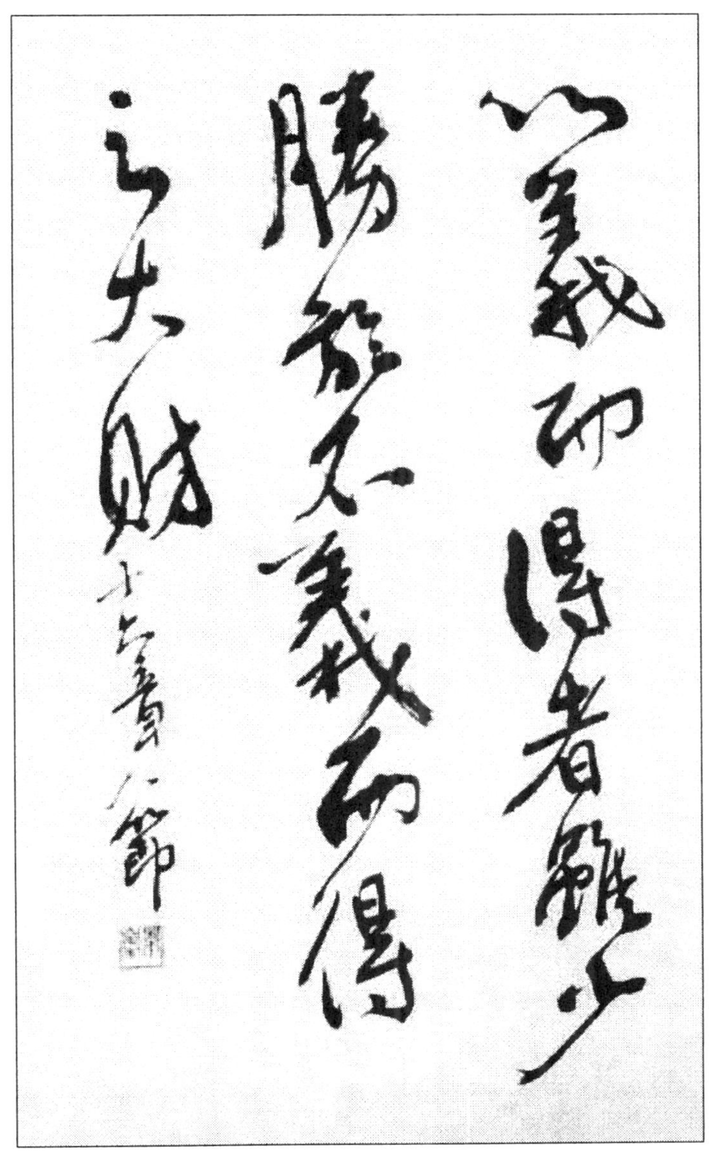

1。 心中的谋算在乎人。舌头的应对，由于耶和华。
xīn zhōng dé móusuàn zài hū rén shé tóu dé yìng duì yóu yú yé hé huá
心中謀事在人、允人祈求在主、
The preparations of the heart in man, and the answer of the tongue, is from the LORD.
心にはかることは 人に 屬し, 舌の 答は 主から 出る.

마음의 경영은 사람에게 있어도 말의 응답은 여호와께로서 나느니라

2。 人一切所行的，在自己眼中看为清洁。惟有耶和华衡量人心。
rén yī qiē suǒ xíng dé zài zì jǐ yǎn zhōng kàn wéi qīng jié wéi yǒu yé hé huá héngliáng rén xīn
人之所行、於己目中視爲潔、惟主鑒察人必、
All the ways of a man are clean in his own eyes; but the LORD weigheth the spirits.
人の 道は 自分の 目にことごとく 潔しと 見える, しかし 主は 人の 魂をはかられる.

사람의 행위가 자기 보기에는 모두 깨끗하여도 여호와는 심령을 감찰하시느니라

3。 你所作的，要交托耶和华，你所谋的，就必成立。
nǐ suǒ zuò dé yào jiāo tuō yé hé huá nǐ suǒ móu dé jiù bì chéng lì
以爾之事託主、則爾之所圖謀、必得成立、
Commit thy works unto the LORD, and thy thoughts shall be established.
あなたのなすべき 事を 主にゆだねよ, そうすれば, あなたの 計るところは 必ず 成る.

너의 행사를 여호와께 맡기라 그리하면 너의 경영하는 것이 이루리라

4。 耶和华所造的，各适其用。就是恶人，也为祸患的日子所造。
yé hé huá suǒ zào dé gè shì qí yòng jiù shì è rén yě wéi huò huàn dé rì zǐ suǒ zào
凡主所造者、俱適其用、造惡人、日至以降罰、
The LORD hath made all things for himself: yea, even the wicked for the day of evil.
主はすべての物をおのおのその 用のために 造り, 惡しき 人をも 災の日のために 造られた.

여호와께서 온갖 것을 그 씌움에 적당하게 지으셨나니 악인도 악한 날에 적당하게 하셨느니라

5。 凡心理骄傲的，为耶和华所憎恶。虽然连手，他必不免受罚。
fán xīn lǐ jiāo ào dė wéi yé hé huá suǒ zēng è suī rán lián shǒu tā bì bù miǎn shòu fá
心驕者主所惡、其子其孫、難免有罪、
Every one that is proud in heart is an abomination to the LORD: though hand join in hand, he shall not be unpunished.
すべて 心に 高ぶる 者は 主に 憎まれる，確かに，彼は 罰を 免れない.

무릇 마음이 교만한 자를 여호와께서 미워하시나니 피차 손을 잡을지라도 벌을 면치 못하리라

6。 因怜悯诚实，罪孽得赎。敬畏耶和华的，远离恶事。
yīn lián mǐn chéng shí zuì niè dé shú jìng wèi yé hé huá dė yuǎn lí è shì
罪愆以矜憫誠實得赦、敬畏主則可避惡、
By mercy and truth iniquity is purged: and by the fear of the LORD men depart from evil.
いつくしみとまことによって，とがはあがなわれる，主を 恐れることによって，人は 惡を 免れる.

인자와 진리로 인하여 죄악이 속하게 되고 여호와를 경외함으로 인하여 악에서 떠나게 되느니라

7。 人所行的若蒙耶和华喜悦，耶和华也使他的仇敌与他和好。
rén suǒ xíng dė ruò méng yé hé huá xǐ yuè yé hé huá yě shǐ tā dė chóu dí yǔ tā hé hǎo
人之道途若蒙主悅、主則使己仇敵亦與之和、
When a man's ways please the LORD, he maketh even his enemies to be at peace with him.
人の 道が 主を 喜ばせる 時，主はその 人の 敵をもその 人と 和らがせられる.

사람의 행위가 여호와를 기쁘시게 하면 그 사람의 원수라도 그로 더불어 화목하게 하시느니라

8。 多有财利，行事不义，不如少有财利，行事公义。
duō yǒu cái lì xíng shì bù yì bù rú shǎo yǒu cái lì xíng shì gōng yì
以義而得者雖少、勝於不義而得之大財、
Better is a little with righteousness than great revenues without right.
正義によって 得たわずかなものは，不義によって 得た 多くの 寶にまさる.

적은 소득이 의를 겸하면 많은 소득이 불의를 겸한 것보다 나으니라

9。 人心筹算自己的道路。惟耶和华指引他的脚步。
rén xīn chóu suàn zì jǐ dė dào lù wéi yé hé huá zhǐ yǐn tā dė jiǎo bù

人心籌畫其導、道其步履者乃主、
A man's heart deviseth his way: but the LORD directeth his steps.
人は 心に 自分の 道を 考え 計る, しかし, その 歩みを 導く 者は 主である.

사람이 마음으로 자기의 길을 계획할지라도 그 걸음을 인도하는 자는 여호와시니라

10。王的嘴中有神语。审判之时，他的口，必不差错。
wáng dè zuǐ zhōng yǒu shén yǔ shěn pàn zhī shí tā dè kǒu bì bù chā cuò
君言當如神語、聽訟之時、其口不可差謬、
A divine sentence is in the lips of the king: his mouth transgresseth not in judgment.
王のくちびるには 神の 決定がある, さばきをするとき, その 口に 誤りがない.

하나님의 말씀이 왕의 입술에 있은 즉 재판할 때에 그 입이 그릇하지 아니하리라

11。公道的天平和秤，都属耶和华。囊中一切法吗，都为他所定。
gōng dào dè tiān píng hé chèn dū shǔ yé hé huá náng zhōng yī qiē fǎ mǎ dū wéi tā suǒ dìng
公平之稱與權衡、爲主所定、囊中一切權物之石、亦主所制
A just weight and balance are the LORD's: all the weights of the bag are his work.
正しいはかりと 天びんとは 主のものである, 袋にあるふんどうもすべて 彼の造られたものである.

공평한 간칭과 명칭은 여호와의 것이요 주머니 속의 추돌들도 다 그의 지으신 것이니라

12。作恶为王所憎恶。因国位是靠公义坚立。
zuò è wéi wáng suǒ zēng è yīn guó wèi shì kào gōng yì jiān lì
君王當惱行惡、蓋國位以義而立、
It is an abomination to kings to commit wickedness: for the throne is established by righteousness.
悪を 行うことは 王の 憎むところである, その 位が 正義によって 堅く 立っているからである.

악을 행하는 것은 왕의 미워할 바니 이는 그 보좌가 공의로 말미암아 굳게 섬이니라

13。公义的嘴，为王所喜悦。说正直话的，为王所喜爱。
gōng yì dè zuǐ wéi wáng suǒ xǐ yuè shuō zhèng zhí huà dè wéi wáng suǒ xǐ ài

公義之詞、王當悅納、言正直者、王當喜愛、
Righteous lips are the delight of kings; and they love him that speaketh right.
正しいくちびるは 王に 喜ばれる, 彼は 正しい 事を 言う 者を 愛する.

의로운 입술은 왕들의 기뻐하는 것이요 정직히 말하는 자는 그들의 사랑을 입느니라

14。王的震怒，如杀人的使者。但智慧人能止息王怒。
wáng dè zhèn nù rú shā rén dè shǐ zhě dàn zhì huì rén néng zhǐ xī wáng nù
王怒如奉遣殺人之使、有智者能使之息、
The wrath of a king is as messengers of death: but a wise man will pacify it.
王の 怒りは 死の 使者である, 知恵ある 人はこれをなだめる.

왕의 진노는 살륙의 사자와 같아도 지혜로운 사람은 그것을 쉬게 하리라

15。王的脸光，使人有生命。王的恩典，好像春云时雨。
wáng dè liǎn guāng shǐ rén yǒu shēngmìng wáng dè ēn diǎn hǎo xiàngchūn yún shí yǔ
王色喜悅則可望保全生命、其恩如雲之作將降秋霖、
In the light of the king's countenance is life; and his favour is as a cloud of the latter rain.
王の 顔の 光には 命がある, 彼の 恵みは 春雨をもたらす 雲のようだ.

왕의 희색에 생명이 있나니 그 은택이 늦은 비를 내리는 구름과 같으니라

16。得智慧胜似得金子。选聪明强如选银子。
dé zhì huì shèng sì dé jīn zǐ xuǎncōngmíngqiáng rú xuǎn yín zǐ
獲智慧勝於獲金、獲明哲愈於獲銀、
How much better is it to get wisdom than gold! and to get understanding rather to be chosen than silver!
知恵を 得るのは 金を 得るのにまさる, 悟りを 得るのは 銀を 得るよりも 望ましい.

지혜를 얻는 것이 금을 얻는 것보다 얼마나 나은고 명철을 얻는 것이 은을 얻는 것보다 더욱 나으니라

17。正直人的道，是远离恶事。谨守己路的，是保全性命。
zhèng zhí rén dè dào shì yuǎn lí è shì jǐn shǒu yǐ lù dè shì bǎo quánxìngmìng
正直人之途、遠乎諸惡、守己道者、保其生命、
The highway of the upright is to depart from evil: he that

keepeth his way preserveth his soul.
悪を 離れることは 正しい 人の 道である, 自分の 道を 守る 者はその 魂を 守る.

악을 떠나는 것은 정직한 사람의 대로니 그 길을 지키는 자는 자기의 영혼을 보전하느니라

18。骄傲在败坏以先，狂心在跌倒之前。
jiāo ào zài bài huài yǐ xiān kuáng xīn zài diē dǎo zhī qián
心驕必敗、氣傲必躓、
Pride goeth before destruction, and an haughty spirit before a fall.
高ぶりは 滅びにさきだち, 誇る 心は 倒れにさきだつ.

교만은 패망의 선봉이요 거만한 마음은 넘어짐의 앞잡이니라

19。心理谦卑与穷乏人来往，强如将掳物与骄傲人同分。
xīn lǐ qiān bēi yǔ qióng fá rén lái wǎng qiáng rú jiāng lǎo wù yǔ jiāo ào rén tóng fēn
心卑者與謙遜人來往、勝於與驕傲者分財、
Better it is to be of an humble spirit with the lowly, than to divide the spoil with the proud.
へりくだって 貧しい人々と 共におるのは, 高ぶる 者と 共にいて, 獲物を 分けるにまさる.

겸손한 자와 함께하여 마음을 낮추는 것이 교만한 자와 함께 하여 탈취물을 나누는 것보다 나으니라

20。谨守训言的，必得好处。倚靠耶和华的，便为有福。
jǐn shǒu xùn yán dè bì dé hǎo chù yǐ kào yé hé huá dè biàn wéi yǒu fú
愼事者獲益、恃主者有福、
He that handleth a matter wisely shall find good: and whoso trusteth in the LORD, happy is he.
愼んで, み 言葉をおこなう 者は 榮える, 主に 寄り 頼む 者はさいわいである.

삼가 말씀에 주의하는 자는 좋은 것을 얻나니 여호와를 의지하는 자가 복이 있느니라

21。心中有智慧，心秤为通达人。嘴中的甜言，加增人的学问。
xīn zhōng yǒu zhì huì xīn chèn wéi tōng dá rén zuǐ zhōng dé tián yán jiā zēng rén dé xué wèn
心具智慧者、得稱明哲、口善勸誨者、可增人學問、
The wise in heart shall be called prudent: and the sweetness of the lips increaseth learning.
心に 知恵ある 者はさとき 者ととなえられる, くちびるが 甘ければ, その 教に 人を 説きつける 力を 増す.

마음이 지혜로운 자가 명철하다 일컬음을 받고 입이 선한 자가 남의 학식을 더하게 하느니라

22。人有智慧有生命的泉源。愚昧人必被愚昧惩治。
rén yǒu zhì huì yǒu shēngmìng dè quányuán yú mèi rén bì bèi yú mèi chéng zhì
得明哲者、如得生命之源、愚者之敎亦愚、
Understanding is a wellspring of life unto him that hath it: but the instruction of fools is folly.
知恵はこれを 持つ者に 命の泉となる， しかし， 愚かさは 愚かな 者の 受ける 懲らしめである.

명철한 자에게는 그 명철이 생명의 샘이 되거니와 미련한 자에게는 그 미련한 것이 징계가 되느니라

23。智慧人的心，教训他的口，又使他的嘴，增长学问。
zhì huì rén dè xīn jiào xùn tā dè kǒu yòu shǐ tā dè zuǐ zēngcháng xué wèn
心具智慧者、口出達言、能以言增人學問、
The heart of the wise teacheth his mouth, and addeth learning to his lips.
知恵ある 者の心はその 言うところを 賢くし， またそのくちびるに 人を 說きつける 力を 增す.

지혜로운 자의 마음은 그 입을 슬기롭게 하고 또 그 입술에 지식을 더하느니라

24。良言如同蜂房，使心觉甘甜，使骨得医治。
liáng yán rú tóngfēngfáng shǐ xīn jué gān tián shǐ gǔ dé yī zhì
良言如蜂房之蜜、甘於心、益於身、
Pleasant words are as an honeycomb, sweet to the soul, and health to the bones.
ここちよい 言葉は 蜂蜜のように， 魂に 甘く， からだを 健やかにする.

선한 말은 꿀송이 같아서 마음에 달고 뼈에 양약이 되느니라

25。有一条路，人以为正，至终成为死亡之路。
yǒu yī tiáo lù rén yǐ wéi zhèng zhì zhōngchéng wéi sǐ wáng zhī lù
有一道、人以爲正、不知終爲趨死之道、
There is a way that seemeth right unto a man, but the end thereof are the ways of death.
人が 見て 自分で 正しいとする 道があり， その 終りはついに 死にいたる 道となるものがある.

어떤 길은 사람의 보기에 바르나 필경은 사망의 길이니라

26。劳力人的胃口，使他劳力，因为他的口腹催逼他。
láo lì rén dė wèi kǒu shǐ tā láo lì yīn wéi tā dė kǒu fù cuī bí tā
勞者勞苦謀食、蓋口腹迫之、
He that laboureth laboureth for himself; for his mouth craveth it of him.
ほねおる 者は 飲食のためにほねおる， その 口が 自分に 迫るからである.

노력하는 자는 식욕을 인하여 애쓰나니 이는 그 입이 자기를 독촉함이니라

27。匪徒图谋奸恶，嘴上彷佛有烧蕉的火。
fěi tú tú móu jiān è zuǐ shàng fǎng fó yǒu shāo jiāo dė huǒ
惡徒諸惡、如掘陷穽、口中者有火燃、
An ungodly man diggeth up evil: and in his lips there is as a burning fire.
よこしまな 人は 悪を 企てる, そのくちびるには 激しい 火のようなものがある.

불량한 자는 악을 꾀하나니 그 입술에는 맹렬한 불 같은 것이 있느니라

28。乖僻人播散分争。传舌的离间密友。
guāi pì rén bō sǎn fēn zhēng chuán shé dė lí jiān mì yǒu
乖謬者啓爭端、挑事者間密友、
A froward man soweth strife: and a whisperer separateth chief friends.
偽る 者は 争いを 起し， つげ 口する 者は 親しい 友を 離れさせる.

패려한 자는 다툼을 일으키고 말장이는 친한 벗을 이간하느니라

29。强暴人诱惑邻舍，领他走不善之道。
qiáng bào rén yòu huò lín shè lǐng tā zǒu bù shàn zhī dào
凶惡者誘惑其友、引之行不善之道、
A violent man enticeth his neighbour, and leadeth him into the way that is not good.
しえたげる 者はその 隣り 人をいざない, これを 良くない 道に 導く.

강포한 사람은 그 이웃을 꾀어 불선한 길로 인도하느니라

30。眼目紧合的，图谋乖僻，嘴唇紧闭的，成就邪恶。
yǎn mù jǐn hé dė tú móu guāi pì zuǐ chún jǐn bì dė chéng jiù xié è
合目以圖奸計、閉脣以決惡謀、圖=▼
He shutteth his eyes to devise froward things: moving his

lips he bringeth evil to pass.
めくばせする 者は 悪を 計り, くちびるを 縮める 者は 悪事をなし 遂げる.

눈을 감는 자는 패역한 일을 도모하며 입술을 닫는 자는 악한 일을 이루느니라

31。白发是荣耀的冠冕。在公义人道上，必能得着。
bái fā shì róng yào dè guānmiǎn zài gōng yì rén dào shàng bì néng dé zhuó
皓首如華冕、行善道者方可得之、
The hoary head is a crown of glory, if it be found in the way of righteousness.
しらがは 榮えの 冠である, 正しく 生きることによってそれが 得られる.

백발은 영화의 면류관이라 의로운 길에서 얻으리라

32。不轻易发怒的，胜过勇士。治服己心的，强如取城。
bù qīng yì fā nù dè shèng guò yǒng shì zhì fú yǐ xīn dè qiáng rú qǔ chéng
不遽怒者愈於勇士、治腹己心者愈於取城、
He that is slow to anger is better than the mighty; and he that ruleth his spirit than he that taketh a city.
怒りをおそくする 者は 勇士にまさり, 自分の 心を 治める者は 城を攻め 取る者にまさる.

노하기를 더디하는 자는 용사보다 낫고 자기의 마음을 다스리는 자는 성을 빼앗는 자보다 나으니라

33。签放在怀里。定事由耶和华。
qiānfàng zài huái lǐ dìng shì yóu yé hé huá
置裁於懷、定事在乎主、
The lot is cast into the lap; but the whole disposing thereof is of the LORD.
人はくじをひく, しかし 事を 定めるのは 全く 主のことである.

사람이 제비는 뽑으나 일을 작정하기는 여호와께 있느니라

제 17 장

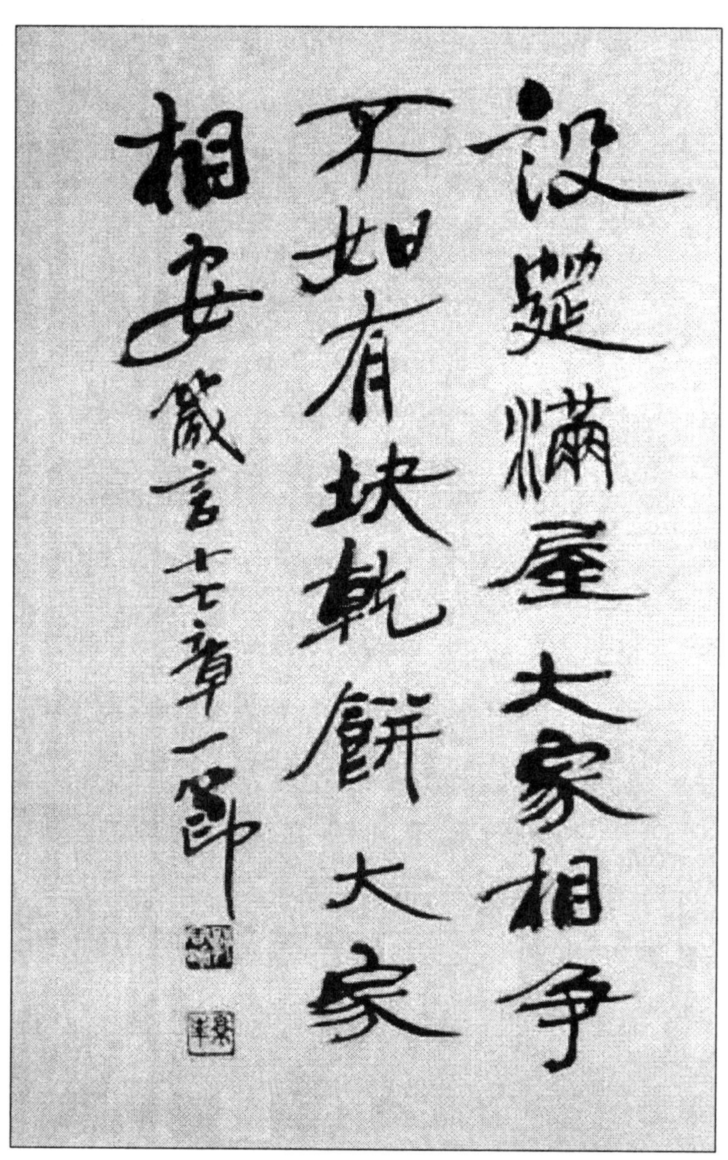

1。 设筵满屋，大家相争，不如有块乾饼，大家相安。
shè yán mǎn wū dà jiā xiāngzhēng bù rú yǒu kuài gān bǐng dà jiā xiāng ān
餙饌盈室而人爭、不如乾餅一方而人和、
Better is a dry morsel, and quietness therewith, than an house full of sacrifices with strife.
一切れのかわいた パン があって， 平和であるのは， ごちそうと 争いに 滿ちた 家にまさる.
마른 떡 한 조각만 있고도 화목하는 것이 육선이 집에 가득하고 다투는 것보다 나으니라

2。 仆人办事聪明，必管辖贻羞之子，又在众子中，同分产业。
pú rén bàn shì cōngmíng bì guǎn xiá yí xiū zhī zǐ yòu zài zhòng zǐ zhōng tóng fēn chǎn yè
明哲之奴、必治主人之不肖子、亦在主人衆子中、得分遺業
A wise servant shall have rule over a son that causeth shame, and shall have part of the inheritance among the brethren.
思慮のあるしもべは， 恥知らずの 子を 治め， その 兄弟たちの 間にあって， 資産の 分け 前を 受け 繼ぐ.

슬기로운 종은 주인의 부끄러움을 끼치는 아들을 다스리겠고 또 그 아들들 중에서 유업을 나눠 얻으리라

3。 鼎为炼银，炉为炼金，惟有耶和华熬炼人心。炉=爐
dǐng wéi liàn yín lú wéi liàn jīn wéi yǒu yé hé huá āo liàn rén xīn lú
鍊銀者鼎、鍊金者爐、鑒察人必者乃主、
The fining pot is for silver, and the furnace for gold: but the LORD trieth the hearts.
銀にはるつぼ， 金には 爐， 人の 心をためすのは 主.

도가니는 은을, 풀무는 금을 연단하거니와 여호와는 마음을 연단 하시느니라

4。 行恶的留心听奸诈之言。说谎的侧耳听邪恶之语。
xíng è dé liú xīn tīng jiān zhà zhī yán shuōhuǎng dé cè ěr tīng xié è zhī yǔ
行惡者聽詐言、言誑者信惡語、
A wicked doer giveth heed to false lips; and a liar giveth ear to a naughty tongue.
惡を 行なう 者は 邪惡なくちびるに 聞き 入り， 僞り 者は 人を 傷つける 舌に 耳を 傾ける.

악을 행하는 자는 궤사한 입술을 잘 듣고 거짓말을 하는 자는 악한 혀에 귀를 기울이느니라

5。 戏笑穷人的，是辱美造他的主。幸灾乐祸的，必不免受罚。
xì xiàoqióng rén dè shì rǔ měi zào tā dè zhǔ xìng zāi lè huò dè bì bù miǎnshòu fá

嬉笑貧人者、卽侮造之之主、幸人災禍者、不得免罪、
Whoso mocketh the poor reproacheth his Maker: and he that is glad at calamities shall not be unpunished.
貧しい 者をあざける 者は 自分の 造り 主をそしる. 人の 災害を 喜ぶ 者は 罰を 免れない.

가난한 자를 조롱하는 자는 이를 지으신 주를 멸시하는 자요 사람의 재앙을 기뻐하는 자는 형벌을 면치 못할 자니라

6。 子孙为老人的冠冕。父亲是儿女的荣耀。
zǐ sūn wéi lǎo rén dė guānmiǎn fù qīn shì ér nǚ dė róng yào
孫如老者之冕、父乃子之榮、
Children's children are the crown of old men; and the glory of children are their fathers.
孫たちは 老人の 冠, 子らの 光榮は 彼らの 父である.

손자는 노인의 면류관이요 아비는 자식의 영화니라

7。 愚顽人说美言本不相宜，何况君王说谎话呢。
yú wán rén shuō měi yán běn bù xiāng yí hé kuàng jūn wáng shuō huǎng huà ní
愚者大言不上宜、況君子誑言、豈非更不宜乎、
Excellent speech becometh not a fool: much less do lying lips a prince.
すぐれたことばは, しれ 者にふさわしくない. 僞りのくちびるは, 高貴な 人にはなおさらふさわしくない.

분외의 말을 하는 것도 미련한 자에게 합당치 아니하거든 하물며 거짓말을 하는 것이 존귀한 자에게 합당하겠느냐

8。 贿赂在馈送人的眼中，看为宝玉。随处运动，都得顺利。
huì lù zài kuì sòng rén dė yǎn zhōng kàn wéi bǎo yù suí chù yùn dòng dū dé shùn lì
賄賂在餽者目中、視如寶玉、無論何往無不利、
A gift is as a precious stone in the eyes of him that hath it: whithersoever it turneth, it prospereth.
わいろは, その 贈り 主の 目には 寶石, その 向かう 所, どこにおいても, うまくいく.

뇌물은 임자의 보기에 보석 같은즉 어디로 향하든지 형통케 하느니라

9。 遮掩人过的，寻求人爱。屡次挑错的，离间密友。
zhē yǎn rén guò dė xún qiú rén ài lǚ cì tiāo cuò dė lí jiān mì yǒu
掩蓋人愆者、可謂尋求和愛、重提人過者、必致間友、
He that covereth a transgression seeketh love; but he that repeateth a matter separateth very friends.

そむきの 罪をおおう 者は，愛を 追い 求める 者．同じことを 繰り 返して 言う 者は，親しい 友を 離れさせる．

허물을 덮어 주는 자는 사랑을 구하는 자요 그것을 거듭 말하는 자는 친한 벗을 이간하는 자니라

10。一句责备话，深入聪明人的心，强如责打愚昧人一百下。
yī jù zé bèi huà shēn rù cōngmíng rén dė xīn qiáng rú zé dǎ yú mèi rén yī bǎi xià
以一言警智者、勝於加百杖於愚者、
A reproof entereth more into a wise man than an hundred stripes into a fool.
悟りのある 者を 一度責めることは，愚かな 者を 百度むち 打つよりもききめがある．

한 마디로 총명한 자를 경계하는 것이 매 백 개로 미련한 자를 때리는 것보다 더욱 깊이 박이느니라

11。恶人只寻背叛，所以必有严厉的使者，奉差攻击他。
è rén zhǐ xún bèi pàn suǒ yǐ bì yǒu yán lì dė shǐ zhě fèng chā gōng jī tā
叛逆之人、惟自尋惡、必有嚴厲之使者、奉遣以懲之、
An evil man seeketh only rebellion: therefore a cruel messenger shall be sent against him.
ただ 逆らうことだけを 求める 悪人には，殘忍な 使者が 送られる．

악한 자는 반역만 힘쓰나니 그러므로 그에게 잔인한 사자가 보냄을 입으리라

12。宁可遇见丢崽子的母熊，不可遇见正行愚妄的愚昧人。
níng kě yù jiàn diū zǎi zǐ dė mǔ xióng bù kě yù jiàn zhèngxíng yú wàng dė yú mèi rén
寧遇失子之母態、莫遇愚者適行愚妄、
Let a bear robbed of her whelps meet a man, rather than a fool in his folly.
愚かさにふけっている 愚かな 者に 會うよりは，子を 奪われた 雌熊に 會うほうがましだ．

차라리 새끼 빼앗긴 암콤을 만날지언정 미련한 일을 행하는 미련한 자를 만나지 말 것이니라

13。以恶报善的，祸患必不离他的家。
yǐ è bào shàn dė huò huàn bì bù lí tā dė jiā
以惡報善者、災害不離其家、
Whoso rewardeth evil for good, evil shall not depart from his house.

善に 代えて 惡を 返すなら, その 家から 惡が 離れない.

누구든지 악으로 선을 갚으면 악이 그 집을 떠나지 아니하리라

14。分争的起头，如水放开。所以在争闹之先，必当止息争竟。
fēn zhēng dé qǐ tóu rú shuǐfàng kāi suǒ yǐ zài zhēngnào zhī xiān bì dāng zhǐ xī zhēngjìng
爭端之起、如水之破隙、故爭競未發之先、當遠之、
The beginning of strife is as when one letteth out water: therefore leave off contention, before it be meddled with.
爭いの 初めは 水が 吹き 出すようなものだ, 爭いが 起こらないうちに 爭いをやめよ.

다투는 시작은 방축에서 물이 새는 것 같은즉 싸움이 일어나기 전에 시비를 그칠 것이니라

15。定恶人为义的，定义人为恶的，这都耶和华所憎恶。
dìng è rén wéi yì dé dìng yì rén wéi è dé zhè dū yé hé huá suǒ zēng è
以惡人爲善、以善人爲惡、斯二者主所憎、
He that justifieth the wicked, and he that condemneth the just, even they both are abomination to the LORD.
惡者を 正しいと 認め, 正しい 者を 惡いとする, この 二つを, 主は 忌みきらう.

악인을 의롭다 하며 의인을 악하다 하는 이 두 자는 다 여호와의 미워하심을 입느니라

16。愚昧人既无聪明，为何手拿价银买智慧呢。
yú mèi rén jì wú cōngmíng wéi hé shǒu ná jià yín mǎi zhì huì ní
愚者旣無穎悟、執金於手以市智慧、亦屬徒然、
Wherefore is there a price in the hand of a fool to get wisdom, seeing he hath no heart to it?
愚かな 者が 思慮もないのに, 知惠を 買おうとして, 手に 代金を 持っている. これはいったいどうしたことか.

미련한 자는 무지하거늘 손에 값을 가지고 지혜를 사려함은 어찜인고

17。朋友乃时常亲爱。弟兄为患难而生。
péng yǒu nǎi shí cháng qīn ài dì xiōng wéi huàn nán ér shēng
朋友之愛尋常、救急終需兄弟、
A friend loveth at all times, and a brother is born for adversity.
友はどんなときにも 愛するものだ, 兄弟は 苦しみを 分け 合うために 生まれる.

친구는 사랑이 끊이지 아니하고 형제는 위급한 때까지 위하여 났느니라

18。在邻舍面前击掌作保，乃是无知的人。
zài lín shè miànqián jī zhǎng zuò bǎo nǎi shì wú zhī dė rén
無知之人、輕易應許、爲鄰作保、
A man void of understanding striketh hands, and becometh surety in the presence of his friend.
思慮に 欠けている 者はすぐ 誓約をして, 隣人の 前で 保證人となる.

지혜없는 자는 남의 손을 잡고 그 이웃 앞에서 보증이 되느니라

19。喜爱争竟的，是喜爱过犯。高立家门的，乃自取败坏。
xǐ ài zhēngjìng dė shì xǐ ài guò fàn gāo lì jiā mén dė nǎi zì qǔ bài huài
好爭者喜罪、高立家門者必敗、
He loveth transgression that loveth strife: and he that exalteth his gate seeketh destruction.
そむきの 罪を 愛する 者はけんかを 愛する, 自分の 門を 高くする 者は 破滅を 求める.

다툼을 좋아하는 자는 죄과를 좋아하는 자요 자기 문을 높이는 자는 파괴를 구하는 자니라

20。心存邪僻的，寻不着好处。舌弄是非的，陷在祸患中。
xīn cún xié pì dė xún bù zhuó hǎo chù shé nòng shì fēi dė xiàn zài huò huànzhōng
心乖謬者不得福、言反覆者必遇害、
He that hath a froward heart findeth no good: and he that hath a perverse tongue falleth into mischief.
心の 曲がった 者は 幸いを 見つけない, 僞りを 口にする 者は わざわいに 陷る.

마음이 사특한 자는 복을 얻지 못하고 혀가 패역한 자는 재앙에 빠지느니라

21。生愚昧子的，必自愁苦。愚顽人的父，毫无喜乐。
shēng yú mèi zǐ dė bì zì chóu kǔ yú wán rén dė fù háo wú xǐ lè
生子愚昧、必懷殷憂、愚者之父、難以喜樂、
He that begetteth a fool doeth it to his sorrow: and the father of a fool hath no joy.
愚かな 者を 生む 者には 悲しみがあり, しれ 者の 父には 喜びがない.

미련한 자를 낳는 자는 근심을 당하나니 미련한 자의 아비는 낙이 없느니라

22。喜乐的心，乃是良药。忧伤的灵，使骨枯乾。
xǐ lè dė xīn nǎi shì liáng yào yōu shāng dė líng shǐ gǔ kū gān

心樂身爽、心憂骨枯、
A merry heart doeth good like a medicine: but a broken spirit drieth the bones.
陽氣な 心は 健康を 良くし, 陰氣な 心は 骨を 枯らす.
마음의 즐거움은 양약이라도 심령의 근심은 뼈로 마르게 하느니라

23。恶人暗中受贿赂，为要倾倒判断。
è rén àn zhōngshòu huì lù wéi yào qīng dǎo pàn duàn
惡人從人懷中受賄賂、以致偏斷是非、
A wicked man taketh a gift out of the bosom to pervert the ways of judgment.
惡者は 人のふところからわいろを 受け, さばきの 道を 曲げる.

악인은 사람의 품에서 뇌물을 받고 재판을 굽게 하느니라

24。明哲人眼前有智慧。愚昧人眼望地极。
míng zhé rén yǎn qián yǒu zhì huì yú mèi rén yǎn wàng dì jí
明哲人目前有智慧、愚者之目、在地極、
Wisdom is before him that hath understanding; but the eyes of a fool are in the ends of the earth.
悟りのある 者はその 顔を 知恵に 向け, 愚かな 者は 目を 地の 果てに 注ぐ.

지혜는 명철한 자의 앞에 있거늘 미련한 자는 눈을 땅 끝에 두느니라

25。愚昧子使父亲愁烦，使母亲忧苦。忧=憂
yú mèi zǐ shǐ fù qīn chóu fán shǐ mǔ qīn yōu kǔ yōu
愚子使父愁煩、使母憂苦、
A foolish son is a grief to his father, and bitterness to her that bare him.
愚かな 子はその 父の 憂い, これを 産んだ 母の 痛みである.

미련한 아들은 그 아비의 근심이 되고 그 어미의 고통이 되느니라

26。判罚义人为不善。责打君子为不义。
pàn fá yì rén wéi bù shàn zé dǎ jūn zǐ wéi bù yì
人行義反加刑罰、牧伯行正、反加朴責、倶爲不善、
Also to punish the just is not good, nor to strike princes for equity.
正しい 人に 罰金を 科し, 高貴な 人をその 正しさのゆえに むち 打つのは, どちらもよくない.

의인을 벌하는 것과 귀인을 정직하다고 때리는 것이 선치 못하니라

27。寡少言语的有知识。性情温良的有聪明。
guǎ shǎo yán yǔ dé yǒu zhī shí xìngqíng wēnliáng dé yǒu cōngmíng
寡言語者則爲有知識、性溫良者則爲明哲、
He that hath knowledge spareth his words: and a man of understanding is of an excellent spirit.
自分のことばを 控える 者は 知識に 富む 者, 心の 冷静な 人は 英知のある 者.
말을 아끼는 자는 지식이 있고 성품이 안존한 자는 명철하니라

28。愚昧人苦静默不言，也可算为智慧。闭口不说，也可算为聪明。
yú mèi rén kǔ jìng mò bù yán yě kě suàn wéi zhì huì bì kǒu bù shuō yě kě suàn wéi cōngmíng
愚人若默、亦視爲智、閉口不言者、亦視爲哲、
Even a fool, when he holdeth his peace, is counted wise: and he that shutteth his lips is esteemed a man of understanding.
愚か 者でも, 默っていれば, 知恵のある 者と 思われ, そのくちびるを 閉じていれば, 悟りのある 者と 思われる.

미련한 자라도 잠잠하면 지혜로운 자로 여기우고 그 입술을 닫히면 슬기로운 자로 여기우느니라

제 18 장

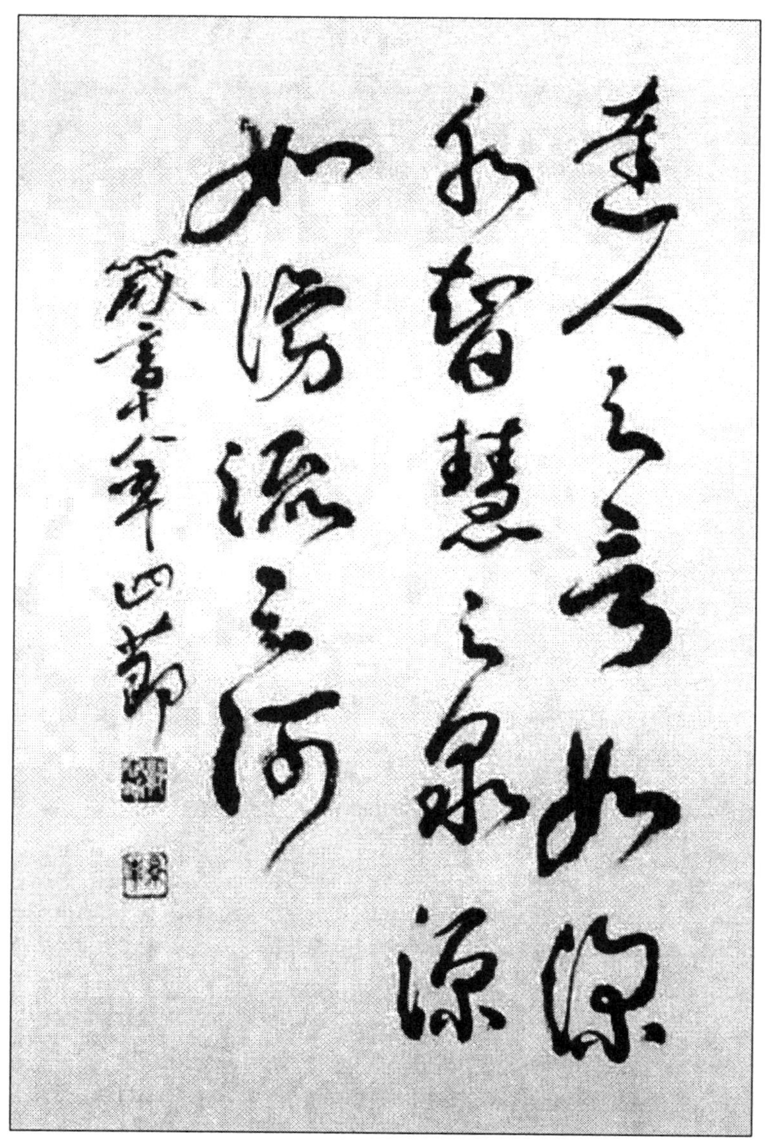

1。 与众寡合的，独自寻求心愿，并恼恨一切真智慧。
yǔ zhòng guǎ hé dė dú zì xún qiú xīn yuàn bìng nǎo hèn yī qiē zhēn zhì huì
與衆俱異者、惟縱己欲、所行衡冒、違諸善謀、
Through desire a man, having separated himself, seeketh and intermeddleth with all wisdom.
おのれを 閉ざす 者は 自分の 欲望のままに 求め, すべてのすぐれた 知性と 仲たがいする.

무리에게서 스스로 나뉘는 자는 자기 소욕을 따르는 자라 온갖 참 지혜를 배척하느니라

2。 愚昧人不喜爱明哲，只喜爱显露心意。
yú mèi rén bù xǐ ài míng zhé zhǐ xǐ ài xiǎn lù xīn yì
愚者不喜達道、惟喜顯露己意、
A fool hath no delight in understanding, but that his heart may discover itself.
愚かな 者は 英知を 喜ばない. ただ 自分の 意見だけを 表わす.

미련한 자는 명철을 기뻐하지 아니하고 자기의 의사를 드러내기만 기뻐하느니라

3。 恶人来，藐视随来。羞耻到，辱骂同到。
è rén lái miǎo shì suí lái xiū chǐ dào rǔ mà tóng dào
惡人來、輕忽隨來、無恥者至、羞辱同至、
When the wicked cometh, then cometh also contempt, and with ignominy reproach.
悪者が 來ると, 侮りも 來る. 恥とともに, そしりも 來る.

악한 자가 이를 때에는 멸시도 따라오고 부끄러운 것이 이를 때에는 능욕도 함께 오느니라

4。 人口中的言语，如同深水。智慧的泉源，好像涌流的河水。
rén kǒu zhōng dė yán yǔ rú tóng shēn shuǐ zhì huì dė quán yuán hǎo xiàng yǒng liú dė hé shuǐ
達人之言如深水、智慧之泉源如湧流之河、
The words of a man's mouth are as deep waters, and the wellspring of wisdom as a flowing brook.
人の 口のことばは 深い 水のようだ. 知恵の 泉はわいて 流れる 川のようだ

명철한 사람의 입의 말은 깊은 물과 같고 지혜의 샘은 솟쳐 흐르는 내와 같으니라

5。 瞻徇恶人的情面，偏断义人的案件，都为不善。
zhān xùn è rén dė qíng miàn piān duàn yì rén dė àn jiàn dū wéi bù shàn

聽訟庇惡、以直爲枉者非善、
It is not good to accept the person of the wicked, to overthrow the righteous in judgment.
悪者をえこひいきすることはよくない. 正しい 者をさばきのときに否むこともよくない.

악인을 두호하는 것과 재판할 때에 의인을 억울하게 하는 것이 선하지 아니하니라

6。 愚昧人张嘴启争端，开口招鞭打。
yú mèi rén zhāng zuǐ qǐ zhēngduān kāi kǒu zhāobiān dǎ
愚者之言啓爭端、其口招扑責、
A fool's lips enter into contention, and his mouth calleth for strokes.
愚かな 者のくちびるは 争いを 起こし, その 口はむち 打つ者を 呼び 寄せる.

미련한 자의 입술은 다툼을 일으키고 그 입은 매를 자청하느니라

7。 愚昧人的口，自取败坏。他的嘴，是他生命的网罗。
yú mèi rén dè kǒu zì qǔ bài huài tā dè zuǐ shì tā shēngmìng dè wǎng luó
愚者之口自致敗亡、其辭累及己身、
A fool's mouth is his destruction, and his lips are the snare of his soul.
愚かな 者の 口は 自分の 滅びとなり, そのくちびるは 自分のたましいのわなとなる.

미련한 자의 입은 그의 멸망이 되고 그 입술은 그의 영혼의 그물이 되느니라

8。 传舌人的言语，如同美食，深入人的心腹。
chuán shé rén dè yán yǔ rú tóng měi shí shēn rù rén dè xīn fù
挑事之人、其言雖如笑談亦深入人之心懷、
The words of a talebearer are as wounds, and they go down into the innermost parts of the belly.
陰口をたたく 者のことばは, おいしい 食べ 物のようだ, 腹の奥に 下っていく.

남의 말하기를 좋아하는 자의 말은 별식과 같아서 뱃 속 깊은 데로 내려가느니라

9。 作工懈怠的，与浪费人为弟兄。
zuò gōng xiè dài dè yǔ làng fèi rén wéi dì xiōng
作事怠惰者、與奢侈費財者無異、
He also that is slothful in his work is brother to him that

is a great waster.
自分の 仕事をなまける 者は, 滅びをもたらす 者の 兄弟である.

자기의 일을 게을리 하는 자는 패가하는 자의 형제니라

10。耶和华的名，是坚苦台。义人奔入，便得安稳。
yé hé huá dė míng shì jiān kǔ tái yì rén bēn rù biàn dé ān wěn
主之名如鞏固之臺、善人速登、得蒙覆庇、
The name of the LORD is a strong tower: the righteous runneth into it, and is safe.
主の 名は 堅固なやぐら. 正しい 者はその 中に 走って 行って 安全である.

여호와의 이름은 견고한 망대라 의인은 그리로 달려가서 안전함을 얻느니라

11。富足人的财物，是他的坚城，在他心想，犹如高墙。犹=猶
fù zú rén dė cái wù shì tā dė jiānchéng zài tā xīn xiǎng yóu rú gāoqiáng yóu
副人之財如鞏固之城、自視如崇高之垣、
The rich man's wealth is his strong city, and as an high wall in his own conceit.
富む 者の 財産はその 堅固な 城. 自分ではそそり 立つ 城壁のように 思っている.

부자의 재물은 그의 견고한 성이라 그가 높은 성벽 같이 여기느니라

12。败坏之先，人心骄傲。尊荣以前，必有谦卑。
bài huài zhī xiān rén xīn jiāo ào zūn róng yǐ qián bì yǒu qiān bēi
人心倨傲、必速敗亡、欲得尊榮必先謙遜、
Before destruction the heart of man is haughty, and before honour is humility.
人の 心の 高慢は 破滅に 先立ち, 謙遜は 榮譽に 先立つ.

사람의 마음의 교만은 멸망의 선봉이요 겸손은 존귀의 앞잡이니라

13。未曾听完先回答的，便是他的愚昧，和羞辱。
wèi zēng tīng wán xiān huí dá dė biàn shì tā dė yú mèi hé xiū rǔ
人聽言未畢、而先妄應、是爲愚拙、必蒙恥辱、
He that answereth a matter before he heareth it, it is folly and shame unto him.
よく 聞かないうちに 返事をする 者は, 愚かであって, 侮辱を 受ける.

사연을 듣기 전에 대답하는 자는 미련하여 욕을 당하느니라

14。人有疾病，心能忍耐。心灵忧伤，谁能承当呢。
rén yǒu jí bìng xīn néng rěn nài xīn líng yōu shāng shéi néng chéng dāng ní
人有疾、必使忍之、心若憂傷、孰能當之、
The spirit of a man will sustain his infirmity; but a wounded spirit who can bear?
人の 心は 病苦をも 忍ぶ. しかし, ひしがれた 心にだれが 耐えるだろうか.

사람의 심령은 그 병을 능히 이기려니와 심령이 상하면 그것을 누가 일으키겠느냐

15。聪明人的心得知识。智慧人的耳求知识。
cōngmíng rén dè xīn dé zhī shí zhì huì rén dè ěr qiú zhī shí
哲者之心、求得知識、智者之耳、欲聽道學、
The heart of the prudent getteth knowledge; and the ear of the wise seeketh knowledge.
悟りのある 者の 心は 知識を 得, 知恵のある 者の 耳は 知識を 求める.

명철한 자의 마음은 지식을 얻고 지혜로운 자의 귀는 지식을 구하느니라

16。人的礼物，为他开路，引他到高位的人面前。
rén dè lǐ wù wéi tā kāi lù yǐn tā dào gāo wèi dè rén miànqián
人之禮物、可以爲之開道、引之至高位者前、
A man's gift maketh room for him, and bringeth him before great men.
人の 贈り 物はその 人のために 道を 開き, 高貴な 人の 前にも 彼を 導く.

선물은 그 사람의 길을 너그럽게 하며 또 존귀한 자의 앞으로 그를 인도하느니라

17。先诉情由的，似乎有理。但邻舍来到，就察出实情。
xiān sù qíng yóu dè sì hū yǒu lǐ dàn lín shè lái dào jiù chá chū shí qíng
人有詞訟、先至者訴其由、雖似理直、必待後至者之訴、方可究察
He that is first in his own cause seemeth just; but his neighbour cometh and searcheth him.
最初に 訴える 者は, その 相手が 來て 彼を 調べるまでは, 正しく 見える.

송사에 원고의 말이 바른 것 같으나 그 피고가 와서 밝히느니라

18。掣签能止息争竟，也能解散强胜的人。
chè qiānnéng zhǐ xī zhēngjìng yě néng jiě sǎn qiángshèng dè rén
憑籤止息爭訟、亦可使强者解紛、
The lot causeth contentions to cease, and parteth between the mighty.
くじは 争いをやめさせ，強い 者の 間を 解決する．

제비 뽑는 것은 다툼을 그치게 하여 강한 자 사이에 해결케 하느니라

19。弟兄结怨，劝他和好，比取坚固城还难。这样的争竟，如
dì xiōng jié yuàn quàn tā hé hǎo bǐ qǔ jiān gù chéng hái nán zhè yàng dè zhēngjìng rú
同坚寨的门闩。
tóng jiān zhài dè ménshuān
弟犯兄長、欲復和好、較取鞏固之城尤爲不易、解息兄弟之爭端、較折高樓之門楗更難、
A brother offended is harder to be won than a strong city: and their contentions are like the bars of a castle.
反抗する 兄弟は 堅固な 城よりも 近寄りにくい． 敵意は 宮殿の かんぬきのようだ．

노엽게 한 형제와 화목하기가 견고한 성을 취하기 보다 어려운즉 이러한 다툼은 산성 문빗장 같으니라

20。人口中所结的果子，必充满肚腹。他嘴所出的，必使他饱足。
rén kǒu zhōng suǒ jié dè guǒ zǐ bì chōngmǎn dù fù tā zuǐ suǒ chū dè bì shǐ tā bǎo zú
人必因所言者得果報、口脣所出、必反於身、
A man's belly shall be satisfied with the fruit of his mouth; and with the increase of his lips shall he be filled.
人はその 口の 結ぶ 實によって 腹を 滿たし， そのくちびるによる 收穫に 滿たされる．

사람은 입에서 나오는 열매로 하여 배가 부르게 되나니 곧 그 입술에서 나는 것으로하여 만족케 되느니라

21。生死在舌头的权下。喜爱他的，必吃他所结的果子。
shēng sǐ zài shé tóu dè quán xià xǐ ài tā dè bì chī tā suǒ jié dè guǒ zǐ
生死之關係、在乎出言、珍重言語、必得善果、
Death and life are in the power of the tongue: and they that love it shall eat the fruit thereof.
死と 生は 舌に 支配される． どちらかを 愛して， 人はその 實を 食べる．

죽고 사는 것이 혀의 권세에 달렸나니 혀를 쓰기 좋아하는 자는 그 열매를 먹으리라

22。得着贤妻的，是得着好处，也是蒙了耶和华的恩惠。
dé zhuóxián qī dè shì dé zhuó hǎo chù yě shì méng le yé hé huá dè ēn huì
得淑女爲妻、卽爲獲福、亦可謂蒙恩於主、
Whoso findeth a wife findeth a good thing, and obtaineth favour of the LORD.
良い 妻を 見つける 者はしあわせを 見つけ，主からの 恵みをいただく.

아내를 얻는 자는 복을 얻고 여호와께 은총을 받는 자니라

23。贫穷人说哀求的话。富足人用威吓的话回答。
pín qióng rén shuō āi qiú dè huà fù zú rén yòng wēi xià dè huà huí dá
貧者卑辭以求、富者厲言以答之、
The poor useth intreaties; but the rich answereth roughly.
貧しい 者は 哀願するが，富む 者は 荒々¿しく 答える.

가난한 자는 간절한 말로 구하여도 부자는 엄한 말로 대답하느니라

24。滥交朋友的，自取败坏。但有一朋友，比弟兄更亲密。
làn jiāo péng yǒu dè zì qǔ bài huài dàn yǒu yī péng yǒu bǐ dì xiōnggēng qīn mì
泛交衆人、必致受害、然有時朋友較兄弟更親、
A man that hath friends must shew himself friendly: and there is a friend that sticketh closer than a brother.
滅びに 至らせる 友人たちもあれば，兄弟よりも 親密な 者もいる.

많은 친구를 얻는 자는 해를 당하게 되거니와 어떤 친구는 형제보다 친밀하니라

제 19 장

1。 行为纯正的贫穷人，胜过乖谬愚妄的富足人。
xíng wéi chúnzhèng dè pín qióng rén shèng guò guāi miù yú wàng dè fù zú rén
貧者行動正直、勝於富者言乖且愚、
Better is the poor that walketh in his integrity, than he that is perverse in his lips, and is a fool.
貧しくても， 誠實に 步む 者は， 曲がったことを 言う 愚かな 者にまさる.

성실히 행하는 가난한 자는 입술이 패려하고 미련한 자 보다 나으니라

2。 心无知识的，乃为不善。脚步急快的难免犯罪。
xīn wú zhī shí dè nǎi wéi bù shàn jiǎo bù jí kuài dè nán miǎn fàn zuì
心無知則不善、足急者易蹶、
Also, that the soul be without knowledge, it is not good; and he that hasteth with his feet sinneth.
熱心だけで 知識のないのはよくない. 急ぎ 足の 者はつまずく.

지식 없는 소원은 선치 못하고 발이 급한 사람은 그릇하느니라

3。 人的愚昧，倾败他的道。他的心也抱怨耶和华。
rén dè yú mèi qīng bài tā dè dào tā dè xīn yě bào yuàn yé hé huá
人愚而道不通、心遂怨主、
The foolishness of man perverteth his way: and his heart fretteth against the LORD.
人は 自分の 愚かさによってその 生活を 滅ぼす. しかもその 心は 主に 向かって 激しく 怒る.

사람이 미련하므로 자기 길을 굽게 하고 마음으로 여호와를 원망하느니라

4。 财物使朋友增多。但穷人朋友远离。
cái wù shǐ péng yǒu zēng duō dàn qióng rén péng yǒu yuǎn lí
人富厚則朋友增多、一貧乏則密友相離、
Wealth maketh many friends; but the poor is separated from his neighbour.
財産は 多くの 友を 增し 加え， 寄る べ のない 者は, その 友からも 引き 離される.

재물은 많은 친구를 더하게 하나 가난한즉 친구가 끊어지느니라

5。 作假见证的，必不免受罚。吐出谎言的 终不能逃脱。
zuò jiǎ jiàn zhèng dè bì bù miǎn shòu fá tǔ chū huǎng yán dè zhōng bù néng táo tuō
妄證者不得免罪、言誑者不得避患、

A false witness shall not be unpunished, and he that speaketh lies shall not escape.
偽りの 證人は 罰を 免れない. まやかしを 吹聽する 者も, のがれられない.

거짓 증인은 벌을 면치 못할 것이요 거짓말을 내는 자도 피치 못하리라

6。 好施散的，有多人求他的恩情。爱送礼的，人都为他的朋友。
hǎo shī sǎn dė yǒu duō rén qiú tā dė ēn qíng ài sòng lǐ dė rén dū wéi tā dė péngyǒu
好揮霍者、諂之者多、好餽禮者、人俱欲與之交、
Many will intreat the favour of the prince: and every man is a friend to him that giveth gifts.
高貴な 人の 好意を 求める 者は 多く, だれでも 贈り 物をしてくれる 人の 友となる.

너그러운 사람에게는 은혜를 구하는 자가 많고 선물을 주기를 좋아하는 자에게는 사람마다 친구가 되느니라

7。 贫穷人弟兄都恨他，何况他的朋友，更远离他。他用言语追随，他们却走了。
pín qióng rén dì xiōng dū hèn tā hé kuàng tā dė péng yǒu gēngyuǎn lí tā tā yòngyán yǔ zhuī suí tā mėnquè zǒu le
人而窮乏、卽兄弟皆惡之、朋友更遠之、人縱有言以許、切切望得、亦無所得、
All the brethren of the poor do hate him: how much more do his friends go far from him? he pursueth them with words, yet they are wanting to him.
貧しい 者は 自分の 兄弟たちみなから 憎まれる. 彼の 友人が 彼から 遠ざかるのは, なおさらのこと. 彼がことばをもって 追い 求めても, 彼らはいない.

가난한 자는 그 형제들에게도 미움을 받거든 하물며 친구야 그를 멀리 아니하겠느냐 따라가며 말하려 할지라도 그들이 없어졌으리라

8。 得着智慧的，爱惜生命，保守聪明的，必得好处。
dé zhuó zhì huì dė ài xī shēngmìng bǎo shǒucōngmíng dė bì dé hǎo chù
獲智慧者愛生命、守達道者得福祉、
He that getteth wisdom loveth his own soul: he that keepeth understanding shall find good.
思慮を 得る 者は 自分自身を 愛する 者, 英知を 保つ 者は 幸いを 見つける.

지혜를 얻는 자는 자기 영혼을 사랑하고 명철을 지키는 자는 복을 얻느니라

9。 作假见证的，不免受罚。吐出谎言的，也必灭亡。
zuò jiǎ jiàn zhèng dė bù miǎn shòu fá tǔ chū huǎng yán dė yě bì miè wáng
妄證者不得免罪、言誑者必致敗亡、
A false witness shall not be unpunished, and he that speaketh lies shall perish.
僞りの 證人は 罰を 免れない. まやかしを 吹聽する 者は 滅びる.

거짓 증인은 벌을 면치 못할 것이요 거짓말을 내는 자는 망할 것이니라

10。 愚昧人宴乐度日，是不合宜的，何况仆人管辖王子呢。
yú mèi rén yàn lè dù rì shì bù hé yí dė hé kuàng pú rén guǎn xiá wáng zǐ ní
愚者享逸樂、非所宜也、況奴輔主乎、
Delight is not seemly for a fool; much less for a servant to have rule over princes.
愚かな 者にぜいたくな 暮らしはふさわしくない. 奴隷が 主人を 支配するのは, なおさらのこと.

미련한 자가 사치하는 것이 적당치 못하거든 하물며 종이 방백을 다스림이랴

11。 人有见识，就不轻易发怒。宽恕人的过失，便是自己的荣耀。
rén yǒu jiàn shí jiù bù qīng yì fā nù kuān shù rén dė guò shī biàn shì zì jǐ dė róng yào
明達人必懲忿、赦有人過、卽爲己榮、
The discretion of a man deferreth his anger; and it is his glory to pass over a transgression.
人に 思慮があれば, 怒りをおそくする, その 人の 光榮は, そむきを 赦すことである.

노하기를 더디하는 것이 사람의 슬기요 허물을 용서하는 것이 자기의 영광이니라

12。 王的忿怒，好像狮子吼叫。他的恩典，却如草上的甘露。
wáng dė fèn nù hǎo xiàng shī zǐ hǒu jiào tā dė ēn diǎn què rú cǎo shàng dė gān lù
王之震怒、如獅之咆哮、其恩如露之降於草、
The king's wrath is as the roaring of a lion; but his favour is as dew upon the grass.
王の 激しい 怒りは 若い 獅子がうなるよう. しかし, その 惠みは 草の 上に 置く 露のよう.

왕의 노함은 사자의 부르짖음 같고 그의 은택은 풀 위에 이슬 같으니라

13。 愚昧的儿子，是父亲的祸患。妻子的争吵，如雨连连滴漏。
yú mèi dė ér zǐ shì fù qīn dė huò huàn qī zǐ dė zhēng chǎo rú yǔ lián lián dī lòu

不肖之子、爲父之災、好爭之妻、如屋漏水滴、
A foolish son is the calamity of his father: and the contentions of a wife are a continual dropping.
愚かな 息子は 父のわざわい. 妻のいさかいは, したたり 續ける 雨漏り.

미련한 아들은 그 아비의 재앙이요 다투는 아내는 이어 떨어지는 물방울이니라

14。房屋钱财。是祖宗所遗留的。惟有贤慧的妻，是耶和华所
fáng wū qián cái shì zǔ zōng suǒ yí liú dė wéi yǒu xián huì dė qī shì yé hé huá suǒ
赐的。
cì dė
宅財貲産、爲祖父所遺賢德之妻、爲主所賜、，是耶和華所賜的。
shì yé hé huá suǒ cì dė
House and riches are the inheritance of fathers: and a prudent wife is from the LORD.
家と 財産とは 先祖から 受け 繼ぐもの. 思慮深い 妻は 主からのもの.

집과 재물은 조상에게서 상속하거니와 슬기로운 아내는 여호와께로서 말미암느니라

15。懒惰使人沉睡。懈怠的人，必受饥饿。
lǎn duò shǐ rén chénshuì xiè dài dė rén bì shòu jī è
怠者惟思酣寢、惰者必致饑餓、
Slothfulness casteth into a deep sleep; and an idle soul shall suffer hunger.
怠惰は 人を 深い 眠りに 陷らせ, なまけ 者は 飢える.

게으름이 사람으로 깊이 잠들게 하나니 해태한 사람은 주릴 것이니라

16。谨守诫命的，保全生命。轻忽已路的，必致死亡。
jǐn shǒu jiè mìng dė bǎo quánshēngmìng qīng hū yǐ lù dė bì zhì sǐ wáng
守誡命者、守己生命、不愼其道者必死、
He that keepeth the commandment keepeth his own soul; but he that despiseth his ways shall die.
命令を 守る 者は 自分のいのちを 保ち, 自分の 道をさげすむ 者は 死ぬ.

계명을 지키는 자는 자기의 영혼을 지키거니와 그 행실을 삼가지 아니하는 자는 죽으리라

17。怜悯贫穷的，就是借给耶和华。他的善行，耶和华必偿
lián mǐn pín qióng dė jiù shì jiè gěi yé hé huá tā dė shànxíng yé hé huá bì cháng

还。偿=償
hái cháng

矜憫貧人、即如貸金於主、所給者必償、
He that hath pity upon the poor lendeth unto the LORD; and that which he hath given will he pay him again.
寄る べ のない 者に 施しをするのは, 主に 貸すことだ. 主がその 善行に 報いてくださる.

가난한 자를 불쌍히 여기는 것은 여호와께 꾸이는 것이니 그 선행을 갚아 주시리라

18。趁有指望，管教你的儿子。你的心不可任他死亡。
chèn yǒu zhǐ wàng guǎn jiào nǐ dė ér zǐ nǐ dė xīn bù kě rèn tā sǐ wáng
子不肖當責之、蓋尙有可望、但爾心不可願其死、
Chasten thy son while there is hope, and let not thy soul spare for his crying.
望みのあるうちに, 自分の 子を 懲らしめよ, しかし, 殺す 氣を 起こしてはならない.

네가 네 아들에게 소망이 있은즉 그를 징계하고 죽일 마음은 두지 말지니라

19。暴怒的人，必受刑罚。你若救他，必须再救。
bào nù dė rén bì shòu xíng fá nǐ ruò jiù tā bì xū zài jiù
暴怒者必致遭刑、爾若宥之、不免再宥、
A man of great wrath shall suffer punishment: for if thou deliver him, yet thou must do it again.
激しく 憤る 者は 罰を 受ける. たとい 彼を 救い 出しても, ただ, これをくり 返さなければならない.

노하기를 맹렬히 하는 자는 벌을 받을 것이라 네가 그를 건져 주면 다시 건져 주게 되리라

20。你要听劝教，受训诲，使你终久有智慧。
nǐ yào tīng quàn jiào shòu xùn huì shǐ nǐ zhōng jiǔ yǒu zhì huì
爾當聽勸敎、受訓誨、終則爲有智、
Hear counsel, and receive instruction, that thou mayest be wise in thy latter end.
忠告を 聞き, 訓戒を 受け 入れよ. そうすれば, あなたはあとで 知恵を 得よう.

너는 권고를 들으며 훈계를 받으라 그리하면 네가 필경은 지혜롭게 되리라

21。人心多有计谋。惟有耶和华的筹算，才能立定。
rén xīn duō yǒu jì móu wéi yǒu yé hé huá dè chóusuàn cái néng lì dìng
人必多謀、惟主之旨方立、
There are many devices in a man's heart; nevertheless the counsel of the LORD, that shall stand.
人の 心には 多くの 計畫がある. しかし 主のはかりごとだけが 成る.

사람의 마음에는 많은 계획이 있어도 오직 여호와의 뜻이 완전히 서리라

22。施行仁慈的，令人爱慕。穷人强如说谎言的。
shī xíng rén cí dè lìng rén ài mù qióng rén qiáng rú shuōhuǎng yán dè
人施仁慈、令人愛慕、貧者誠實、勝於富人誑詐、
The desire of a man is his kindness: and a poor man is better than a liar.
人の 望むものは, 人の 變わらぬ 愛である. 貧しい 人は, まやかしを 言う 者にまさる.

사람은 그 인자함으로 남에게 사모함을 받느니라 가난한 자는 거짓말하는 자보다 나으니라

23。敬为耶和华的，得着生命。他必恒久知足，不遭祸患。
jìng wéi yé hé huá dè dé zhuóshēngmìng tā bì héng jiǔ zhī zú bù zāo huò huàn
敬畏主、使人得保生命、得足食度日、不遇災害、
The fear of the LORD tendeth to life: and he that hath it shall abide satisfied; he shall not be visited with evil.
主を 恐れるなら, いのちに 至る. 滿ち 足りて 住み, わざわいに 會わない.

여호와를 경외하는 것은 사람으로 생명에 이르게 하는 것이라 경외하는 자는 족하게 지내고 재앙을 만나지 아니하느니라

24。懒惰人放手在盘子里。就是向口撤绘，他也不肯。
lǎn duò rén fàngshǒu zài pán zǐ lǐ jiù shì xiàng kǒu sā huì tā yě bù kěn
惰者着手於盂、卽取食於口、亦憚煩勞、
A slothful man hideth his hand in his bosom, and will not so much as bring it to his mouth again.
なまけ 者は 手を 皿に 差し 入れても, それを 口に 持っていこうとしない.

게으른 자는 그 손을 그릇에 넣고도 입으로 올리기를 괴로와하느니라

25。鞭打亵慢人，愚蒙人必长见识。责备明哲人，他就明白知识。
biān dǎ xiè màn rén yú méng rén bì cháng jiàn shí zé bèi míng zhé rén tā jiù míng bái zhī shí
爾扑責侮慢者、則愚人知警、勸敎明哲者、則愈明於道、
Smite a scorner, and the simple will beware: and reprove one that hath understanding, and he will understand knowledge.
あざける 者を 打て. そうすれば, わきまえのない 者は 利口になる. 悟りのある 者を 責めよ. そうすれば, 彼は 知識をわきまえる.

거만한 자를 때리라 그리하면 어리석은 자도 경성하리라 명철한 자를 견책하라 그리하면 그가 지식을 얻으리라

26。虐待父亲，撵出母亲的，是贻羞致辱之子。
nüè dài fù qīn niǎn chū mǔ qīn dė shì yí xiū zhì rǔ zhī zǐ
斯父逐母、乃可恥可羞之子、
He that wasteth his father, and chaseth away his mother, is a son that causeth shame, and bringeth reproach.
父に 亂暴し, 母を 追い 出す 者は, 恥を 見, はずかしめを 受ける 子である.
아비를 구박하고 어미를 쫓아내는 자는 부끄러움을 끼치며 능욕을 부르는 자식이니라

27。我儿，不可听了教训，而又偏离知识的言语。
wǒ ér bù kě tīng le jiào xùn ér yòu piān lí zhī shí dė yán yǔ
我子、人所敎爾者、如使爾棄哲言、切勿聽之、
Cease, my son, to hear the instruction that causeth to err from the words of knowledge.
わが 子よ. 訓戒を 聞くのをやめてみよ. そうすれば, 知識のことばから 迷い 出る.

내 아들아 지식의 말씀에서 떠나게 하는 교훈을 듣지 말지니라

28。匪徒作见证戏笑公平。恶人的口吞下罪孽。
fěi tú zuò jiàn zhèng xì xiào gōng píng è rén dė kǒu tūn xià zuì niè
匪類作證、戲笑公議、惡子悅邪慝、如口之甘美食、
An ungodly witness scorneth judgment: and the mouth of the wicked devoureth iniquity.
よこしまな 證人は, さばきをあざけり, 惡者の 口は, わざわいをのみこむ.

망령된 증인은 공의를 업신여기고 악인의 입은 죄악을 삼키느니라

29。刑罚是为亵慢人豫备的。鞭打是为愚昧人的背豫备的。
xíng fá shì wéi xiè màn rén yù bèi dė biān dǎ shì wéi yú mèi rén dė bèi yù bèi dė

刑罰爲侮慢者而備、鞭扑爲愚者之背而備、
Judgments are prepared for scorners, and stripes for the back of fools.
さばきはあざける 者のために 準備され， むち 打ちは 愚かな 者の 背のために 準備されている.

심판은 거만한 자를 위하여 예비 된 것이요 채찍은 어리석은 자의 등을 위하여 예비 된 것이니라

제 20 장

1。 酒能使人亵慢，浓酒使人喧嚷。凡因酒错误的，就无智慧。
jiǔ néng shǐ rén xiè màn nóng jiǔ shǐ rén xuānnáng fán yīn jiǔ cuò wù dé jiù wú zhì huì
酒使人侮慢、醴使人誼譁、凡好酒無度者、甚爲無智、
Wine is a mocker, strong drink is raging: and whosoever is deceived thereby is not wise.
ぶどう 酒は, あざける 者. 強い 酒は, 騒ぐ 者. これに 惑わされる 者は, みな 知恵がない.

포도주는 거만케 하는 것이요 독주는 떠들게 하는 것이라 무릇 이에 미혹되는 자에게는 지혜가 없느니라

2。 王的威吓，如同狮子吼叫。惹动他怒的，是自害已命。
wáng dé wēi xià rú tóng shī zǐ hǒu jiào rě dòng tā nù dé shì zì hài yǐ mìng
王之威怒、如獅之咆吼、犯之者自取罪戾、
The fear of a king is as the roaring of a lion: whoso provoketh him to anger sinneth against his own soul.
王の 恐ろしさは 若い 獅子がうなるようだ, 彼を 怒らせる 者は 自分のいのちを 失う.

왕의 진노는 사자의 부르짖음 같으니 그를 노하게 하는 것은 자기의 생명을 해하는 것이니라

3。 远离分争，是人的尊荣。愚妄人都爱争闹。
yuǎn lí fēn zhēng shì rén dé zūn róng yú wàng rén dū ài zhēng nào
安居無爭者、必得尊重、凡愚者必啓爭端、
It is an honour for a man to cease from strife: but every fool will be meddling.
争いを 避けることは 人の 誉れ, 愚か 者はみな 争いを 引き 起こす.

다툼을 멀리 하는 것이 사람에게 영광이어늘 미련한 자마다 다툼을 일으키느니라

4。 懒惰人因冬寒不肯耕种。到收割的时候，他必讨饭，而无所得。
lǎn duò rén yīn dōng hán bù kěn gēng zhǒng dào shōu gē dé shí hòu tā bì tǎo fàn ér wú suǒ dé
惰者憚寒、不勤耕種、迨至穡時、乞而不得、
The sluggard will not plow by reason of the cold; therefore shall he beg in harvest, and have nothing.
なまけ 者は 冬には 耕さない, それゆえ, 刈り 入れ 時に 求めても, 何もない.

게으른 자는 가을에 밭 갈지 아니하나니 그러므로 거둘 때에는 구걸할지라도 얻지 못하리라

5。 人心怀藏谋略，好像深水。惟明哲人，才能汲引出来。
rén xīn huáicángmóu lüè hǎo xiàngshēnshuǐ wéi míng zhé rén cái néng jí yǐn chū lái
智謀藏於人心、不測若深淵、惟明哲者乃汲之、
Counsel in the heart of man is like deep water; but a man of understanding will draw it out.
人の 心にあるはかりごとは 深い 水，英知のある 人はこれを 汲み 出す.

사람의 마음에 있는 모략은 깊은 물 같으니라 그럴찌라도 명철한 사람은 그것을 길어 내느니라

6。 人多述说自己的仁慈。但忠信人谁能愚着呢。
rén duō shù shuō zì jǐ dė rén cí dàn zhōng xìn rén shéinéng yú zhuó ní
自許其仁者甚衆、誠實之人、最爲難得、
Most men will proclaim every one his own goodness: but a faithful man who can find?
多くの 人は 自分の 親切を 吹聽する. しかし，だれが 忠實な 人を 見つけえよう.

많은 사람은 각기 자기의 인자함을 자랑하나니 충성된 자를 누가 만날 수 있으랴

7。 行为纯正的义人，他的子孙，是有福的。
xíng wéi chúnzhèng dė yì rén tā dė zǐ sūn shì yǒu fú dė
行眞實方爲義人、其後嗣亦必享福、
The just man walketh in his integrity: his children are blessed after him.
正しい 人が 潔白な 生活をするときに，彼の 子孫はなんと 幸いなことだろう.

완전히 행하는 자가 의인이라 그 후손에게 복이 있느니라

8。 王坐在审判的位上，以眼目驱散诸恶。
wáng zuò zài shěn pàn dė wèi shàng yǐ yǎn mù qū sǎn zhū è
王坐行鞫之位、以其目驅散一切惡人、
A king that sitteth in the throne of judgment scattereth away all evil with his eyes.
さばきの 座に 着く 王は，自分の 目ですべての 惡をふるい 分ける.

심판 자리에 앉은 왕은 그 눈으로 모든 악을 흩어지게 하느니라

9。 谁能说，我洁净了我的心。我脱净了我的罪。
shéinéngshuō wǒ jié jìng le wǒ dė xīn wǒ tuō jìng le wǒ dė zuì
誰能云、我心淸、我潔無罪、

Who can say, I have made my heart clean, I am pure from my sin?
だれが,「私は 自分の 心をきよめた. 私は 罪からきよめられた.」と 言うことができよう.

내가 내 마음을 정하게 하였다, 내 죄를 깨끗하게 하였다 할 자가 누구뇨

10。两样的发吗，两样的升斗，都为耶和华所憎恶。
liǎngyàng dė fā mǎ liǎngyàng dė shēng dǒu dū wéi yé hé huá suǒ zēng è
權衡斗量、不一其制、爲主所惡、
Divers weights, and divers measures, both of them are alike abomination to the LORD.
異なる 二種類のおもり, 異なる 二種類の 枡, そのどちらも 主に 忌みきらわれる.

한결 같지 않은 저울추와 말은 다 여호와께서 미워하시느니라

11。孩童的动作，是清洁，是正直，都显明他的本性。
hái tóng dė dòng zuò shì qīng jié shì zhèng zhí dū xiǎnmíng tā dė běn xìng
視孩童之動作、亦知其行爲淸正與否、
Even a child is known by his doings, whether his work be pure, and whether it be right.
幼子でさえ, 何かするとき, その 行ないが 純粋なのかどうか, 正しいのかどうかを 明らかにする.

비록 아이라도 그 동작으로 자기의 품행의 청결하며 정직한 여부를 나타내느니라

12。能听的耳，能看的眼，都是耶和华所造的。
néng tīng dė ěr néng kàn dė yǎn dū shì yé hé huá suǒ zào dė
能聞之耳、能見之目、俱主所造、
The hearing ear, and the seeing eye, the LORD hath made even both of them.
聞く 耳と, 見る 目とは, 二つとも 主が 造られたもの.

듣는 귀와 보는 눈은 다 여호와의 지으신 것이니라

13。不要贪睡，免致贫穷。眼要睁开，你就吃饱。
bù yào tān shuì miǎn zhì pín qióng yǎn yào zhēng kāi nǐ jiù chī bǎo
勿貪寢、恐致貧乏、當啓目、可得足食、
Love not sleep, lest thou come to poverty; open thine eyes, and thou shalt be satisfied with bread.
眠りを 愛してはいけない. さもないと 貧しくなる. 目を 開

け. そうすれば パン に 飽き 足りる.

너는 잠자기를 좋아하지 말라 네가 빈궁하게 될까 두려우니라 네 눈을 뜨라 그리하면 양식에 족하리라

14。买物的说，不好，不好。及至买去，他便自夸。
mǎi wù dė shuō bù hǎo bù hǎo jí zhì mǎi qù tā biàn zì kuā
購物者、往往云惡也惡也、及去則自誇、
It is naught, it is naught, saith the buyer: but when he is gone his way, then he boasteth.
買う 者は「惡い, 惡い.」と 言うが, 買ってしまえば, それを 自慢する.

사는 자가 물건이 좋지 못하다 좋지 못하다 하다가 돌아간 후에는 자랑하느니라

15。有金子，和许多珍珠。（或作红宝石）惟有知识的嘴，乃为贵重的珍宝。
yǒu jīn zǐ hé xǔ duō zhēn zhū huò zuò hóng bǎo shí wéi yǒu zhī shí dė zuǐ nǎi wéi guì zhòng dė zhēn bǎo
知識之言、如黃金、如珍珠、如寶器、
There is gold, and a multitude of rubies: but the lips of knowledge are a precious jewel.
金があり, 多くの 眞珠があっても, 知識のくちびるが 寶の 器.

세상에 금도 있고 진주도 많거니와 지혜로운 입술이 더욱 귀한 보배니라

16。谁为生人作保，就拿谁的衣服。谁为外人作保，谁就要承当。
shéi wéi shēng rén zuò bǎo jiù ná shéi dė yī fú shéi wéi wài rén zuò bǎo shéi jiù yào chéng dāng
爲外人及遊女作保、必取其衣服器具爲質、
Take his garment that is surety for a stranger: and take a pledge of him for a strange woman.
他國人の 保證人となるときは, その 者の 着物を 取れ. 見知らぬ 女のためにも, 着物を 抵當に 取れ.

타인을 위하여 보증이 된 자의 옷을 취하라 외인들의 보증이 된 자는 그 몸을 볼모 잡힐지니라

17。以虚谎而得的食物，人觉甘甜。但后来他的口，必充满尘沙。
yǐ xū huǎng ér dé dė shí wù rén jué gān tián dàn hòu lái tā dė kǒu bì chōng mǎn chén shā
欺人得食、其味甚甘、不知其後如口充以塵沙、
Bread of deceit is sweet to a man; but afterwards his mouth shall be filled with gravel.

だまし 取った パン はうまい. しかし, 後にはその 口はじゃり でいっぱいになる.

속이고 취한 식물은 맛이 좋은 듯하나 후에는 그 입에 모래가 가득하게 되리라

18。计谋都凭筹算立定。打仗要凭智谋。
jì móu dū píng chóu suàn lì dìng dǎ zhàng yào píng zhì móu
多籌畫、所謀乃成、欲交戰先設良策、
Every purpose is established by counsel: and with good advice make war.
相談して 計畫を 整え, すぐれた 指揮のもとに 戰いを 交えよ.

무릇 경영은 의논함으로 성취하나니 모략을 베풀고 전쟁할지니라

19。往来传舌的，泄漏密事。大张嘴的不可与他结交。
wǎng lái chuán shé dė xiè lòu mì shì dà zhāng zuǐ dė bù kě yǔ tā jié jiāo
往來談人是非者、必洩人之秘事、多言之人、勿如之交、
He that goeth about as a talebearer revealeth secrets: therefore meddle not with him that flattereth with his lips.
步き 回って 人を 中傷する 者は 秘密を 漏らす. くちびるを 開く 者とは 交わるな.

두루 다니며 한담하는 자는 남의 비밀을 누설하나니 입술을 벌린 자를 사귀지 말지니라

20。咒骂父母的，他的灯必灭，变为漆黑的黑暗。
zhòu mà fù mǔ dė tā dė dēng bì miè biàn wéi qī hēi dė hēi àn
詛父母者、其燈必滅、必處幽暗、
Whoso curseth his father or his mother, his lamp shall be put out in obscure darkness.
自分の 父や 母をのろう 者, そのともしびは, やみが 近づくと 消える.

자기의 아비나 어미를 저주하는 자는 그 등불이 유암중에 꺼짐을 당하리라

21。起初速得的产业，终久却不为福。
qǐ chū sù dé dė chǎn yè zhōng jiǔ què bù wéi fú
產業始而易得、終不爲福、
An inheritance may be gotten hastily at the beginning; but the end thereof shall not be blessed.
初めに 急に 得た 相續財産は, 終わりには 祝福されない.
처음에 속히 잡은 산업은 마침내 복이 되지 아니하느니

22。你不要说，我要以恶报恶。要等候耶和华，他必拯救你。
nǐ bù yào shuō wǒ yào yǐ è bào è yào děng hòu yé hé huá tā bì zhěng jiù nǐ
勿言我欲以惡報惡、惟仰望主、主必救爾、
Say not thou, I will recompense evil; but wait on the LORD, and he shall save thee.
「悪に 報いてやろう．」と 言ってはならない． 主を 待ち望め． 主があなたを 救われる．

너는 악을 갚겠다 말하지 말고 여호와를 기다리라 그가 너를 구원하시리라

23。两样的法吗，为耶和华所憎恶。诡诈的天平，也为不善。
liǎng yàng dé fǎ má wéi yé hé huá suǒ zēng è guǐ zhà dé tiān píng yě wéi bù shàn
異制之權、爲主所惡、欺詐之衡、甚爲不善、
Divers weights are an abomination unto the LORD; and a false balance is not good.
異なる 二種類のおもりは 主に 忌みきらわれる． 欺きのはかりはよくない．

한결 같지 않은 저울추는 여호와의 미워하시는 것이요 속이는 저울은 좋지 못한 것이니라

24。人的脚步，为耶和华所定。人岂能明白自己的路呢。
rén dé jiǎo bù wéi yé hé huá suǒ dìng rén qǐ néng míng bái zì jǐ dé lù ní
人之步履、爲主所定、人豈能自識其道乎、
Man's goings are of the LORD; how can a man then understand his own way?
人の 歩みは 主によって 定められる． 人間はどうして 自分の 道を 理解できようか．

사람의 걸음은 여호와께로서 말미암나니 사람이 어찌 자기의 길을 알 수 있으랴

25。人冒失说，这是圣物，许愿之后才查问，就是自陷网罗。
rén mào shī shuō zhè shì shèng wù xǔ yuàn zhī hòu cái chá wèn jiù shì zì xiàn wǎng luó
人造次許願、許願之後始思量、則陷於網羅、
It is a snare to the man who devoureth that which is holy, and after vows to make enquiry.
軽々しく， 聖なるささげ 物をすると 言い， 誓願を 立てて 後に， それを 考え 直す 者は， わなにかかっている 人だ．

함부로 이 물건을 거룩하다하여 서원하고 그 후에 살피면 그 것이 그물이 되느니라

26。智慧的王，簸散恶人，用碌碡滚轧他们。
zhì huì dè wáng bǒ sàn è rén yòng lù dú gǔn yà tā mèn
賢王驅散惡人、嚴厲懲治、如以輸碾壓、
A wise king scattereth the wicked, and bringeth the wheel over them.
知惠のある 王は 悪者どもをふるいにかけ, 彼らの 上で 車輪を 引き 回す.

지혜로운 왕은 악인을 키질하며 타작하는 바퀴로 그 위에 굴리느니라

27。人的灵是耶和华的灯，鉴察人的心腹。
rén dè líng shì yé hé huá dè dēng jiàn chá rén dè xīn fù
人之靈性、乃主所賜之明燈、以照中懷所藏、
The spirit of man is the candle of the LORD, searching all the inward parts of the belly.
人間の 息は 主のともしび, 腹の 底まで 探り 出す.

사람의 영혼은 여호와의 등불이라 사람의 깊은 속을 살피느니라

28。王因仁慈和诚实，得以保全他的国位，也因仁慈立稳。
wáng yīn rén cí hé chéng shí dé yǐ bǎo quán tā dè guó wèi yě yīn rén cí lì wěn
王得保全、乃因仁慈誠實、其國位亦因仁慈堅定、
Mercy and truth preserve the king: and his throne is upholden by mercy.
恵みとまこととは 王を 守る. 彼は 恵みによって 王位をささえる.

왕은 인자와 진리로 스스로 보호하고 그 위도 인자함으로 말미암아 견고하니라

29。强壮乃少年的荣耀。白发为老年热的尊荣。
qiángzhuàng nǎi shǎonián dè róng yào bái fā wéi lǎo nián rè dè zūn róng
少者以壯健爲榮、老者以白首爲尊、
The glory of young men is their strength: and the beauty of old men is the grey head.
若い 男の 光榮は 彼らの 力. 年寄りの 飾りはそのしらが.

젊은 자의 영화는 그 힘이요 늙은 자의 아름다운 것은 백발이니라

30。鞭伤除净人的罪恶。责打能入人的心腹。
biānshāng chú jìng rén dè zuì è zé dǎ néng rù rén dè xīn fù
扑責加傷、痛徹身體、可以去惡、猶如良藥、
The blueness of a wound cleanseth away evil: so do stripes the inward parts of the belly.

打って 傷つけるのは 惡を 洗い 落とすため. 腹の 底まで 打ちたたけ.

상하게 때리는 것이 악을 없이 하나니 매는 사람의 속에 깊이 들어가느니라

제 21 장

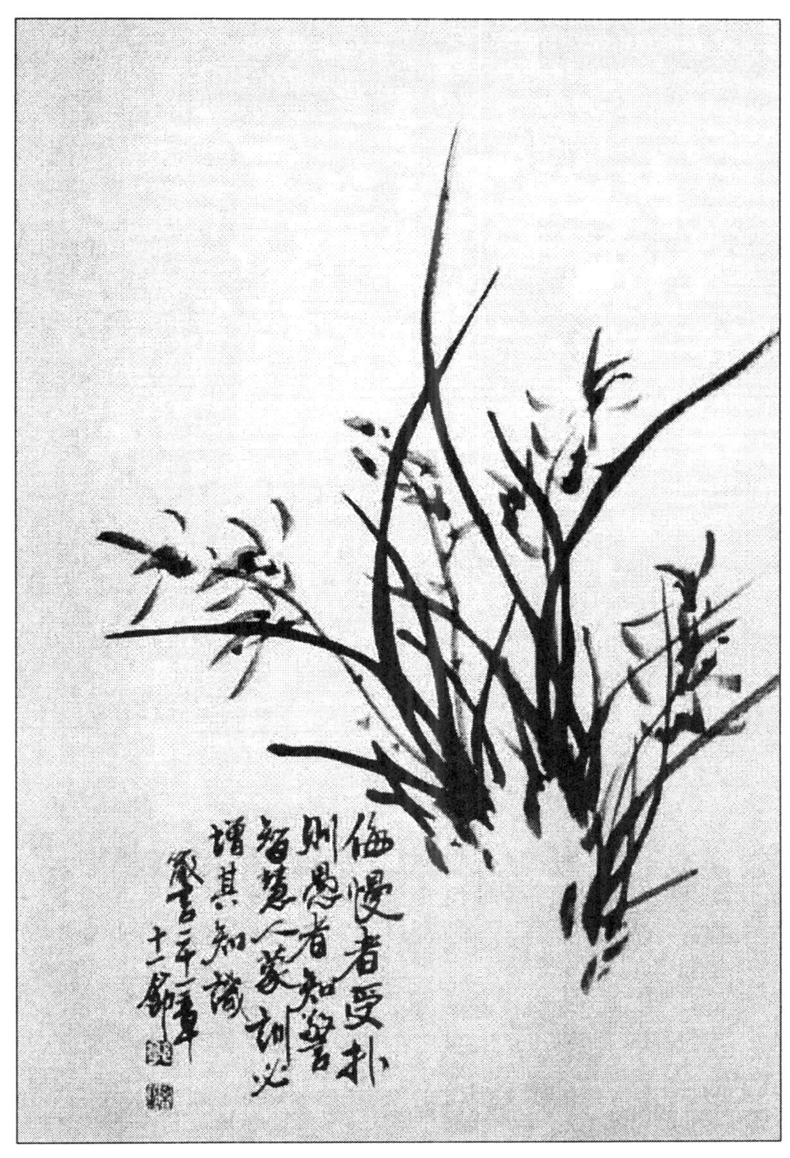

1。 王的心在耶和华手中，好像陇沟的水，随意流转。
wáng dė xīn zài yé hé huá shǒuzhōng hǎo xiànglóng gōu dė shuǐ suí yì liú zhuǎn
王之心志、在主掌握、隨意引之、如溝洫之水然, 溝洫=봇도랑구/봇도랑혁
The king's heart is in the hand of the LORD, as the rivers of water: he turneth it whithersoever he will.
王の 心は 主の 手の 中にあって, 水の 流れのようだ. みこころのままに 向きを 變えられる.

왕의 마음이 여호와의 손에 있음이 마치 보의 물과 같아서 그가 임의로 인도하시느니라

2。 人所行的, 在自己的眼中都看为正,惟有耶和华衡量人心。
rén suǒ xíng dė zài zì jǐ dė yǎn zhōng dū kàn wéi zhèng wéi yǒu yé hé huá héngliáng rén xīn
人之道在己目中視爲正、有主鑒察人心、
Every way of a man is right in his own eyes: but the LORD pondereth the hearts.
人は 自分の 道はみな 正しいと 思う. しかし 主は 人の 心の 値うちをはかられる.

사람의 행위가 자기 보기에는 모두 정직하여도 여호와는 심령을 감찰하시느니라

3。 行仁义公平，比献祭更蒙耶和华悦纳。
xíng rén yì gōngpíng bǐ xiàn jì gèngméng yé hé huá yuè nà
行義秉公、爲主所悅、勝於祭祀、
To do justice and judgment is more acceptable to the LORD than sacrifice.
正義と 公義を 行なうことは, いけにえにまさって 主に 喜ばれる.

의와 공평을 행하는 것은 제사 드리는 것보다 여호와께서 기쁘게 여기시느니라

4。 恶人发达，眼高心傲，这乃是罪。(发达原文是灯)
è rén fā dá yǎn gāo xīn ào zhè nǎi shì zuì fā dá yuánwén shì dēng
惡者目高心驕、自以爲有光、終必取罪、
An high look, and a proud heart, and the plowing of the wicked, is sin.
高ぶる 目とおごる 心 ・・惡者のともしびは 罪である.

눈이 높은 것과 마음이 교만한 것과 악인의 형통한 것은 다 죄니라

5。 殷勤筹画的，足致丰裕。行事急躁的，都必缺乏。
yīn qín chóu huà dė zú zhì fēng yù xíng shì jí zào dė dū bì quē fá
殷勤操作者、足致豐裕、急遽經營者、反致匱乏、

The thoughts of the diligent tend only to plenteousness; but of every one that is hasty only to want.
勤勉な 人の 計畫は 利益をもたらし, すべてあわてる 者は 欠損を 招くだけだ.

부지런한 자의 경영은 풍부함에 이를 것이나 조급한 자는 궁핍함에 이를 따름이니라

6。 用诡诈之舌求财的，就是自己取死。所得之财，乃是吹去的浮云。
yòng guǐ zhà zhī shé qiú cái dė jiù shì zì jǐ qǔ sǐ suǒ dé zhī cái nǎi shì chuī qù dė fú yún
以詐言求財、即自取死、所得者猶如虛氣、
The getting of treasures by a lying tongue is a vanity tossed to and fro of them that seek death.
僞りの 舌をもって 財寶を 得る 者は, 吹き 拂われる 息のようで, 死を 求める 者だ.

속이는 말로 재물을 모으는 것은 죽음을 구하는 것이라 곧 불려다니는 안개니라

7。 恶人的强暴，必将自己扫除。因他们不肯按公平行事。
è rén dė qiáng bào bì jiāng zì jǐ sǎo chú yīn tā mėn bù kěn àn gōngpíngxíng shì
惡者强暴、不行公義、終必驟亡、
The robbery of the wicked shall destroy them; because they refuse to do judgment.
惡者は 自分の 暴虐に 引きずられる. 公義を 行なおうとしないからだ.

악인의 강포는 자기를 소멸하나니 이는 공의 행하기를 싫어함이니라

8。 负罪之人的路，甚是弯曲。至于清洁的人，他所行的乃是正直。
fù zuì zhī rén dė lù shèn shì wān qū zhì yú qīng jié dė rén tā suǒ xíng dė nǎi shì zhèng zhí
罪人之道必邪曲、潔者所爲必正直、
The way of man is froward and strange: but as for the pure, his work is right.
罪人の 道はねじれている. しかし, きよい 人の 行ないはまっすぐだ.

죄를 크게 범한 자의 길은 심히 구부러지고 깨끗한 자의 길은 곧으니라

9。宁可住在房顶的角上，不在宽阔的房屋，与争吵的妇人同住。
níng kě zhù zài fángdǐng dė jiǎoshàng bù zài kuānkuò dė fáng wū yǔ zhēngchǎo dė fù rén tóng zhù
寧獨居於房頂、勿與好爭之婦共室、
It is better to dwell in a corner of the housetop, than with a brawling woman in a wide house.
爭い 好きな 女と 社交場にいるよりは, 屋根の 片隅に 住むほうがよい.

다투는 여인과 함께 큰집에서 나는 것보다 움막에서 혼자 사는 것이 나으니라

10。恶人的心，乐人受祸 他眼并不怜恤邻舍。
è rén dė xīn lè rén shòu huò tā yǎn bìng bù lián xù lín shè
惡人心樂人禍、卽良明亦不矜恤、
The soul of the wicked desireth evil: his neighbour findeth no favour in his eyes.
惡者のたましいは 惡事にあこがれ, 隣人をあわれもうとはしない.

악인의 마음은 남의 재앙을 원하나니 그 이웃도 그 앞에서 은혜를 입지 못하느니라

11。亵慢的人受刑罚，愚蒙的人就得智慧。 智慧人受训诲，便得知识。
xiè màn dė rén shòuxíng fá yú méng dė rén jiù dé zhì huì zhì huì rén shòu xùn huì biàn dé zhī shí
侮慢者受扑、則愚者知警、智慧人蒙訓、必增其知識、
When the scorner is punished, the simple is made wise: and when the wise is instructed, he receiveth knowledge.
あざける 者が 罰を 受けるとき, わきまえのない 者が 知恵を 得る. 知恵のある 者が 學ぶとき, その 人は 知識を 得る.

거만한 자가 벌을 받으면 어리석은 자는 경성하겠고 지혜로운 자가 교훈을 받으면 지식이 더 하리라

12。义人思想恶人的家，知道恶人倾倒，必至灭亡。
yì rén sī xiǎng è rén dė jiā zhī dào è rén qīng dǎo bì zhì miè wáng
公義之主、鑒察惡人之家、將惡人投於禍患、
The righteous man wisely considereth the house of the wicked: but God overthroweth the wicked for their wickedness.
正しい 人は 惡者の 家を 見抜く, 惡者どもは 自分の 惡事のために 滅ぼされる.

의로우신 자는 악인의 집을 감찰하시고 악인을 환난에 던지시느니라

13。塞耳不听穷人哀求的，他将来呼吁也不蒙应允。
sāi ěr bù tīng qióng rén āi qiú dė tā jiāng lái hū xū yě bù méng yīng yǔn
塞耳不聽貧人之、求則己有所、求亦不蒙應、
Whoso stoppeth his ears at the cry of the poor, he also shall cry himself, but shall not be heard.
寄るべのない者の叫びに耳を閉じる者は，自分が呼ぶときに答えられない.

귀를 막아 가난한 자의 부르짖는 소리를 듣지 아니하면 자기의 부르짖을 때에도 들을 자가 없으리라

14。暗中送的礼物，挽回怒气。怀中揣的贿赂，止息暴怒。
àn zhōng sòng dė lǐ wù wǎn huí nù qì huái zhōng chuāi dė huì lù zhǐ xī bào nù
暗餽禮物、可以正忿、懷中之賄賂、可息多怒、
A gift in secret pacifieth anger: and a reward in the bosom strong wrath.
ひそかな贈り物は怒りをなだめ，ふところのわいろは激しい憤りをなだめる.

은밀한 선물은 노를 쉬게 하고 품의 뇌물은 맹렬한 분을 그치게 하느니라

15。秉公行义，使义人喜乐，使作孽的人败坏。
bǐng gōng xíng yì shǐ yì rén xǐ lè shǐ zuò niè dė rén bài huài
行公義事、善人視爲可樂、作惡者視爲艱難、
It is joy to the just to do judgment: but destruction shall be to the workers of iniquity.
公義が行なわれることは，正しい者には喜びであり，不法を行なう者には滅びである.

공의를 행하는 것이 의인에게는 즐거움이요 죄인에게는 패망이니라

16。迷离通达道路的，必住在阴魂的会中。
mí lí tōng dá dào lù dė bì zhù zài yīn hún dė huì zhōng
迷失達道者、必居於陰靈之會、
The man that wandereth out of the way of understanding shall remain in the congregation of the dead.
悟りの道から迷い出る者は, 死者の霊たちの集會の中で休む.

명철의 길을 떠난 사람은 사망의 회중에 거하리라

17。爱宴乐的，必致穷乏。好酒爱膏油的， 必不富足。
ài yàn lè dė bì zhì qióng fá hǎo jiǔ ài gāo yóu dė bì bù fù zú
喜宴樂者、必遭貧乏、好酒好膏者、不能致富、

He that loveth pleasure shall be a poor man: he that loveth wine and oil shall not be rich.
快樂を 愛する 者は 貧しい 人となり, ぶどう 酒や 油を 愛する 者は 富むことがない.

연락을 좋아하는 자는 가난하게 되고 술과 기름을 좋아하는 자는 부하게 되지 못하느니라

18。恶人作了义人的赎价。奸诈人代替正直人。
è rén zuò le yì rén dé shú jià jiān zhà rén dài tì zhèng zhí rén
必以惡人贖善人、悖逆者必代正直者、
The wicked shall be a ransom for the righteous, and the transgressor for the upright.
惡者が 正しい 人のための 身代金となり, 裏切り 者が 直ぐな 人の 身代わりとなる.

악인은 의인의 대속이 되고 궤사한 자는 정직한 자의 대신이 되느니라

19。宁可住在旷野，不与争吵使气的妇人同住。
níng kě zhù zài kuàng yě bù yǔ zhēngchǎo shǐ qì dé fù rén tóng zhù
寧處於曠野、莫如好爭易怒之婦偕居、
It is better to dwell in the wilderness, than with a contentious and an angry woman.
爭い 好きで, うるさい 女といるよりは, 荒野に 住むほうが まだましだ.

다투며 성내는 여인과 함께 사는 것보다 광야에서 혼자 사는 것이 나으니라

20。智慧热家中积蓄宝物膏油。愚昧人随得来随吞下。
zhì huì rè jiā zhōng jī xù bǎo wù gāo yóu yú mèi rén suí dé lái suí tūn xià
智者之家、積有寶物膏油、愚人速耗所有、
There is treasure to be desired and oil in the dwelling of the wise; but a foolish man spendeth it up.
知恵のある 者の 住まいには, 好ましい 財寶と 油がある. しかし 愚かな 者はこれをのみ 盡くす.

지혜 있는 자의 집에는 귀한 보배와 기름이 있으나 미련한 자는 이것을 다 삼켜버리느니라

21。追求公义仁慈的，就寻得生命，公义，和尊荣。
zhuī qiú gōng yì rén cí dé jiù xún dé shēngmìng gōng yì hé zūn róng

追求仁義矜恤者、必得生命、仁義尊榮、
He that followeth after righteousness and mercy findeth life, righteousness, and honour.
正義と 誠實を 追い 求める 者は, いのちと 正義と 譽れとを 得る.

의와 인자를 따라 구하는 자는 생명과 의와 영광을 얻느니라

22。智慧人爬上勇士的城墙，倾覆他所倚靠的坚垒。
zhì huì rén pá shàngyǒng shì dè chéngqiáng qīng fù tā suǒ yǐ kào dè jiān lěi
鞏固之城、勇士所守所倚賴者、惟智者可上而傾之、
A wise man scaleth the city of the mighty, and casteth down the strength of the confidence thereof.
知惠のある 者は 勇士たちの 町に 攻め 上って, その 頼みとするとりでを 倒す.

지혜로운 자는 용사의 성에 올라가서 그 성의 견고히 의뢰하는 것을 파하느니라

23。谨守口与舌的，就保守自己免受灾难。
jǐn shǒu kǒu yǔ shé dè jiù bǎo shǒu zì jǐ miǎnshòu zāi nán
謹守脣舌者、保己命免受災害、
Whoso keepeth his mouth and his tongue keepeth his soul from troubles.
自分の 口と 舌とを 守る 者は, 自分自身を 守って 苦しみに 會わない.

입과 혀를 지키는 자는 그 영혼을 환난에서 보전하느니라

24。心骄气傲的人，名叫亵慢。他行事狂妄，都出于骄傲。
xīn jiāo qì ào dè rén míng jiào xiè màn tā xíng shì kuángwàng dū chū yú jiāo ào
狂妄驕傲者、名爲侮慢、凡事暴怒、狂妄而行、
Proud and haughty scorner is his name, who dealeth in proud wrath.
高ぶった 横柄な 者 ・・その 名は「あざける 者」, 彼はいばって, 横柄なふるまいをする.

무례하고 교만한 자를 이름하여 망령된 자라 하나니 이는 넘치는 교만으로 행함이니라

25。懒惰人的心愿，将他杀害，因为他手不肯作工。
lǎn duò rén dè xīn yuàn jiāng tā shā hài yīn wéi tā shǒu bù kěn zuò gōng
惰者不勸操作、致爲慾心所殺、
The desire of the slothful killeth him; for his hands refuse to labour.

なまけ 者の 欲望はその 身を 殺す. その 手が 働くことを 拒むからだ.

게으른 자의 정욕이 그를 죽이나니 이는 그 손으로 일하기를 싫어함이니라

26。有终日贫得无庆的，义人施舍而不吝惜。
yǒu zhōng rì pín dé wú qìng dè yì rén shī shè ér bù lìn xī
惰者終日貪圖而不得、善人有餘施舍不吝、
He coveteth greedily all the day long: but the righteous giveth and spareth not.
この 者は 一日中, 自分の 欲望に 明け 暮れている. しかし, 正しい 人は 人に 與えて 惜しまない.

어떤 자는 종일토록 탐하기만 하나 의인은 아끼지 아니하고 시제하느니라

27。恶人的祭物是可憎的，何况他存恶意求献呢。
è rén dè jì wù shì kě zēng dè hé kuàng tā cún è yì qiú xiàn ní
惡人平素獻祭、猶爲可憎、況以惡意而獻之乎、
The sacrifice of the wicked is abomination: how much more, when he bringeth it with a wicked mind?
惡者のいけにえは 忌みきらわれる. 惡意をもってささげるときは, なおさらのこと.

악인의 제물은 본래 가증하거든 하물며 악한 뜻으로 드리는 것이랴

28。作假见证的必灭亡，惟有听真情而言的，其言长存。
zuò jiǎ jiàn zhèng dè bì miè wáng wéi yǒu tīng zhēn qíng ér yán dè qí yán cháng cún
妄證者必亡、聽命者可恆作證、
A false witness shall perish: but the man that heareth speaketh constantly.
まやかしの 證人は 滅びる. しかし, よく 聞く 者はいつまでも 語る.

거짓 증인은 패망하려니와 확실한 증인의 말은 힘이 있느니라

29。恶人脸无羞耻，正直人行事坚定。
è rén liǎn wú xiū chǐ zhèng zhí rén xíng shì jiān dìng
惡人無廉恥、正直者謹愼所行、
A wicked man hardeneth his face: but as for the upright, he directeth his way.
惡者はあつかましく, 正しい 者は 自分の 道をわきまえる.

악인은 그 얼굴을 굳게 하나 정직한 자는 그 행위를 삼가느니라

30。没有人能以智慧，聪明，谋略，敌挡耶和华。
méi yǒu rén néng yǐ zhì huì cōngmíng móu lüè dí dǎng yé hé huá
人之智慧聰明謀略、在主前無足稱道、
There is no wisdom nor understanding nor counsel against the LORD.
主の 前では，どんな 知恵も 英知もはかりごとも，役に 立たない.

지혜로도 명철로도 모략으로도 여호와를 당치 못하느니라

31。马是为打仗之日豫备的。得胜乃在乎耶和华。
mǎ shì wéi dǎ zhàng zhī rì yù bèi dė dé shèng nǎi zài hū yé hé huá
馬以備戰之日、獲勝乃在乎主、
The horse is prepared against the day of battle: but safety is of the LORD.
馬は 戰いの 日のために 備えられる．しかし 救いは 主による．

싸울 날을 위하여 마병을 예비하거니와 이김은 여호와께 있느니라

제 22 장

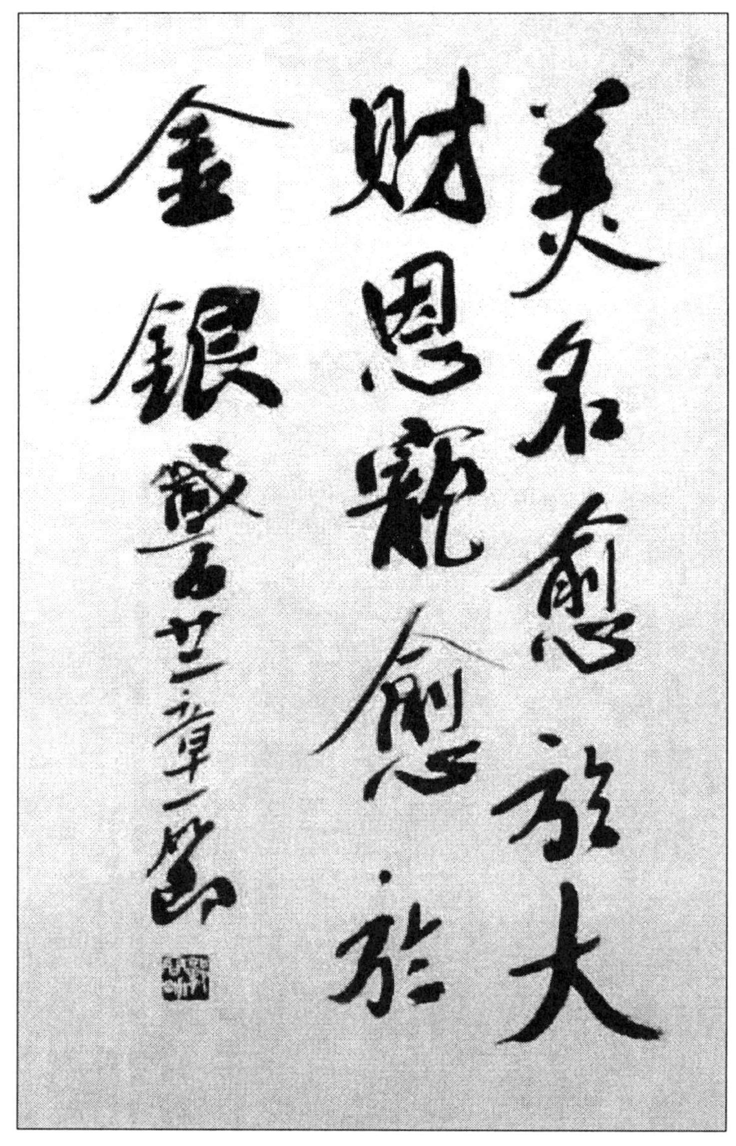

1。 美名胜过大财，恩宠强如金银。
měi míngshèng guò dà cái ēn chǒngqiáng rú jīn yín
美名愈於大財、恩寵愈於金銀、
A GOOD name is rather to be chosen than great riches, and loving favour rather than silver and gold.
名聲は 多くの 富よりも 望ましい. 愛顧は 銀や 金にまさる.

많은 재물보다 명예를 택할 것이요 은이나 금보다 은총을 더욱 택할 것이니라

2。 富户穷人， 在世相愚，都为耶和华所造。
fù hù qióng rén zài shì xiāng yú dū wéi yé hé huá suǒ zào
貧富雜處、悉爲主所造、
The rich and poor meet together: the LORD is the maker of them all.
富む 者と 貧しい 者とは 互いに 出會う, これらすべてを 造られたのは 主である.

빈부가 섞여 살거니와 무릇 그들을 지으신 이는 여호와시니라

3。 通达人见祸藏躲， 愚蒙人前往受害。
tōng dá rén jiàn huò cáng duǒ yú méng rén qiánwǎngshòu hài
明哲人見害則避、愚拙人冒往遭刑、
A prudent man foreseeth the evil, and hideth himself: but the simple pass on, and are punished.
利口な 者はわざわいを 見て, これを 避け, わきまえのない 者は 進んで 行って, 罰を 受ける.

슬기로운 자는 재앙을 보면 숨어 피하여도 어리석은 자들은 나아가다가 해를 받느니라

4。 敬畏耶和华心存谦卑，就得富有，尊荣，生命，为赏赐。
jìng wèi yé hé huá xīn cún qiān bēi jiù dé fù yǒu zūn róng shēngmìng wéi shǎng cì
謙遜及敬畏主之果報、卽富有、尊榮、生命、
By humility and the fear of the LORD are riches, and honour, and life.
謙遜と, 主を 恐れることの 報いは, 富と 譽れといのちである.

겸손과 여호와를 경외함의 보응은 재물과 영광과 생명이니라

5。 乖僻人的路上，有荆棘和网罗。保守自己生命的。必要远离。
guāi pì rén dé lù shàng yǒu jīng jí hé wǎng luó bǎo shǒu zì jǐ shēngmìng dé bì yào yuǎn lí
荊棘網羅、在乖謬者之道、守己命者必遠之、
Thorns and snares are in the way of the froward: he that

doth keep his soul shall be far from them.
曲がった 者の 道にはいばらとわながある. たましいを 守る 者はこれらから 遠ざかる.

패역한 자의 길에는 가시와 올무가 있거니와 영혼을 지키는 자는 이를 멀리 하느니라

6。 教养孩童，使他走当行的道，就是到老他也不偏离。
jiào yǎng hái tóng shǐ tā zǒu dāng xíng dè dào jiù shì dào lǎo tā yě bù piān lí
敎子以當行之道、則至老不離、
Train up a child in the way he should go: and when he is old, he will not depart from it.
若者をその 行く 道にふさわしく 教育せよ. そうすれば, 年老いても, それから 離れない.

마땅히 행할 길을 아이에게 가르치라 그리하면 늙어도 그것을 떠나지 아니하리라

7。 富户管辖穷人，欠债的是债主的仆人。
fù hù guǎn xiá qióng rén qiàn zhài dè shì zhài zhǔ dè pú rén
富者轄貧者、貸者爲債主之僕、
The rich ruleth over the poor, and the borrower is servant to the lender.
富む 者は 貧しい 者を 支配する. 借りる 者は 貸す 者のしもべとなる.

부자는 가난한 자를 주관하고 빚진 자는 채주의 종이 되느니라

8。 撒罪孽的，必收灾祸。他逞怒的杖，也必废掉。
sā zuì niè dè bì shōu zāi huò tā chěng nù dè zhàng yě bì fèi diào
播惡者必斂禍、上帝震怒、必盡滅之、
He that soweth iniquity shall reap vanity: and the rod of his anger shall fail.
不正を 蒔く 者はわざわいを 刈り 取る. 彼の 怒りの 杖はすたれる.

악을 뿌리는 자는 재앙을 거두리니 그 분노의 기세가 쇠하리라

9。 眼目慈善的，就必蒙福。因他将食物分给穷人。
yǎn mù cí shàn dè jiù bì méng fú yīn tā jiāng shí wù fēn gěi qióng rén
慈善者必蒙福祉、因其以食供貧者、
He that hath a bountiful eye shall be blessed; for he giveth of his bread to the poor.
善意の 人は 祝福を 受ける. 自分の パン を 寄る べ のない 者に 與えるから.

선한 눈을 가진 자는 복을 받으리니 이는 양식을 가난한 자에게 줌이니라

10。赶出亵慢人，争端就消除，分争和羞辱，也必止息。
gǎn chū xiè màn rén zhēngduān jiù xiāo chú fēn zhēng hé xiū rǔ yě bì zhǐ xī
驅逐侮慢者、爭端必少、爭訟與凌辱之事皆息、
Cast out the scorner, and contention shall go out; yea, strife and reproach shall cease.
あざける 者を 追い 出せ. そうすれば, 争いも 出て 行く. けんかも, 悪口もやむ.

거만한 자를 쫓아내면 다툼이 쉬고 싸움과 수욕이 그치느니라

11。喜爱清心的人，因他嘴上的恩言，王必与他为友。
xǐ ài qīng xīn dè rén yīn tā zuǐ shàng dè ēn yán wáng bì yǔ tā wéi yǒu
心喜清潔者、口辭必善、王以之爲友、
He that loveth pureness of heart, for the grace of his lips the king shall be his friend.
心のきよさを 愛し, 優しく 話をする 者は, 王がその 友となる.

마음의 정결을 사모하는 자의 입술에는 덕이 있으므로 임금이 그의 친구가 되느니라

12。耶和华的眼目，眷顾聪明人。却倾败奸诈人的言语。
yé hé huá dè yǎn mù juàn gù cōngmíng rén què qīng bài jiān zhà rén dè yán yǔ
主目眷顧有知識者、使詭詐者之言、歸於無有、
The eyes of the LORD preserve knowledge, and he overthroweth the words of the transgressor.
主の 目は 知識を 見守り, 裏切り 者のことばをくつがえす.

여호와께서는 지식있는 자를 그 눈으로 지키시나 궤사한 자의 말은 패하게 하시느니라

13。懒惰人说，外头有狮子，我在街上，就必被杀。
lǎn duò rén shuō wài tóu yǒu shī zǐ wǒ zài jiē shàng jiù bì bèi shā
怠者嘗曰、衢有獅、我必在途間被殺、
The slothful man saith, There is a lion without, I shall be slain in the streets.
なまけ 者は 言う. 「獅子が 外にいる. 私はちまたで 殺される. 」と.

게으른 자는 말하기를 사자가 밖에 있은 즉 내가 나가면 거리에서 찢기겠다 하느니라

14。淫妇的口为深坑，耶和华所憎恶的，必陷在其中。
yín fù dė kǒu wéi shēnkēng yé hé huá suǒ zēng è dė bì xiàn zài qí zhōng
淫婦之口有如深阱、干犯主怒者、必陷其中、
The mouth of strange women is a deep pit: he that is abhorred of the LORD shall fall therein.
他國の 女の 口車は 深い 穴のようだ. 主の 憤りに 觸れた 者が そこに 落ち 込む.

음녀의 입은 깊은 함정이라 여호와의 노를 당한 자는 거기 빠지리라

15。愚蒙迷住孩童的心，用管教的杖可以远远赶除。
yú méng mí zhù hái tóng dė xīn yòngguǎn jiào dė zhàng kě yǐ yuǎnyuǎn gǎn chú
愚存於子之心、以杖扑則可除之、
Foolishness is bound in the heart of a child; but the rod of correction shall drive it far from him.
愚かさは 子どもの 心につながれている. 懲らしめの 杖がこれを 斷ち 切る.

아이의 마음에는 미련한 것이 얽혔으나 징계하는 채찍이 이를 멀리 좇아내리라

16。欺压贫穷为要利已的，并送礼与富户的，都必缺乏。
qī yā pín qióng wéi yào lì yǐ dė bìngsòng lǐ yǔ fù hù dė dū bì quē fá
虐貧者欲增其所有、是以富加富終必缺乏、
He that oppresseth the poor to increase his riches, and he that giveth to the rich, shall surely come to want.
自分を 富まそうと 寄る べ のない 者をしいたげる 人, 富む 人に 與える 者は, 必ず 乏しくなる.

이를 얻으려고 가난한 자를 학대하는 자와 부자에게 주는 자는 가난하여질 뿐이니라

17。你须侧耳听受智慧的言语，留心领会我的知识。
nǐ xū cè ěr tīngshòu zhì huì dė yán yǔ liú xīn lǐng huì wǒ dė zhī shí
爾當側耳以聽智者之言、以心領會我之達道、
Bow down thine ear, and hear the words of the wise, and apply thine heart unto my knowledge.
耳を 傾けて, 知惠のある 者のことばを 聞け. あなたの 心を 私の 知識に 向けよ.

너는 귀를 기울여 지혜 있는 자의 말씀을 들으며 내 지식에 마음을 둘지어다

18。你若心中存记，嘴上咬定，这便为美。
nǐ ruò xīn zhōng cún jì zuǐ shàng yǎo dìng zhè biàn wéi měi
守之於心、述之以口、斯爲美、
For it is a pleasant thing if thou keep them within thee; they shall withal be fitted in thy lips.
これらをあなたのうちに 保つなら， 楽しいことだ． これらをみな， あなたのくちびるに 備えておけ．

이것을 네 속에 보존하며 네 입술에 있게 함이 아름다우니라

19。我今日以此特特指教你，为要使你倚靠耶和华。
wǒ jīn rì yǐ cǐ tè tè zhǐ jiào nǐ wéi yào shǐ nǐ yǐ kào yé hé huá
我今日特示於爾、以使爾仰賴主、
That thy trust may be in the LORD, I have made known to thee this day, even to thee.
あなたが 主に 據り 賴むことができるように， 私はきょう， 特にあなたに 敎える．

내가 너로 여호와를 의뢰하게 하려 하여 이것을 오늘 특별히 네게 알게 하였노니

20。谋略和知识的美事，我岂没有写给你么。
móu lüè hé zhī shí dè měi shì wǒ qǐ méi yǒu xiě gěi nǐ mè
謀畧及道學、我已爲再三錄之、
Have not I written to thee excellent things in counsels and knowledge,
私はあなたのために， 勸告と 知識についての 三十句を 書いたではないか．

내가 모략과 지식의 아름다운 것을 기록하여

21。要使你知道真言的实理，你好将真言回覆那打发你来的人。
yào shǐ nǐ zhī dào zhēn yán dè shí lǐ nǐ hǎo jiāng zhēn yán huí fù nà dǎ fā nǐ lái dè rén
我示爾眞言之實理、使爾能以眞言答遣爾者、
That I might make thee know the certainty of the words of truth; that thou mightest answer the words of truth to them that send unto thee?
これはあなたに 眞理のことばの 確かさを 敎え， あなたを 遣わした 者に 眞理のことばを 持ち 歸らせるためである．

너로 진리의 확실한 말씀을 깨닫게 하며 또 너를 보내는 자에게 진리의 말씀으로 회답하게 하려 함이 아니냐

22。贫穷人，你不可因他贫穷，就抢夺他的物。也不可在城门
pín qióng rén nǐ bù kě yīn tā pín qióng jiù qiǎng duó tā dè wù yě bù kě zài chéng mén

口欺压困苦人。
kǒu qī yā kùn kǔ rén
貧者旣貧、勿加淩虐、勿在公庭、欺淩窮苦之人、
Rob not the poor, because he is poor: neither oppress the afflicted in the gate:
貧しい 者を, 彼が 貧しいからといって, かすめ 取るな. 悩む 者を 門のところで 押えつけるな.

약한 자를 약하다고 탈취하지 말며 곤고한 자를 성문에서 압제하지 말라

23。因耶和华必为他辨屈。抢夺他的，耶和华必夺取那人的命。
yīn yé hé huá bì wéi tā biàn qū qiǎng duó tā dè yé hé huá bì duó qǔ nà rén dè mìng
蓋主必伸其 寃、凡欺之使其心憂者、主必懲罰、
For the LORD will plead their cause, and spoil the soul of those that spoiled them.
主が 彼らの 訴えを 弁護し, 彼らを 奪う 者のいのちを 奪うからだ.

대저 여호와께서 신원하여 주시고 또 그를 노략하는 자의 생명을 빼앗으시리라

24。好生气的人，不可与他结交。暴怒的人，不可与他来往。
hǎo shēng qì dè rén bù kě yǔ tā jié jiāo bào nù dè rén bù kě yǔ tā lái wǎng
遽怒者勿與之交、不懲忿者勿與之偕、
Make no friendship with an angry man; and with a furious man thou shalt not go:
おこりっぽい 者と 交わるな. 激しやすい 者といっしょに 行くな.

노를 품는 자와 사귀지 말며 울분한 자와 동행하지 말지니

25。恐怕你效法他的行为，自己就陷在网罗里。
kǒng pà nǐ xiào fǎ tā dè xíng wéi zì jǐ jiù xiàn zài wǎng luó lǐ
恐效其道、自陷網羅、
Lest thou learn his ways, and get a snare to thy soul.
あなたがそのならわしにならって, 自分自身がわなにかかるといけないから.

그 행위를 본받아서 네 영혼을 올무에 빠칠까 두려움이니라

26。不要与人击掌，不要为欠债的作保。
bù yào yǔ rén jī zhǎng bù yào wéi qiàn zhài dè zuò bǎo
爾勿擊掌、勿爲人所負之債作保、
Be not thou one of them that strike hands, or of them that are sureties for debts.

あなたは 人と 誓約をしてはならない, 他人の 負債の 保證人と なってはならない.

너는 사람으로 더불어 손을 잡지 말며 남의 빚에 보증이 되지 말라

27。你若没有什么偿还，何必使人夺去你睡卧的床呢。
nǐ ruò méi yǒu shén mė cháng hái hé bì shǐ rén duó qù nǐ shuì wò dė chuáng ní
恐爾不能償、人則奪爾所臥之牀、
If thou hast nothing to pay, why should he take away thy bed from under thee?
あなたに, 償うものがないとき, 人があなたの 下から 寢床を 奪い 取ってもよかろうか.

만일 갚을 것이 없으면 네 누운 침상도 빼앗길 것이라 네가 어찌 그리하겠느냐

28。你先祖所立的地界，你不可挪移。
nǐ xiān zǔ suǒ lì dė dì jiè nǐ bù kě nuó yí
昔時之田界、爾先人所定者、不可遷移、
Remove not the ancient landmark, which thy fathers have set.
あなたの 先祖が 立てた 昔からの 地境を 移してはならない.

네 선조의 세운 옛 지계석을 옮기지 말지니라

29。你看见办事殷勤的人么，他必站在君王面前，必不站在下贱人面前。
nǐ kàn jiàn bàn shì yīn qín dė rén mė tā bì zhàn zài jūn wángmiànqián bì bù zhàn zài xià jiàn rén miànqián
爾見人作事殷勸、可逆料其將侍於王前、必不久居賤人之中、
Seest thou a man diligent in his business? he shall stand before kings; he shall not stand before mean men.
じょうずな 仕事をする 人を 見たことがあるか. その 人は 王の 前には 立つが, 身分の 卑しい 人の 前には 立たない.

네가 자기 사업에 근실한 사람을 보았느냐 이러한 사람은 왕 앞에 설 것이요 천한 자 앞에 서지 아니하리라

제 23 장

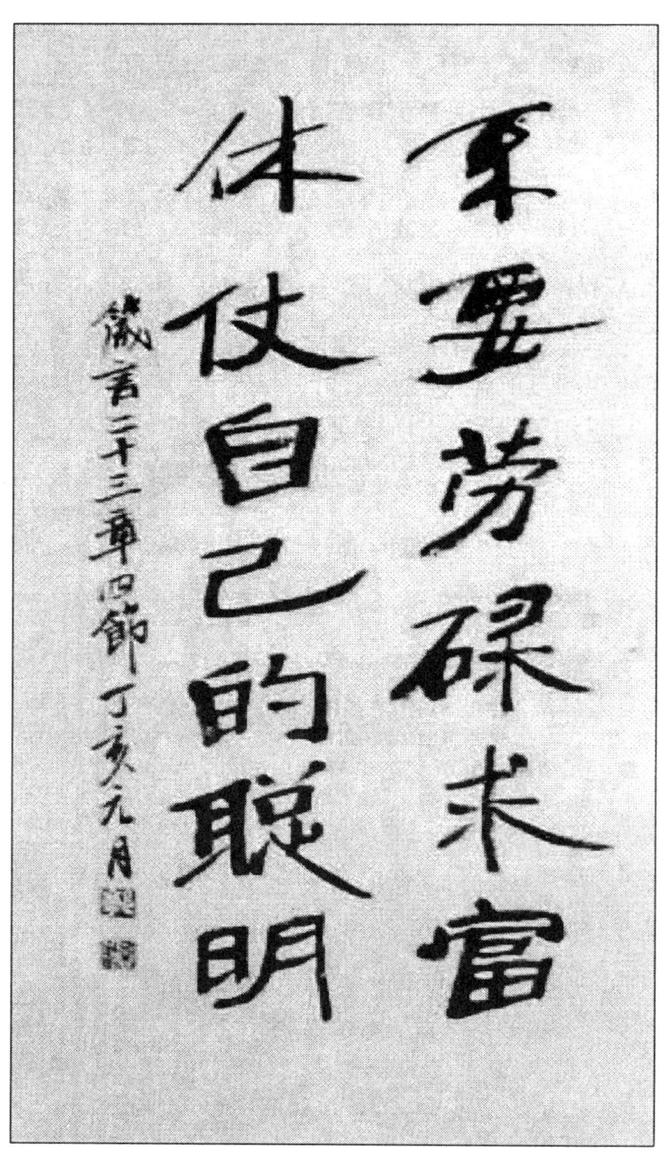

1。 你若与官长成坐席，要留意在你面前的是谁。
nǐ ruò yǔ guānchángchéng zuò xí yào liú yì zài nǐ miànqián dè shì shéi
爾如長者同席、必愼思在爾前者爲誰、
When thou sittest to eat with a ruler, consider diligently what is before thee:
あなたが 支配者と 食事の席に 着くときは, あなたの 前にある 物に, よく 注意するがよい.

네가 관원과 함께 앉아 음식을 먹게 되거든 삼가 네 앞에 있는 자가 누구인지 생각하며

2。 你若是贪食的，就当拿刀放在喉咙上。
nǐ ruò shì tān shí dè jiù dāng ná dāo fàng zài hóu lóngshàng
如爾貪食、莫若以刀置於喉、
And put a knife to thy throat, if thou be a man given to appetite.
あなたが 食欲の 盛んな 人であるなら, あなたののどに 短刀を 當てよ.

네가 만일 탐식자여든 네 목에 칼을 둘 것이니라

3。 不可贪恋他的美事，因为是哄人的食物。
bù kě tān liàn tā dè měi shì yīn wéi shì hōng rén dè shí wù
勿貪其珍饈、蓋宴非善宴、
Be not desirous of his dainties: for they are deceitful meat.
そのごちそうをほしがってはならない. それはまやかす 食物だから.

그 진찬을 탐하지 말라 그것은 간사하게 베푼 식물이니라

4。 不要劳碌求富。休仗自己的聪明。
bù yào láo lù qiú fù xiū zhàng zì jǐ dè cōngmíng
勿專於求富、勿視己爲哲、
Labour not to be rich: cease from thine own wisdom.
富を 得ようと 苦勞してはならない. 自分の 悟りによって, これをやめよ.

부자 되기에 애쓰지 말고 네 사사로운 지혜를 버릴지어다

5。 你岂要定睛在虚无的钱财上么。因钱财必长翅膀，如鹰向天飞去。
nǐ qǐ yào dìng jīng zài xū wú dè qián cái shàng mè yīn qián cái bì cháng chì bǎng rú yīng xiàng tiān fēi qù
爾豈可爲轉瞬卽無之貨財勤勞乎、貨財速去、如空中飛鷹、似乎有翼、
Wilt thou set thine eyes upon that which is not? for riches certainly make themselves wings; they fly away as an eagle toward heaven.
あなたがこれに 目を 留めると, それはもうないではないか. 富

は 必ず 翼をつけて, わしのように 天へ 飛んで 行く.

네가 어찌 허무한 것에 주목하겠느냐 정녕히 재물은 날개를 내어 하늘에 나는 독수리처럼 날아가리라

6。 不要吃恶眼人的饭。也不要贪他的美味。
bù yào chī è yǎn rén dė fàn yě bù yào tān tā dė měi wèi
勿坐吝嗇人之席、勿貪其珍饈、
Eat thou not the bread of him that hath an evil eye, neither desire thou his dainty meats:
欲な 人の 食物を 食べるな. 彼のごちそうを 欲しがるな.

악한 눈이 있는 자의 음식을 먹지 말며 그 진찬을 탐하지 말지어다

7。 因为他心怎样思量，他为人就是怎样。他虽对你说，请
yīn wéi tā xīn zěn yàng sī liáng tā wéi rén jiù shì zěn yàng tā suī duì nǐ shuō qǐng
吃，请喝。他的心却与你向背。
chī qǐng hē tā dė xīn què yǔ nǐ xiàng bèi
蓋其心思如何、爲人卽如何、雖謂爾曰、請食請飮、其意不誠
For as he thinketh in his heart, so is he: Eat and drink, saith he to thee; but his heart is not with thee.
彼は, 心のうちでは 勘定ずくだから. あなたに, 「食え, 飲め. 」と 言っても, その 心はあなたとともにない.

대저 그 마음의 생각이 어떠하면 그 위인도 그러한즉 그가 너더러 먹고 마시라 할지라도 그 마음은 너와 함께하지 아니함이라

8。 你所吃的那点食物，必吐出来。你所说的甘美言语，也
nǐ suǒ chī dė nà diǎn shí wù bì tǔ chū lái nǐ suǒ shuō dė gān měi yán yǔ yě
必落空。
bì luò kōng
爾所食者必致復哇、爾道謝之美詞亦徒然、
The morsel which thou hast eaten shalt thou vomit up, and lose thy sweet words.
あなたは, 食べた 食物を 吐き 出し, あなたの 快いことばをむだにする.

네가 조금 먹은 것도 토하겠고 네 아름다운 말도 헛된 데로 돌아가리라

9。 你不要说话给愚昧人听。因他必藐视你智慧的言语。
nǐ bù yào shuō huà gěi yú mèi rén tīng yīn tā bì miǎo shì nǐ zhì huì dė yán yǔ
愚人前勿論道、恐藐視爾之達言、
Speak not in the ears of a fool: for he will despise the

wisdom of thy words.
愚かな 者に 話しかけるな. 彼はあなたの 思慮深いことばを さげすむからだ.

미련한 자의 귀에 말하지 말지니 이는 그가 네 지혜로운 말을 업신여길 것임이니라

10。不可挪移古时的地界。也不可侵入孤儿的田地。
bù kě nuó yí gǔ shí dė dì jiè yě bù kě qīn rù gū ér dė tián dì
勿遷移古時所定之田界、勿侵奪孤子之田畝、
Remove not the old landmark; and enter not into the fields of the fatherless:
昔からの 地境を 移してはならない. みなしごの 畑にはいり込んではならない.

옛 지계석을 옮기지 말며 외로운 자식의 밭을 침범하지 말찌어다

11。因为他们的救赎主，大有能力。他必向你为他们辨屈。
yīn wéi tā mėn dė jiù shú zhǔ dà yǒu néng lì tā bì xiàng nǐ wéi tā mėn biàn qū
蓋報其仇者具有全能、必懲爾以伸其寃、
For their redeemer is mighty; he shall plead their cause with thee.
彼らの ·い 主は 力強く, あなたに 對する 彼らの 訴えを 弁護されるからだ.

대저 그들의 구속자는 강하시니 너를 대적하사 그 원을 펴시리라

12。你要留心领受训诲。侧耳听知识的言语。
nǐ yào liú xīn lǐng shòu xùn huì cè ěr tīng zhī shí dė yán yǔ
爾當專心受訓誨、側耳聽智言、
Apply thine heart unto instruction, and thine ears to the words of knowledge.
あなたは 訓戒に 意を 用い, 知識のことばに 耳を 傾けよ.

훈계에 착심하며 지식의 말씀에 귀를 기울이라

13。不可不管教孩童，你用杖打他，他必不至于死。
bù kě bù guǎn jiào hái tóng nǐ yòng zhàng dǎ tā tā bì bù zhì yú sǐ
不可不督責履子、爾若以杖扑之、後必不致於取死、
Withhold not correction from the child: for if thou beatest him with the rod, he shall not die.
子どもを 懲らすことを 差し 控えてはならない. むちで 打っても, 彼は 死ぬことはない.
아이를 훈계하지 아니치 말라 채찍으로 그를 때릴지라도 죽지 아니하리라

14。你要用杖打他，就可以救他的灵魂免下阴间。
nǐ yào yòng zhàng dǎ tā jiù kě yǐ jiù tā dė líng hún miǎn xià yīn jiān
爾若以杖扑之、可救其生命、必不致墮示阿勒、
Thou shalt beat him with the rod, and shalt deliver his soul from hell.
あなたがむちで 彼を 打つなら， 彼のいのちをよみから 救うことができる．

그를 채찍으로 때리면 그 영혼을 음부에서 구원하리라

15。我儿你心若存智慧，我的心也甚欢喜。
wǒ ér nǐ xīn ruò cún zhì huì wǒ dė xīn yě shèn huān xǐ
我子如爾心存智慧、我心亦喜悅、
My son, if thine heart be wise, my heart shall rejoice, even mine.
わが 子よ． もし， あなたの 心に 知恵があれば， 私の 心も 喜び,

내 아들아 만일 네 마음이 지혜로우면 나 곧 내 마음이 즐겁겠고

16。你的嘴若说正直话，我的心肠也必快乐。
nǐ dė zuǐ ruò shuō zhèng zhí huà wǒ dė xīn cháng yě bì kuài lè
爾口言方正、我衷亦歡樂、
Yea, my reins shall rejoice, when thy lips speak right things.
あなたのくちびるが 正しいことを 語るなら, 私の 心はおどる.

만일 네 입술이 정직을 말하면 내 속이 유쾌하리라

17。你心中不要嫉妒罪人。只要终日敬畏耶和华。
nǐ xīn zhōng bù yào jí dù zuì rén zhǐ yào zhōng rì jìng wèi yé hé huá
罪人亨通、勿懷妒嫉、惟當終日敬畏主、
Let not thine heart envy sinners: but be thou in the fear of the LORD all the day long.
あなたは 心のうちで 罪人をねたんではならない． ただ 主をいつも 恐れていよ．

네 마음으로 죄인의 형통을 부러워하지 말고 항상 여호와를 경외하라

18。因为至终必有善报。你的指望也不至断绝。
yīn wéi zhì zhōng bì yǒu shàn bào nǐ dė zhǐ wàng yě bù zhì duàn jué
蓋終有善報、必不失望、
For surely there is an end; and thine expectation shall not be cut off.
确かに 終わりがある． あなたの 望みは 断ち 切られることはない．

정녕히 네 장래가 있겠고 네 소망이 끊어지지 아니하리라

19。我儿，你当听，存智慧，好在正道上引导你的心。
wǒ ér nǐ dāng tīng cún zhì huì hǎo zài zhèng dào shàng yǐn dǎo nǐ dè xīn
我子爾當聽徒、當存智慧、當專心行正道、
Hear thou, my son, and be wise, and guide thine heart in the way.
わが 子よ. よく 聞いて, 知恵を 得, あなたの 心に, まっすぐ 道を 歩ませよ.

내 아들아 너는 듣고 지혜를 얻어 네 마음을 정로로 인도할지니라

20。好饮酒的，好吃肉的，不要与他们来往。
hǎo yǐn jiǔ dè hǎo chī ròu dè bù yào yǔ tā mén lái wǎng
沈湎於酒、饕餮於肉者、勿與之交、
Be not among winebibbers; among riotous eaters of flesh:
大酒飲みや, 肉をむさぼり 食う 者と 交わるな.

술을 즐겨하는 자와 고기를 탐하는 자로 더불어 사귀지 말라

21。因为好酒贫食的，必至贫穷。好睡觉的，必穿破烂衣服。
yīn wéi hǎo jiǔ pín shí dè bì zhì pín qióng hǎo shuì jué dè bì chuān pò làn yī fú
蓋貪飲貪食者、必致貧乏、好寢者必衣敝衣、
For the drunkard and the glutton shall come to poverty: and drowsiness shall clothe a man with rags.
大酒飲みとむさぼり 食う 者とは 貧しくなり, 惰眠をむさぼる 者は, ぼろをまとうようになるからだ.

술 취하고 탐식하는 자는 가난하여질 것이요 잠 자기를 즐겨하는 자는 해어진 옷을 입을 것임이니라

22。你要听从生你的父亲。你母亲老了，也不可藐视他。
nǐ yào tīng cóng shēng nǐ dè fù qīn nǐ mǔ qīn lǎo le yě bù kě miǎo shì tā
當聽生爾之父、勿輕忽爾之老母、
Hearken unto thy father that begat thee, and despise not thy mother when she is old.
あなたを 生んだ 父の 言うことを 聞け. あなたの 年老いた 母をさげすんではならない.

너 낳은 아비에게 청종하고 네 늙은 어미를 경히 여기지 말지니라

23。你当买真理。就是智慧，训诲，和聪明，也都不可卖。
nǐ dāng mǎi zhēn lǐ jiù shì zhì huì xùn huì hé cōng míng yě dū bù kě mài
當求得眞理、智慧、訓誨、達道、永守莫失、
Buy the truth, and sell it not; also wisdom, and instruction, and understanding.
眞理を 買え. それを 賣ってはならない. 知恵と 訓戒と 悟りも.
진리를 사고서 팔지 말며 지혜와 훈계와 명철도 그리할지니라

24。义人的父亲，必大得快乐。人生智慧的儿子，必因他欢喜。
yì rén dė fù qīn bì dà dé kuài lè rén shēng zhì huì dė ér zǐ bì yīn tā huān xǐ
善人之父必大樂、生子智慧、必因之歡悅、
The father of the righteous shall greatly rejoice: and he that begetteth a wise child shall have joy of him.
正しい 者の 父は 大いに 樂しみ, 知惠のある 子を 生んだ 者はその 子を 喜ぶ.

의인의 아비는 크게 즐거울 것이요 지혜로운 자식을 낳은 자는 그를 인하여 즐거울 것이니라

25。你要使父母欢喜。使生你的快乐。
nǐ yào shǐ fù mǔ huān xǐ shǐ shēng nǐ dė kuài lè
爾當使爾父母歡悅、使生爾者喜樂、
Thy father and thy mother shall be glad, and she that bare thee shall rejoice.
あなたの 父と 母を 喜ばせ, あなたを 産んだ 母を 樂しませよ.

네 부모를 즐겁게 하며 너 낳은 어미를 기쁘게 하라

26。我儿，要将你的心归我。你的眼目，也要喜悦我的道路。
wǒ ér yào jiāng nǐ dė xīn guī wǒ nǐ dė yǎn mù yě yào xǐ yuè wǒ dė dào lù
我子、當一心歸我、爾目當注我示爾之道、
My son, give me thine heart, and let thine eyes observe my ways.
わが 子よ, あなたの 心をわたしに 向けよ. あなたの 目は, わたしの 道を 見守れ.

내 아들아 네 마음을 내게 주며 네 눈으로 내 길을 즐거워할지어다

27。妓女是深坑。外女是窄阱。
jì nǚ shì shēnkēng wài nǚ shì zhǎi jǐng
妓女如深坑、淫婦如窄阱、
For a whore is a deep ditch; and a strange woman is a narrow pit.
遊女は 深い 穴, 見知らぬ 女は 狹い 井戶だから.

대저 음녀는 깊은 구렁이요 이방 여인은 좁은 함정이라

28。他埋伏好像强盗，他使人中多有奸诈的。
tā mái fú hǎo xiàngqiáng dào tā shǐ rén zhōng duō yǒu jiān zhà dė
伏藏若賊、使世間增悖逆之人、
She also lieth in wait as for a prey, and increaseth the transgressors among men.
彼女は 强盜のように 待ち 伏せて, 人々の 間に 裏切り 者を

多くする.

그는 강도 같이 매복하며 인간에 궤사한 자가 많아지게 하느니라

29。谁有祸患，谁有忧愁，谁有争头，谁有哀叹,(或作怨言)
shéi yǒu huò huàn shéi yǒu yōu chóu shéi yǒu zhēng tóu shéi yǒu āi tàn huò zuò yuàn yán

谁无故受伤，谁眼目红赤。
shéi wú gù shòu shāng shéi yǎn mù hóng chì

誰有禍、誰有災、誰爭訟、誰憂慮、誰無故受傷、誰目紅赤、

Who hath woe? who hath sorrow? who hath contentions? who hath babbling? who hath wounds without cause? who hath redness of eyes?

わざわいのある 者はだれか. 嘆く 者はだれか. 争いを 好む 者はだれか. 不平を 言う 者はだれか. ゆえなく 傷を 受ける 者はだれか. 血走った 目をしている 者はだれか.

재앙이 뉘게 있느뇨 근심이 뉘게 있느뇨 분쟁이 뉘게 있느뇨 원망이 뉘게 있느뇨 까닭 없는 창상이 뉘게 있느뇨 붉은 눈이 뉘게 있느뇨

30。就是那流连饮酒，常去寻梢调和酒的人。
jiù shì nà liú lián yǐn jiǔ cháng qù xún shāo diào hé jiǔ dé rén

非深夜飮酒、常來求調和之酒者乎、

They that tarry long at the wine; they that go to seek mixed wine.

ぶどう 酒を 飮みふける 者, 混ぜ 合わせた 酒の 味見をしに 行く 者だ.

술에 잠긴 자에게 있고 혼합한 술을 구하러 다니는 자에게 있느니라

31。酒发红，在杯中闪烁，你补课观看，虽然下咽舒畅，终
jiǔ fā hóng zài bēi zhōng shǎn shuò nǐ bǔ kè guān kàn suī rán xià yān shū chàng zhōng

久是咬你如蛇，刺你如毒蛇。
jiǔ shì yǎo nǐ rú shé cì nǐ rú dú shé

酒醇而紅、在杯顯其美色、下咽暢適、爾勿戀之、

Look not thou upon the wine when it is red, when it giveth his colour in the cup, when it moveth itself aright.

ぶどう 酒が 赤く, 杯の 中で 輝き, なめらかにこぼれるとき, それを 見てはならない.

포도주는 붉고 잔에서 번쩍이며 순하게 내려가나니 너는 그것을 보지도 말지어다

32。

蓋終必害爾如蛇噬、傷爾如虺毒、
At the last it biteth like a serpent, and stingeth like an adder.
あとでは， これが 蛇のようにかみつき， まむしのように 刺す.

이것이 마침내 뱀 같이 물 것이요 독사 같이 쏠 것이며

33。你眼必看见异怪的事。(异怪的事或作淫妇) 你心必发出
nǐ yǎn bì kàn jiàn yì guài dé shì yì guài dé shì huò zuò yín fù nǐ xīn bì fā chū
乖谬的话。
guāi miù dé huà
必使爾目注淫婦心思邪僻、
Thine eyes shall behold strange women, and thine heart shall utter perverse things.
あなたの 目は， 異様な 物を 見， あなたの 心は， ねじれごとをしゃべり，

또 네 눈에는 괴이한 것이 보일 것이요 네 마음은 망령된 것을 발할 것이며

34。你必像躺在海中，或像卧在桅杆上。
nǐ bì xiàng tǎng zài haǐ zhōng huò xiàng wò zài wéi gān shàng
必使爾如寢於海中、臥於桅頂、
Yea, thou shalt be as he that lieth down in the midst of the sea, or as he that lieth upon the top of a mast.
海の 眞中で 寢ている 人のように, 帆柱のてっぺんで 寢ている 人のようになる.
너는 바다 가운데 누운 자 같을 것이요 돛대 위에 누운 자 같을이며

35。你必说，人打我，我却未受伤，人鞭打我，我竟不觉得
nǐ bì shuō rén dǎ wǒ wǒ què wèi shòu shāng rén biān dǎ wǒ wǒ jìng bù jué dé
，我几时清醒，我仍去寻酒。
wǒ jǐ shí qīng xǐng wǒ réng qù xún jiǔ
必使爾曰、人雖撻我我不痛、人雖傷我、我不覺、我何時醒、仍復求酒、
They have stricken me, shalt thou say, and I was not sick; they have beaten me, and I felt it not: when shall I awake? I will seek it yet again.
「私はなぐられたが， 痛くなかった． 私はたたかれたが， 知らなかった． いつ， 私はさめるだろうか． もっと 飲みたいものだ．」
네가 스스로 말하기를 사람이 나를 때려도 나는 아프지 아니하고 나를 상하게 하여도 내게 감각이 없도다 내가 언제나 깰까 다시 술을 찾겠다 하리라

제 24 장

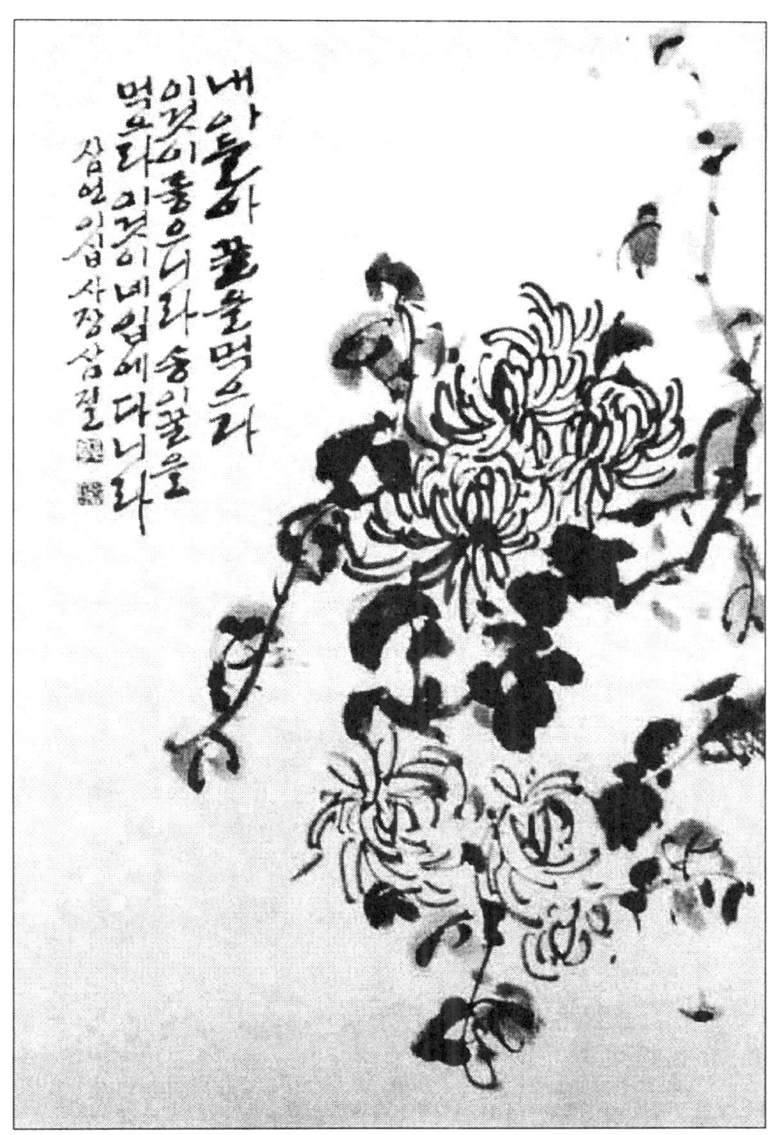

1。 你不要嫉妒恶人，也不要起意与他们相处。
nǐ bù yào jí dù è rén yě bù yào qǐ yì yǔ tā ménxiāngchù
惡人亨通、勿妒之、勿羨與之偕處、
Be not thou envious against evil men, neither desire to be with them.
悪い 者たちをねたんではならない. 彼らとともにいることを望んではならない.

너는 악인의 형통을 부러워하지 말며 그와 함께 있기도 원하지 말지어다

2。 因为他们的心，图谋强暴。他们的口谈论奸恶。
yīn wéi tā mén dė xīn tú móuqiáng bào tā mén dė kǒu tán lùn jiān è
因其心懷奸險、口出毒言、
For their heart studieth destruction, and their lips talk of mischief.
彼らの 心は 暴虐を 圖り, 彼らのくちびるは 害毒を 語るからだ.

그들의 마음은 강포를 품고 그 입술은 잔해를 말함이니라

3。 旁屋因智慧建造，又因聪明立稳。
páng wū yīn zhì huì jiàn zào yòu yīn cōngmíng lì wěn
家室建立、俱由智慧、家庭堅定、俱憑明哲、
Through wisdom is an house builded; and by understanding it is established:
家は 知恵によって 建てられ, 英知によって 堅くされる.

집은 지혜로 말미암아 건축되고 명철로 말미암아 견고히 되며

4。 其中因知识充满各样美好宝贵的财物。
qí zhōng yīn zhī shí chōngmǎn gè yàng měi hǎo bǎo guì dė cái wù
屋中充滿諸類寶貴之貨財、皆以知識、
And by knowledge shall the chambers be filled with all precious and pleasant riches.
部屋は 知識によってすべて 尊い, 好ましい 寶物で 滿たされる.

또 방들은 지식으로 말미암아 각종 귀하고 아름다운 보배로 채우게 되느니라

5。 智慧人大有能力。有知识的人，力上加力。
zhì huì rén dà yǒunéng lì yǒu zhī shí dė rén lì shàng jiā lì
智者有能、識者力强、
A wise man is strong; yea, a man of knowledge increaseth strength.
知恵のある 人は 力强い. 知識のある 人は 力を 增す.

지혜 있는 자는 강하고 지식 있는 자는 힘을 더하나니

6。 你去打仗，要凭智谋。谋士众多，人便得胜。凭=憑
nǐ qù dǎ zhàng yào píng zhì móu móu shì zhòng duō rén biàn dé shèng píng
爾欲戰、必先設良策、議士多、或可獲勝、
For by wise counsel thou shalt make thy war: and in multitude of counsellors there is safety.
あなたはすぐれた 指揮のもとに 戰いを 交え, 多くの 助言者に よって 勝利を 得る.

너는 모략으로 싸우라 승리는 모사가 많음에 있느니라

7。 智慧极高， 非愚昧人所以在城门内， 不敢开口。
zhì huì jí gāo fēi yú mèi rén suǒ yǐ zài chéngmén nèi bù gǎn kāi kǒu
愚人視智慧、高不可及、故在公庭不敢啓口、
Wisdom is too high for a fool: he openeth not his mouth in the gate.
愚か 者には 知恵はさんごのようだ. 彼は 門のところで, 口を 開くことができない.

지혜는 너무 높아서 미련한 자의 미치지 못할 것이므로 그는 성문에서 입을 열지 못하느니라

8。 设计作恶的，必称你奸人。
shè jì zuò è dė bì chēng nǐ jiān rén
暗謨行害者、人必稱爲邪惡人、
He that deviseth to do evil shall be called a mischievous person.
惡事を 働こうとたくらむ 者は, 陰謀家と 言われている.

악을 행하기를 꾀하는 자를 일컬어 사특한 자라 하느니라

9。 愚妄人的思念，乃是罪恶。亵慢者为人所憎恶。
yú wàng rén dė sī niàn nǎi shì zuì è xiè màn zhě wéi rén suǒ zēng è
愚者所謀、皆爲罪孽、侮慢之人、衆所甚惡、
The thought of foolishness is sin: and the scorner is an abomination to men.
愚かなはかりごとは 罪だ. あざける 者は 人に 忌みきらわれる.

미련한 자의 생각은 죄요 거만한 자는 사람의 미움을 받느니라

10。 你在患难之日若胆怯，你的力量就微小。
nǐ zài huàn nán zhī rì ruò dǎn qiè nǐ dė lì liáng jiù wēi xiǎo
爾遭難之日若畏怯、爾力亦衰微、
If thou faint in the day of adversity, thy strength is small.

もしあなたが 苦難の 日に 氣落ちしたら, あなたの 力は 弱い.

네가 만일 환난 날에 낙담하면 네 힘의 미약함을 보임이니라

11。人被拉到死地，你要解救。人将被杀，你须拦阻。
rén bèi lā dào sǐ dì nǐ yào jiě jiù rén jiāng bèi shā nǐ xū lán zǔ
被曳於死地者、爾當拯之、將見殺戮者、爾不可不救護、
If thou forbear to deliver them that are drawn unto death, and those that are ready to be slain;
捕えられて 殺されようとする 者を 救い 出し, 虐殺されようとする 貧困者を 助け 出せ.

너는 사망으로 끌려가는 자를 건져주며 살륙을 당하게 된 자를 구원하지 아니치 말라

12。你若说，这事我未曾知道. 那衡量人心的，岂不明白么。保守你命的，岂不知道么。他岂不按各人所行的，报应各人么.
nǐ ruò shuō zhè shì wǒ wèi zēng zhī dào nà héngliáng rén xīn dè qǐ bù míng bái mè bǎo shǒu nǐ mìng dè qǐ bù zhī dào mè tā qǐ bù àn gè rén suǒ xíng dè bào yìng gè rén mè
爾若諉曰、此我所不知、爾當思鑒察人心者心明曉、保爾生命者必洞悉、必按人所行者施報於人
If thou sayest, Behold, we knew it not; doth not he that pondereth the heart consider it? and he that keepeth thy soul, doth not he know it? and shall not he render to every man according to his works?
もしあなたが,「私たちはそのことを 知らなかった.」と 言っても, 人の 心を 評價する 方は, それを 見拔いておられないだろうか. あなたのたましいを 見守る 方は, それを 知らないだろうか. この 方はおのおの, 人の 行ないに 應じて 報いないだろうか.

네가 말하기를 나는 그것을 알지 못하였노라 할지라도 마음을 저울질 하시는 이가 어찌 통찰하지 못하시겠으며 네 영혼을 지키시는 이가 어찌 알지 못하시겠느냐 그가 각 사람의 행위대로 보응하시리라

13。我儿，你要吃蜜，因为是好的。吃蜂房下滴的蜜，更觉甘甜。
wǒ ér nǐ yào chī mì yīn wéi shì hǎo dè chī fēngfáng xià dī dè mì gēng jué gān tián
我子、爾食蜂房之蜜、以其味美、甘於爾肟、 肟(악)=齶(잇몸 악)
My son, eat thou honey, because it is good; and the honeycomb, which is sweet to thy taste:
わが 子よ. 蜜を 食べよ, それはおいしい, 蜂の 巣の 蜜はあなたの 口に 甘い.

내 아들아 꿀을 먹으라 이것이 좋으니라 송이꿀을 먹으라 이것이 네 입에 다니라

14。你心得了智慧，也必觉的如此。 你若找着，至终必有善
nǐ xīn dé le zhì huì yě bì jué dė rú cǐ nǐ ruò zhǎozhuó zhì zhōng bì yǒu shàn
报。你的指望，也不至断绝。
bào nǐ dė zhǐ wàng yě bù zhì duàn jué
爾心得智慧、亦當視爲若是、爾得智慧、終有大益、必不至於失望、
So shall the knowledge of wisdom be unto thy soul: when thou hast found it, then there shall be a reward, and thy expectation shall not be cut off.
知恵もあなたのたましいにとっては, そうだと 知れ. それを 見つけると, 良い 終わりがあり, あなたの 望みは 断たれることがない.

지혜가 네 영혼에게 이와 같은 줄을 알라 이것을 얻으면 정녕히 네 장래가 있겠고 네 소망이 끊어지지 아니하리라

15。你这恶人，不要埋伏攻击义人的家。不要毁坏他安居之所。
nǐ zhè è rén bù yào mái fú gōng jī yì rén dė jiā bù yào huǐ huài tā ān jū zhī suǒ
惟爾惡人、勿窺善人之家、勿擾其居、
Lay not wait, O wicked man, against the dwelling of the righteous; spoil not his resting place:
惡者よ. 正しい 人の 住まいをねらうな. 彼のいこいの 場所を 荒らすな.

악한 자여 의인의 집을 엿보지 말며 그 쉬는 처소를 헐지 말지니라

16。因为义人虽七次跌倒，仍必兴起。恶人却被祸患倾倒。
yīn wéi yì rén suī qī cì diē dǎo réng bì xīng qǐ è rén què bèi huò huànqīng dǎo
蓋善人雖七蹶而復興、惡人終陷於禍、
For a just man falleth seven times, and riseth up again: but the wicked shall fall into mischief.
正しい 者は 七たび 倒れても, また 起き 上がるからだ. 惡者はつまずいて 滅びる.

대저 의인은 일곱 번 넘어질지라도 다시 일어나려니와 악인은 재앙으로 인하여 엎드러지느니라

17。你仇敌跌到，你不要欢喜。他倾倒，你心不要快乐。
nǐ chóu dí diē dào nǐ bù yào huān xǐ tā qīng dǎo nǐ xīn bù yào kuài lè
爾敵傾履、不可欣喜、被顚蹶時、爾心勿歡樂、
Rejoice not when thine enemy falleth, and let not thine heart be glad when he stumbleth:
あなたの 敵が 倒れるとき, 喜んではならない. 彼がつまずくとき, あなたは 心から 樂しんではならない.

네 원수가 넘어질 때에 즐거워하지 말며 그가 엎드러질 때에 마음에 기뻐하지 말라

18。恐怕耶和华看见就不喜悦，将怒气从仇敌身上转过来。
kǒng pà yé hé huá kàn jiàn jiù bù xǐ yuè jiāng nù qì cóngchóu dí shēnshàngzhuǎn guò lái
爾若歡樂、恐主見之不悅、由彼遷怒於爾、
Lest the LORD see it, and it displease him, and he turn away his wrath from him.
主がそれを 見て， 御心を 痛め， 彼への 怒りをやめられるといけないから．

여호와께서 이것을 보시고 기뻐 아니하사 그 진노를 그에게서 옮기실까 두려우니라

19。不要为作恶的心怀不平。也不要嫉妒恶人。
bù yào wéi zuò è dé xīn huái bù píng yě bù yào jí dù è rén
爲非者得意、勿懷不平、惡人亨通、勿生妒嫉、
Fret not thyself because of evil men, neither be thou envious at the wicked:
惡を 行なう 者に 對して 腹を 立てるな． 惡者に 對してねたみを 起こすな．

너는 행악자의 득의함을 인하여 분을 품지 말며 악인의 형통을 부러워하지 말라

20。因为恶人终不得善报。恶人的灯也必熄灭。
yīn wéi è rén zhōng bù dé shàn bào è rén dé dēng yě bì xī miè
蓋惡人終無善報、惡者之燈必滅、
For there shall be no reward to the evil man; the candle of the wicked shall be put out.
惡い 者には 良い 終わりがなく， 惡者のともしびは 消えるから．

대저 행악자는 장래가 없겠고 악인의 등불은 꺼지리라

21。我儿，你要敬畏耶和华与君王。不要与反覆无常的人结交。
wǒ ér nǐ yào jìng wèi yé hé huá yǔ jūn wáng bù yào yǔ fǎn fù wú cháng dé rén jié jiāo
我子、當畏主而尊王、勿與叛逆之人交、
My son, fear thou the LORD and the king: and meddle not with them that are given to change:
わが 子よ． 主と 王とを 恐れよ． そむく 者たちと 交わってはならない．

내 아들아 여호와와 왕을 경외하고 반역자로 더불어 사귀지 말라

22。因为他们的灾难，必忽然而起。 耶和华与君王所施行的毁
yīn wéi tā mén dė zāi nán bì hū rán ér qǐ yé hé huá yǔ jūn wáng suǒ shī xíng dė huǐ
灭，谁能知道呢。
miè shéinéng zhī dào ní
因其災忽至、主與王降罰、孰能先知、
For their calamity shall rise suddenly; and who knoweth the ruin of them both?
たちまち 彼らに 災難が 起こるからだ. このふたりから 來る 滅びを だれが 知りえようか.

대저 그들의 재앙은 속히 임하리니 이 두 자의 멸망을 누가 알랴

23。以下也是智慧人的箴言。审判时看人的情面，是不好的。
yǐ xià yě shì zhì huì rén dė zhēn yán shěn pàn shí kàn rén dė qíng miàn shì bù hǎo dė
以下之箴言、亦先賢所道遺者、聽訟時、膽徇情面、甚爲不善、
These things also belong to the wise. It is not good to have respect of persons in judgment.
これらもまた, 知惠ある 者による. さばくときに, 人をかたより 見るのはよくない.

이것도 지혜로운 자의 말씀이라 재판할 때에 낯을 보아주는 것이 옳지 못하니라

24。对恶人说，你是义人的，这人万民必咒诅，列邦必憎恶。
duì è rén shuō nǐ shì yì rén dė zhè rén wàn mín bì zhòu zǔ liè bāng bì zēng è
斷理曲者爲理直、庶民詛之、國人怨之、
He that saith unto the wicked, Thou are righteous; him shall the people curse, nations shall abhor him:
惡者に 向かって, 「あなたは 正しい. 」と 言う 者を, 人々はののしり, 民はのろう.

무릇 악인더러 옳다 하는 자는 백성에게 저주를 받을 것이요 국민에게 미움을 받으려니와

25。责备恶人的，必得喜悦。美好的福， 也必临到他。
zé bèi è rén dė bì dé xǐ yuè měi hǎo dė fú yě bì lín dào tā
譴責惡人者、必獲益、人爲之祝嘏、必臨其身、
But to them that rebuke him shall be delight, and a good blessing shall come upon them.
しかし, 惡者を 責める 者は 喜ばれ, 彼らにはしあわせな 祝福が 與えられる.

오직 그를 견책하는 자는 기쁨을 얻을 것이요 또 좋은 복을 받으리라

26。应对正直的，犹如与人亲嘴。
yìng duì zhèng zhí dė yóu rú yǔ rén qīn zuǐ
以眞言應對、猶如與人接吻爲禮、
Every man shall kiss his lips that giveth a right answer.
正しい 答えをする 者は， そのくちびるに 口づけされる.

적당한 말로 대답함은 입맞춤과 같으니라

27。你要在外头豫备工料，在田间办理整齐，然后建造房屋。
nǐ yào zài wài tóu yù bèi gōng liào zài tián jiān bàn lǐ zhěng qí rán hòu jiàn zào fáng wū
爾先在外理爾事、在田經營農務、然後建室、
Prepare thy work without, and make it fit for thyself in the field; and afterwards build thine house.
外であなたの 仕事を 確かなものとし，あなたの 畑を 整え， そのあとで， あなたは 家を 建てよ.

네 일을 밖에서 다스리며 밭에서 예비하고 그 후에 네 집을 세울지니라

28。不可无故作见证，陷害邻舍。也不可用嘴欺骗人。
bù kě wú gù zuò jiàn zhèng xiàn hài lín shè yě bù kě yòng zuǐ qī piàn rén
勿妄證陷鄰、勿以言欺人、
Be not a witness against thy neighbour without cause; and deceive not with thy lips.
あなたは， 理由もないのに， あなたの 隣人をそこなう 證言をしてはならない. あなたのくちびるで 惑わしてはならない.

너는 까닭 없이 네 이웃을 쳐서 증인이 되지 말며 네 입술로 속이지 말지니라

29。不可说，人怎样对待我，我也怎样待他，我必照他所行的报复他。
bù kě shuō rén zěn yàng duì dài wǒ wǒ yě zěn yàng dài tā wǒ bì zhào tā suǒ xíng dė bào fù tā
勿言人待我如何、我亦待人如何、我必循其所行而報之、
Say not, I will do so to him as he hath done to me: I will render to the man according to his work.
「彼が 私にしたように，私も 彼にしよう. 私は 彼の 行ないに 應じて，仕返しをしよう,」と 言ってはならない.

너는 그가 내게 행함 같이 나도 그에게 행하여 그 행한대로 갚겠다 말하지 말지니라

30。我经过懒惰人的田地，无知人的葡萄园。
wǒ jīng guò lǎn duò rén dė tián dì wú zhī rén dė pú táo yuán
惰者之田、愚者之葡萄園、我曾經歷、
I went by the field of the slothful, and by the vineyard of the man void of understanding;
私は, なまけ 者の 畑と, 思慮に 欠けている 者のぶどう 畑の そばを, 通った.

내가 증왕에 게으른 자의 밭과 지혜 없는 자의 포도원을 지나며 본즉

31。荆棘长满了地皮，刺草遮盖了田面，石墙也坍塌了。
jīng jí chángmǎn le dì pí cì cǎo zhē gài le tiánmiàn shí qiáng yě tān tā le
見荒草逼地、荊棘叢生、牆垣傾圮、
And, lo, it was all grown over with thorns, and nettles had covered the face thereof, and the stone wall thereof was broken down.
すると, いばらが 一面に 生え, いらくさが 地面をおおい, その 石垣はこわれていた.

가시덤불이 퍼졌으며 거친 풀이 지면에 덮였고 돌담이 무너졌기로

32。我看见就留心思想，我看着就领了训诲。
wǒ kàn jiàn jiù liú xīn sī xiǎng wǒ kàn zhuó jiù lǐng le xùn huì
我見而思之、觀而自警悟曰、
Then I saw, and considered it well: I looked upon it, and received instruction.
私はこれを 見て, 心に 留め, これを 見て, 戒めを 受けた.

내가 보고 생각이 깊었고 내가 보고 훈계를 받았었노라

33。再睡片时，打盹片时，抱着手躺卧片时，
zài shuì piàn shí dǎ dǔn piàn shí bào zhuó shǒu tǎng wò piàn shí
爾若且寢片時、再寢片時、又叉手偃臥片時、
Yet a little sleep, a little slumber, a little folding of the hands to sleep:
しばらく 眠り, しばらくまどろみ, しばらく 手をこまねいて, また 休む.

네가 좀더 자자, 좀더 졸자, 손을 모으고 좀더 눕자 하니 네 빈궁이 강도 같이 오며

34。你的贫穷，就必如强盗速来，你的缺乏，彷佛拿兵器的人来到。
nǐ dė pín qióng jiù bì rú qiáng dào sù lái nǐ dė quē fá fǎng fó ná bīng qì dė rén lái dào
則貧窮臨爾、速如行旅、匱乏及爾、迅如武士、

So shall thy poverty come as one that travelleth; and thy want as an armed man.
だから，あなたの 貧しさは 浮浪者のように，あなたの 乏しさは 横着者のようにやって 來る.

네 곤핍이 군사 같이 이르리라

제 25 장

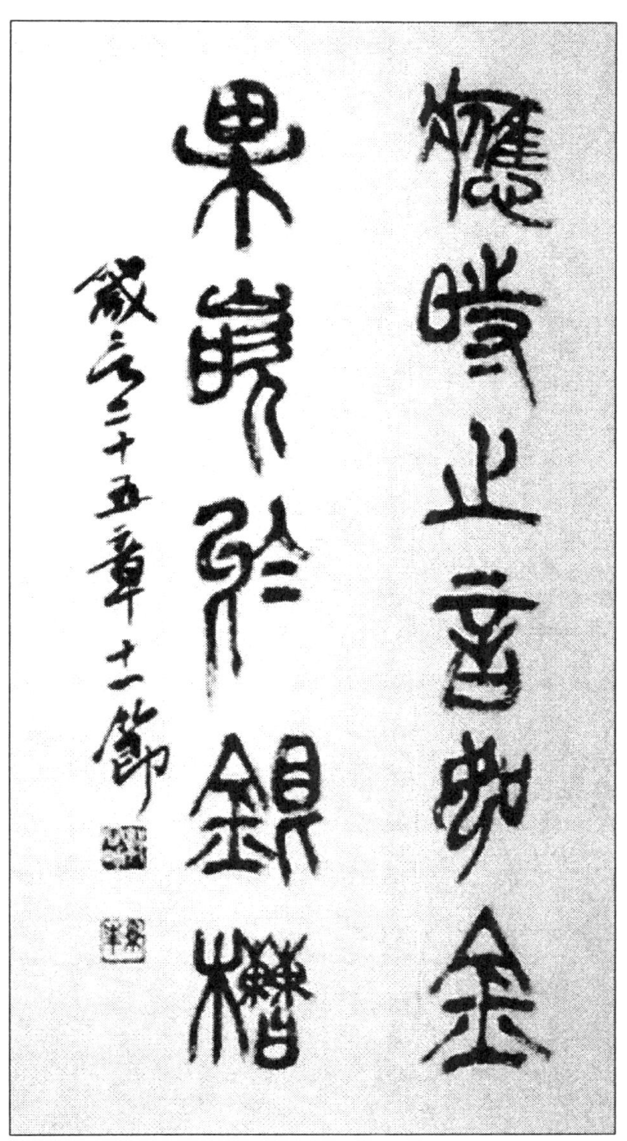

1。 以下也是所罗门的箴言。是犹大王希西家的人所誊录的。
yǐ xià yě shì suǒ luó mén dė zhēn yán shì yóu dà wáng xī xī jiā dė rén suǒ téng lù dė
此以下所羅門之箴言、猶大王希西家之臣所集者、
These are also proverbs of Solomon, which the men of Hezekiah king of Judah copied out.
次もまた ソロモン の ・言であり, ユダ の 王 ヒゼキヤ の 人々が 書き 寫したものである.

이것도 솔로몬의 잠언이요 유다 왕 히스기야의 신하들의 편집한 것이니라

2。 将是隐秘，乃神的荣耀。将事察清，乃君王的荣耀。
jiāng shì yǐn mì nǎi shén dė róng yào jiāng shì chá qīng nǎi jūn wáng dė róng yào
隱事乃上帝之榮、察事乃君王之榮、
It is the glory of God to conceal a thing: but the honour of kings is to search out a matter.
事を 隱すのは 神の 譽れ. 事を 探るのは 王の 譽れ.

일을 숨기는 것은 하나님의 영화요 일을 살피는 것은 왕의 영화니라

3。 天之高，地之厚，君王之心也测不透。
tiān zhī gāo dì zhī hòu jūn wáng zhī xīn yě cè bù tòu
天之高、地之厚、王之心、皆不可測、
The heaven for height, and the earth for depth, and the heart of kings is unsearchable.
天が 高く, 地が 深いように, 王の 心は 測り 知れない.

하늘의 높음과 땅의 깊음 같이 왕의 마음은 헤아릴 수 없느니라

4。 除去银子的渣滓，就有银子出来，银匠能以作器皿。
chú qù yín zǐ dė zhā zǐ jiù yǒu yín zǐ chū lái yín jiàngnéng yǐ zuò qì mǐn
除滓於銀、銀工則用以製器、
Take away the dross from the silver, and there shall come forth a vessel for the finer.
銀から, かなかすを 除け. そうすれば, 練られて 良い 器ができる.

은에서 찌끼를 제하라 그리하면 장색의 쓸만한 그릇이 나올 것이요

5。 除去王面前的恶人，国位就靠公义坚立。
chú qù wángmiànqián dė è rén guó wèi jiù kàogōng yì jiān lì
除惡人於王前、其位則以義以堅、
Take away the wicked from before the king, and his throne shall be established in righteousness.
王の 前から 惡者を 除け. そうすれば, その 王座は 義によって 堅く 据えられる.

왕 앞에서 악한 자를 제하라 그리하면 그 위가 의로 말미암아 견고히 서리라

6。 不要在王面前妄自尊大。不要在大人的位上站立。
bù yào zài wáng miàn qián wàng zì zūn dà　bù yào zài dà rén dè wèi shàng zhàn lì
勿於王前自尊、勿立於位大者之所、
Put not forth thyself in the presence of the king, and stand not in the place of great men:
王の 前で 横柄ぶってはならない. 偉い 人のいる 所に 立っていてはならない.

왕 앞에서 스스로 높은 체 하지말며 대인의 자리에 서지 말라

7。 宁可有人说，请你上来，强如在你觐见的王子面前，叫你退下。
níng kě yǒu rén shuō　qǐng nǐ shàng lái　qiáng rú zài nǐ jìn jiàn dè wáng zǐ miàn qián　jiào nǐ tuì xià
爾在尊者前、與其有人令爾退、不如有人謂爾曰請爾上、
For better it is that it be said unto thee, Come up hither; than that thou shouldest be put lower in the ence of presthe prince whom thine eyes have seen.
高貴な 人の 前で 下に 下げられるよりは, 「ここに 上って 來なさい. 」と 言われるほうがよいからだ. あなたがその 目で 見たことを,

이는 사람이 너더러 이리로 올라오라 하는 것이 네 눈에 보이는 귀인 앞에서 저리로 내려가라 하는 것이니라

8。 不要冒失出去与人争竟，免得至终被他羞辱，你就不知道怎样行了。
bù yào mào shī chū qù yǔ rén zhēng jìng　miǎn dé zhì zhōng bèi tā xiū rǔ　nǐ jiù bù zhī dào zěn yàng xíng le
勿急出與人爭、恐終受人辱、而爾無所能爲、
Go not forth hastily to strive, lest thou know not what to do in the end thereof, when thy neighbour hath put thee to shame.
輕々しく 訴えて 出るな. そうでないと, あとになって, あなたの 隣人があなたに 恥ずかしい 思いをさせたとき, あなたはどうしようとするのか.

너는 급거히 나가서 다투지 말라 마침내 네가 이웃에게 욕을 보게 될 때에 네가 어찌 할 줄을 알지 못할까 두려우니라

9。 你与邻舍争讼，要与他一人辩论。不可泄漏人的密事。
nǐ yǔ lín shè zhēng sòng　yào yǔ tā yī rén biàn lùn　bù kě xiè lòu rén dè mì shì

爾如鄰訟、勿洩他人之密事、
Debate thy cause with thy neighbour himself; and discover not a secret to another:
あなたは 隣人と 争っても, 他人の 秘密を 漏らしてはならない.

너는 이웃과 다투거든 변론만 하고 남의 은밀한 일을 누설하지 말라

10。恐怕听见人骂你，你的臭名就难以脱离。
kǒng pà tīng jiàn rén mà nǐ nǐ dė chòumíng jiù nán yǐ tuō lí
恐聽者責爾、貽羞不已、
Lest he that heareth it put thee to shame, and thine infamy turn not away.
そうでないと, 聞く 者があなたを 侮辱し, あなたの 評判は 取り 返しのつかないほど 惡くなる.

듣는 자가 너를 꾸짖을 터이요 또 수욕이 네게서 떠나지 아니할까 두려우니라

11。一句话说得合宜，就如金苹果在银网子里。
yī jù huà shuō dé hé yí jiù rú jīn píng guǒ zài yín wǎng zǐ lǐ
應時之言、如金果嵌於銀槽、
A word fitly spoken is like apples of gold in pictures of silver.
時宜にかなって 語られることばは, 銀の 彫り 物にはめられた 金のりんごのようだ.

경우에 합당한 말은 아로새긴 은쟁반에 금사과니라

12。智慧人的劝戒，在顺从的人耳中，好像金耳中，和精金的妆饰。
zhì huì rén dė quàn jiè zài shùncóng dė rén ěr zhōng hǎo xiàng jīn ěr zhōng hé jīng jīn dė zhuāng shì
智者之警教、在願聽者之耳中、如金耳環、如精金之飾、
As an earring of gold, and an ornament of fine gold, so is a wise reprover upon an obedient ear.
知惠のある 叱責は, それを 聞く 者の 耳にとって, 金の 耳輪, 黄金の 飾りのようだ.

슬기로운 자의 책망은 청종하는 귀에 금고리와 정금 장식이니라

13。忠信的使者，叫差他的人心里舒肠，就如在收割时，有冰雪的凉气。
zhōng xìn dė shǐ zhě jiào chā tā dė rén xīn lǐ shū cháng jiù rú zài shōu gē shí yǒu bīng xuě dė liáng qì
忠信之使、令遣之之主人暢懷、如穡時得氷雪、旣涼且爽、
As the cold of snow in the time of harvest, so is a faithful

messenger to them that send him: for he refresheth the soul of his masters.
忠實な 使者はこれを 遣わす 者にとって, 夏の 暑い 日の 冷たい 雪のようだ. 彼は 主人の 心を 生き 返らせる.

충성된 사자는 그를 보낸 이에게 마치 추수하는 날에 얼음 냉수같아서 능히 그 주인의 마음을 시원케 하느니라

14。空夸赠送礼物的，好像无雨的风云。
kōng kuā zèngsòng lǐ wù dė hǎo xiàng wú yǔ dė fēng yún
妄自誇詡、言于人而不予、如有風有雲而雨不降、
Whoso boasteth himself of a false gift is like clouds and wind without rain.
贈りもしない 贈り 物を 自慢する 者は, 雨を 降らせない 雲や 風のようだ.

선물한다고 거짓 자랑하는 자는 비 없는 구름과 바람 같으니라

15。恒常忍耐，可以劝动君王。柔和的舌头，能折断骨头。
héngcháng rěn nài kě yǐ quàndòng jūn wáng róu hé dė shé tóu néng zhé duàn gǔ tóu
恆忍可以使君納諫、柔言可以挽回固執、
By long forbearing is a prince persuaded, and a soft tongue breaketh the bone.
忍耐強く 說けば, 首領も 納得する. 柔らかな 舌は 骨を 碎く.

오래 참으면 관원이 그 말을 용납하나니 부드러운 혀는 뼈를 꺾느니라

16。你得了蜜么，只可吃够而已。恐怕你过饱就呕吐出来。
nǐ dé liǎo mì mė zhǐ kě chī gòu ér yǐ kǒng pà nǐ guò bǎo jiù ǒu tǔ chū lái
爾得蜜、食勿越度、恐多食而吐、
Hast thou found honey? eat so much as is sufficient for thee, lest thou be filled therewith, and vomit it.
蜜を 見つけたら, 十分, 食べよ. しかし, 食べすぎて 吐き 出すことがないように.

너는 꿀을 만나거든 족하리만큼 먹으라 과식하므로 토할까 두려우니라

17。你的脚要少进邻舍的家，恐怕他厌烦你，恨恶你。
nǐ dė jiǎo yào shǎo jìn lín shè dė jiā kǒng pà tā yàn fán nǐ hèn è nǐ
爾往友家勿頻數、恐其厭爾惡爾、
Withdraw thy foot from thy neighbour's house; lest he be weary of thee, and so hate thee.

隣人の 家に, 足しげく 通うな. 彼があなたに 飽きて, あなたを 憎むことがないようにせよ.

너는 이웃집에 자주 다니지 말라 그가 너를 싫어하며 미워할까 두려우니라

18。作假见证陷害邻舍的，就是大槌，是利刀，是快箭。
zuò jiǎ jiàn zhèng xiàn hài lín shè dė jiù shì dà chuí shì lì dāo shì kuài jiàn
妄證陷人者、加斧如刀如利箭、
A man that beareth false witness against his neighbour is a maul, and a sword, and a sharp arrow.
隣人に 對し, 僞りの 證言をする 人は, こん 棒, 劍, また 鋭い 矢のようだ.

그 이웃을 쳐서 거짓 증거하는 사람은 방망이요 칼이요 뾰족한 살이니라

19。患难时倚靠不忠诚的人，好像破坏的牙，错骨缝的脚。
huàn nán shí yǐ kào bù zhōng chéng dė rén hǎo xiàng pò huài dė yá cuò gǔ féng dė jiǎo
遭患難時、恃不忠誠之人、如食恃朽齒、行恃跛足、
Confidence in an unfaithful man in time of trouble is like a broken tooth, and a foot out of joint.
苦難の 日に, 裏切り 者に 據り 頼むことは, 惡い 齒や, なえた 足を 頼みとするようなものだ.

환난날에 진실치 못한 자를 의뢰하는 의뢰는 부러진 이와 위골된 발 같으니라

20。对伤心的人唱歌，就如冷天脱衣服，有如碱上倒醋。
duì shāng xīn dė rén chàng gē jiù rú lěng tiān tuō yī fú yǒu rú jiǎn shàng dǎo cù
向傷心之人謳歌、如寒時解衣、如鹼上傾醋、
As he that taketh away a garment in cold weather, and as vinegar upon nitre, so is he that singeth songs to an heavy heart.
心配している 人の 前で 歌を 歌うのは, 寒い 日に 着物を 脱ぐようであり, ソーダ の 上に 酢を 注ぐようなものだ.

마음이 상한 자에게 노래하는 것은 추운 날에 옷을 벗음 같고 쏘다 위에 초를 부음 같으니라

21。你的仇敌，若饿了就给他饭吃。若渴了就给他水喝。
nǐ dė chóu dí ruò è le jiù gěi tā fàn chī ruò kě le jiù gěi tā shuǐ hē
敵饑則食之、敵渴則飲之、
If thine enemy be hungry, give him bread to eat; and if he

be thirsty, give him water to drink:
もしあなたを 憎む 者が 飢えているなら，パン を 食べさせ，渴いているなら， 水を 飲ませよ.

네 원수가 배고파하거든 식물을 먹이고 목말라하거든 물을 마시우라

22。因为这样行，就是把炭火堆在他的头上。耶和华也必赏赐你。
yīn wéi zhè yàngxíng jiù shì bǎ tàn huǒ duī zài tā dė tóu shàng yé hé huá yě bì shǎng cì nǐ
爾如此以待之、猶以熱炭置於其首、而主必償爾、
For thou shalt heap coals of fire upon his head, and the LORD shall reward thee.
あなたはこうして 彼の 頭に 燃える 炭火を 積むことになり，主があなたに 報いてくださる.

그리하는 것은 핀 숯으로 그의 머리에 놓는 것과 일반이요 여호와께서는 네게 상을 주시리라

23。北风生雨，谗谤人的舌头也生怒容。
běi fēngshēng yǔ chánbàng rén dė shé tóu yě shēng nù róng
北風致雲雨、讒言致怒色、
The north wind driveth away rain: so doth an angry countenance a backbiting tongue.
北風は 大雨を 起こし， 陰口をきく 舌は 人を 怒らす.

북풍이 비를 일으킴 같이 참소하는 혀는 사람의 얼굴에 분을 일으키느니라

24。宁可住在房顶的角上，不在宽阔的房屋与争吵的妇人同住。
níng kě zhù zài fángdǐng dė jiǎo shàng bù zài kuānkuò dė fáng wū yǔ zhēngchǎo dė fù rén tóng zhù
寧獨居於房頂之隅、勿與好爭之婦共室、
It is better to dwell in the corner of the housetop, than with a brawling woman and in a wide house.
争い 好きな 女と 社交場にいるよりは， 屋根の 片隅に 住むほうがよい.

다투는 여인과 함께 큰 집에서 사는 것보다 움막에서 혼자 사는 것이 나으니라

25。有好消息从远方来，就如拿凉水给口渴的人喝。
yǒu hǎo xiāo xī cóngyuǎnfāng lái jiù rú ná liángshuǐ gěi kǒu kě dė rén hē
佳音來自遠方、如以冷水予困憊者飲、
As cold waters to a thirsty soul, so is good news from a far country.
遠い 國からの 良い 消息は， 疲れた 人への 冷たい 水のようだ.

먼 땅에서 오는 좋은 기별은 목마른 사람에게 냉수 같으니라

26。义人在恶人面前退缩，好像趟浑之泉，弄浊之井。
yì rén zài è rén miànqián tuì suō hǎo xiàngtàng hún zhī quán nòngzhuó zhī jǐng
善人於惡人前傾躓、如질泉潭井濁、
A righteous man falling down before the wicked is as a troubled fountain, and a corrupt spring.
正しい 人が 惡者の 前に 屈服するのは, きたなくされた 泉, 荒らされた 井戸のようだ.

의인이 악인 앞에 굴복하는 것은 우물의 흐리어짐과 샘의 더러워 짐 같으니라

27。吃蜜过多，是不好的。考究自己的荣耀，也是可厌的。
chī mì guò duō shì bù hǎo dė kǎo jiū zì jǐ dė róng yào yě shì kě yàn dė
食蜜過多非善、考所難考者、亦必徒難、
It is not good to eat much honey: so for men to search their own glory is not glory.
あまり 多くの 蜜を 食べるのはよくない. しかし, りっぱな ことばは 尊重しなければならない.

꿀을 많이 먹는 것이 좋지 못하고 자기의 영예를 구하는 것이 헛되니라

28。人不制服自己的心，好像毁坏的城邑，没有墙垣。
rén bù zhì fú zì jǐ dė xīn hǎo xiàng huǐ huài dė chéng yì méi yǒu qiángyuán
人不制其心如性毁無垣、
He that hath no rule over his own spirit is like a city that is broken down, and without walls.
自分の 心を 制することができない 人は, 城壁のない, 打ちこわされた 町のようだ.

자기의 마음을 제어하지 아니하는 자는 성읍이 무너지고 성벽이 없는 것 같으니라

제 26 장

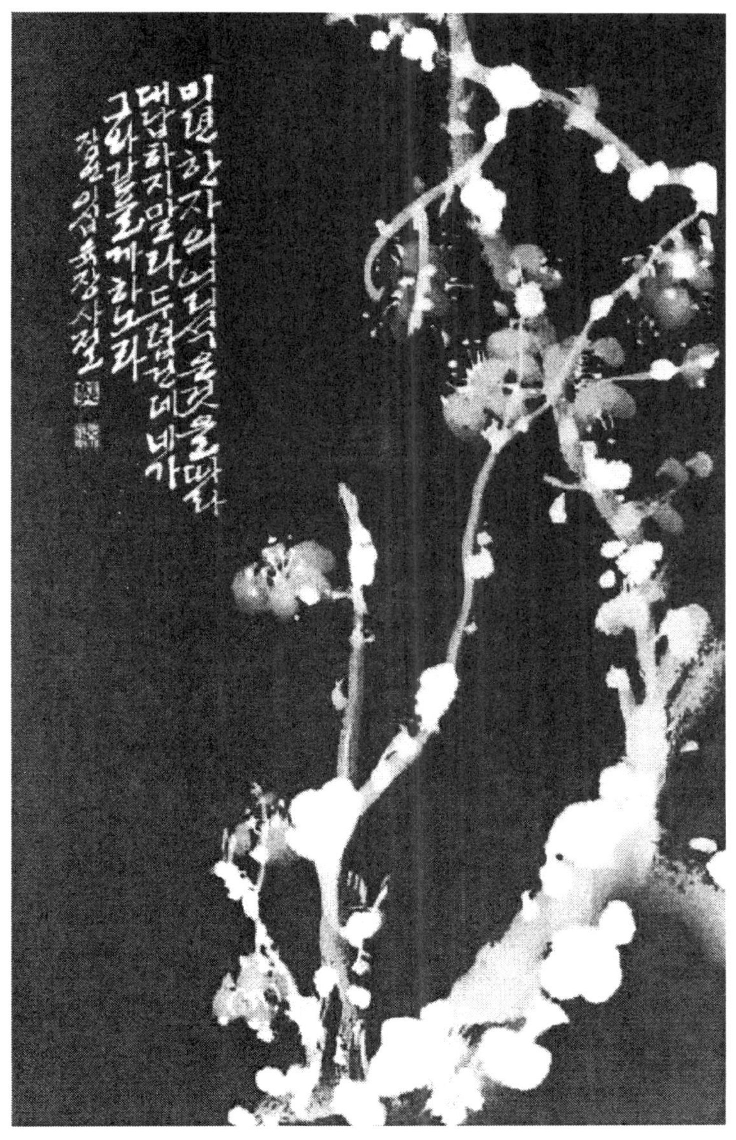

1。 夏天落雪，收割时下雨，都不相宜。愚昧人得尊荣，也
xià tiān luò xuě shōu gē shí xià yǔ dū bù xiāng yí yú mèi rén dé zūn róng yě
是如此。
shì rú cǐ
夏時雨雪、穡時降雨、皆非所宜、愚者得榮亦若是、
As snow in summer, and as rain in harvest, so honour is not seemly for a fool.
譽れが 愚かな 者にふさわしくないのは, 夏の 雪, 刈り 入れ 時の 雨のようだ.

미련한 자에게는 영예가 적당하지 아니하니 마치 여름에 눈오는 것과 추수 때에 비오는 것 같으니라

2。 麻雀往来，燕子翻飞，这样，无敌的咒诅，也必不临到。
má què wǎng lái yàn zǐ fān fei zhè yàng wú dí dè zhòu zǔ yě bì bù lín dào
無故之詛言無驗、如燕雀飛過而不見、
As the bird by wandering, as the swallow by flying, so the curse causeless shall not come.
逃げる 雀のように, 飛び 去るつばめのように, いわれのないのろいはやって 來ない.

까닭 없는 저주는 참새의 떠도는 것과 제비의 날아가는 것 같이 이르지 아니하느니라

3。 鞭子是为打吗。辔头是为勒驴。刑漳是为打愚昧人的肯。
biān zǐ shì wéi dǎ mà pèi tóu shì wéi lè lǘ xíngzhāng shì wéi dǎ yú mèi rén dè kěn
鞭爲馬而備、勒爲驢而備、杖爲愚者之背而備、
A whip for the horse, a bridle for the ass, and a rod for the fool's back.
馬には, むち. ろばには, くつわ. 愚かな 者の 背には, むち.

말에게는 채찍이요 나귀에게는 자갈이요 미련한 자의 등에는 막대기니라

4。 不要照愚昧人的愚妄话回答他，恐怕你与他一样。
bù yào zhào yú mèi rén dè yǔ wàng huà huí dá tā kǒng pà nǐ yǔ tā yī yàng
愚人言癡、爾勿應之、恐爾亦癡、與彼無異、
Answer not a fool according to his folly, lest thou also be like unto him.
愚かな 者には, その 愚かさにしたがって 答えるな. あなたも 彼と 同じようにならないためだ.

미련한 자의 어리석은 것을 따라 대답하지 말라 두렵건대 네가 그와 같을까 하노라

5。 要照愚昧人的愚妄话回答他，免得他自以为有智慧。
yào zhào yú mèi rén dė yú wàng huà huí dá tā miǎn dé tā zì yǐ wéi yǒu zhì huì
愚人言癡、亦有時當應之、恐彼自視爲智、
Answer a fool according to his folly, lest he be wise in his own conceit.
愚かな 者には， その 愚かさにしたがって 答えよ． そうすれば 彼は， 自分を 知恵のある 者と 思わないだろう．

미련한 자의 어리석은 것을 따라 그에게 대답하라 두렵건대 그가 스스로 지혜롭게 여길까 하노라

6。 藉愚昧人手寄的，是砍断自己的脚，自受损害。(自受原作喝)
jiè yú mèi rén shǒu jì dė shì kǎn duàn zì jǐ dė jiǎo zì shòu sǔn hài zì shòu yuán zuò hē
以事託愚人、必致受害、猶如自斷其足、
He that sendeth a message by the hand of a fool cutteth off the feet, and drinketh damage.
愚かな 者にことづけする 者は， 自分の 兩足を 切り， 身に害を 受ける．

미련한 자 편에 기별하는 것은 자기의 발을 베어 버림이라 해를 받느니라

7。 瘸子的脚，空存无用。箴言在愚昧人的口中，也是如此。
qué zǐ dė jiǎo kōng cún wú yòng zhēn yán zài yú mèi rén dė kǒu zhōng yě shì rú cǐ
跛者之足、空存無用、愚者口述箴言亦若是、
The legs of the lame are not equal: so is a parable in the mouth of fools.
愚かな 者が 口にする ・言は, 足なえの 垂れ 下がった 足のようだ.

저는 자의 다리는 힘없이 달렸나니 미련한 자의 입의 잠언도 그러하니라

8。 将尊荣给愚昧人的，好像人把石子包在机弦里。
jiāng zūn róng gěi yú mèi rén dė hǎo xiàng rén bǎ shí zǐ bāo zài jī xuán lǐ
以尊榮賜愚人、如將寶石包而委於瓦礫、
As he that bindeth a stone in a sling, so is he that giveth honour to a fool.
愚かな 者に 譽れを 與えるのは， 石投げ 器に 石をゆわえるようだ.

미련한 자에게 영예를 주는 것은 돌을 물매에 매는 것과 같으니라

9。 箴言在愚昧人的口中，好像荆棘入醉汉的手。
zhēn yán zài yú mèi rén dė kǒu zhōng hǎo xiàng jīng jí rù zuì hàn dė shǒu
愚人口述箴言、猶醉人手執荊棘、

As a thorn goeth up into the hand of a drunkard, so is a parable in the mouths of fools.
愚かな 者が 口にする ・言は, 酔った 人が 手にして 振り 上げるいばらのようだ.

미련한 자의 입의 잠언은 술 취한 자의 손에 든 가시나무 같으니라

10。雇愚昧人的，与雇过路人的，就像射伤众人的弓箭手。
gù yú mèi rén dė yǔ gù guò lù rén dė jiù xiàng shè shāngzhòng rén dė gōng jiàn shǒu
愚者好爭、擾累一切、塞愚者之口、則阻其獲罪、
The great God that formed all things both rewardeth the fool, and rewardeth transgressors.
愚かな 者や 通りすがりの 者を 雇う 者は, すべての 人を 傷つける 投げ 槍のようだ.

장인이 온갖 것을 만들지라도 미련한 자를 고용하는 것은 지나가는 자를 고용함과 같으니라

11。愚昧人行愚妄事，行了又行，就如狗转过来吃他所吐的。
yú mèi rén xíng yú wàng shì xíng le yòu xíng jiù rú gǒu zhuǎn guò lái chī tā suǒ tǔ dė
愚者行愚、行而復行、猶如犬食、吐而復食、
As a dog returneth to his vomit, so a fool returneth to his folly.
犬が 自分の 吐いた 物に 歸って 來るように, 愚かな 者は 自分の愚かさをくり 返す.

개가 그 토한 것을 도로 먹는 것 같이 미련한 자는 그 미련한 것을 거듭 행하느니라

12。你见自以为有智慧的人么，愚昧人比他更有指望。
nǐ jiàn zì yǐ wéi yǒu zhì huì dė rén mė yú mèi rén bǐ tā gēng yǒu zhǐ wàng
爾見人自視爲智、試較之愚人、愚人尙可冀其明悟、
Seest thou a man wise in his own conceit? there is more hope of a fool than of him.
自分を 知惠のある 者と 思っている 人を 見ただろう. 彼よりも, 愚かな 者のほうが, まだ 望みがある.

네가 스스로 지혜롭게 여기는 자를 보느냐 그보다 미련한 자에게 오히려 바랄 것이 있느니라

13。懒惰人说，道上有猛狮，街上有壮狮。
lǎn duò rén shuō dào shàng yǒu měng shī jiē shàng yǒu zhuàng shī
怠者常言、塗有猛獅、
The slothful man saith, There is a lion in the way; a lion is in the streets.

なまけ 者は「道に 獅子がいる. ちまたに 雄獅子がいる. 」と 言う.

게으른 자는 길에 사자가 있다 거리에 사자가 있다 하느니라

14。门在枢纽转动，懒惰人在床上也是如此。
mén zài shū niǔ zhuàndòng lǎn duò rén zài chuángshàng yě shì rú cǐ
怠者輾轉於牀、如門動轉於樞、
As the door turneth upon his hinges, so doth the slothful upon his bed.
戶がちょうつがいで 回轉するように, なまけ 者は 寢台の 上でころがる.

문짝이 돌쩌귀를 따라서 도는 것 같이 게으른 자는 침상에서 구으느니라

15。懒惰人放手在盘子里，就是向口撒回，也以为劳乏。
lǎn duò rén fàngshǒu zài pán zǐ lǐ jiù shì xiàng kǒu sā huí yě yǐ wéi láo fá
怠者着手於盂、即取食入口、亦憚煩勞、
The slothful hideth his hand in his bosom; it grieveth him to bring it again to his mouth.
なまけ 者は 手を 皿に 差し 入れても, それを 口に 持っていくことをいとう.

게으른 자는 그 손을 그릇에 넣고도 입으로 올리기를 괴로워하느니라

16。懒惰人看自己，必七个善于应对的人更有智慧。
lǎn duò rén kàn zì jǐ bì qī gè shàn yú yīng duì dè rén gēng yǒu zhì huì
惰者自視爲智、過於善應對者七人、
The sluggard is wiser in his own conceit than seven men that can render a reason.
なまけ 者は, 分別のある 答えをする 七人の 者よりも, 自分を 知惠のある 者と 思う.

게으른 자는 선히 대답하는 사람 일곱보다 자기를 지혜롭게 여기느니라

17。过路被事激动，管理不干已的争竟，好像人揪住狗耳。
guò lù bèi shì jī dòng guǎn lǐ bù gān yǐ dè zhēng jìng hǎo xiàng rén jiū zhù gǒu ěr
遊行而理不干已之爭端、如人執犬耳、
He that passeth by, and meddleth with strife belonging not to him, is like one that taketh a dog by the ears.
自分に 關係のない 爭いに 干涉する 者は, 通りすがりの 犬の 耳をつかむ 者のようだ.

길로 지나다가 자기에게 상관없는 다툼을 간섭하는 자는 개 귀를 잡는 자와 같으니라

18。人欺凌邻舍，却说，我岂不是戏耍么。 他就像疯狂的人，抛
rén qī líng lín shè quèshuō wǒ qǐ bù shì xì yào mė tā jiù xiàngfēngkuáng dė rén pāo
掷火把，利箭，与杀人的兵器。(杀人的兵器原文作死亡)
zhì huǒ bǎ lì jiàn yǔ shā rén dė bīng qì shā rén dė bīng qì yuánwén zuò sǐ wáng
人欺鄰里、謂我乃戲謔、猶顛狂人拋擲槍箭與殺人之器、
As a mad man who casteth firebrands, arrows, and death,
氣違いは，燃え木を死の矢として投げるが，

횃불을 던지며 살을 쏘아서 사람을 죽이는 미친 사람이 있나니

19。 .
So is the man that deceiveth his neighbour, and saith, Am not I in sport?
隣人を欺きながら，「ただ，戯れただけではないか．」と言う者も，それと同じだ．

자기 이웃을 속이고 말하기를 내가 희롱하였노라 하는 자도 그러하니라

20。火缺了柴，就必熄灭。无人传舌，争竟便止息。
huǒ quē le chái jiù bì xī miè wú rén chuán shé zhēng jìng biàn zhǐ xī
不增薪柴火必滅、無挑事之人爭必息、
Where no wood is, there the fire goeth out: so where there is no talebearer, the strife ceaseth.
たきぎがなければ火が消えるように，陰口をたたく者がなければ争いはやむ．

나무가 다하면 불이 꺼지고 말장이가 없어지면 다툼이 쉬느니라

21。好争竟的人煽惑争端，就如余火加炭，火上加柴一样。
hǎo zhēng jìng dė rén shān huò zhēng duān jiù rú yú huǒ jiā tàn huǒ shàng jiā chái yī yàng
炭燃生熱、薪起火焰、好爭者之滋事亦若是、
As coals are to burning coals, and wood to fire; so is a contentious man to kindle strife.
おき火に炭を，火にたきぎをくべるように，争い好きな人は争いをかき立てる．

숯불 위에 숯을 더하는 것과 타는 불에 나무를 더하는 것 같이 다툼을 좋아하는 자는 시비를 일으키느니라

22。传舌人的言语，如同美食，深入人的心腹。
chuán shé rén dė yán yǔ rú tóng měi shí shēn rù rén dė xīn fù

挑事之人、其言雖如笑談、亦深入人之心懷、
The words of a talebearer are as wounds, and they go down into the innermost parts of the belly.
陰口をたたく 者のことばは, おいしい 食べ 物のようだ. 腹の奥に 下っていく.

남의 말하기를 좋아하는 자의 말은 별식과 같아서 뱃 속 깊은 데로 내려가느니라

23。火热的嘴，奸恶的心，奸恶的心，好像银渣包的瓦器。
huǒ rè dè zuǐ jiān è dè xīn jiān è dè xīn hǎo xiàng yín zhā baō dè wǎ qì
口吐溫言、心懷奸惡、如以劣銀包瓦器、
Burning lips and a wicked heart are like a potsherd covered with silver dross.
燃えるくちびるも, 心が 惡いと, 銀の 上藥を 塗った 土の器のようだ.

온유한 입술에 악한 마음은 낮은 은을 입힌 토기니라

24。怨恨人的嘴粉饰，心理却藏着诡诈。
yuàn hèn rén dè zuǐ fěn shì xīn lǐ què cáng zhuó guǐ zhà
敵人以口文飾、惟衷懷詐譎、
He that hateth dissembleth with his lips, and layeth up deceit within him;
憎む 者は, くちびるで 身を 裝い, 心のうちでは 欺きを圖っている.

감정 있는 자는 입술로는 꾸미고 속에는 궤휼을 품나니

25。他用甜言蜜语，你不可信他，因为他心中有七样可憎恶的。
tā yòng tián yán mì yǔ nǐ bù kě xìn tā yīn wéi tā xīn zhōng yǒu qī yàng kě zēng è dè
其言雖善、爾勿信之、蓋其心藏可惡之端有七、
When he speaketh fair, believe him not: for there are seven abominations in his heart.
聲を和らげて 語りかけても, それを信じるな. その心には 七つの 忌みきらわれるものがあるから.

그 말이 좋을지라도 믿지 말 것은 그 마음에 일곱 가지 가증한 것이 있음이라

26。他虽用诡诈遮掩自己的怨恨，他的邪恶必在会中显露。
tā suī yòng guǐ zhà zhē yǎn zì jǐ dè yuàn hèn tā dè xié è bì zài huì zhōng xiǎn lù
彼以詐掩恨、其惡終必顯露於會中、
Whose hatred is covered by deceit, his wickedness shall be

shewed before the whole congregation.
憎しみは，　うまくごまかし 隱せても，　その 惡は 集會の 中に 現われる.

궤휼로 그 감정을 감출지라도 그 악이 회중 앞에 드러나리라

27。挖陷坑的，自己必掉在其中。 滚石头的，石头必反滚在他身上。
wā xiànkēng dė zì jǐ bì diào zài qí zhōng gǔn shí tóu dė shí tóu bì fǎn gǔn zài tā shēnshàng
人掘阱自陷其中、向上轉石、石反壓其身、
Whoso diggeth a pit shall fall therein: and he that rolleth a stone, it will return upon him.
穴を 掘る 者は，　自分がその 穴に 陷り，　石をころがす 者は，　自分の 上にそれをころがす.

함정을 파는 자는 그것에 빠질 것이요 돌을 굴리는 자는 도리어 그것에 치이리라

28。虛谎的舌，恨他所压伤的人。谄媚的口，败坏人的事。
xū huǎng dė shé hèn tā suǒ yā shāng dė rén chǎn mèi dė kǒu bài huài rén dė shì
誑言者必惡己所損害之人、口出諂言者必思害人、
A lying tongue hateth those that are afflicted by it; and a flattering mouth worketh ruin.
僞りの 舌は，　眞理を 憎み，　へつらう 口は 滅びを 招く.

거짓말하는 자는 자기의 해한 자를 미워하고 아첨하는 입은 패망을 일으키느니라

제 27 장

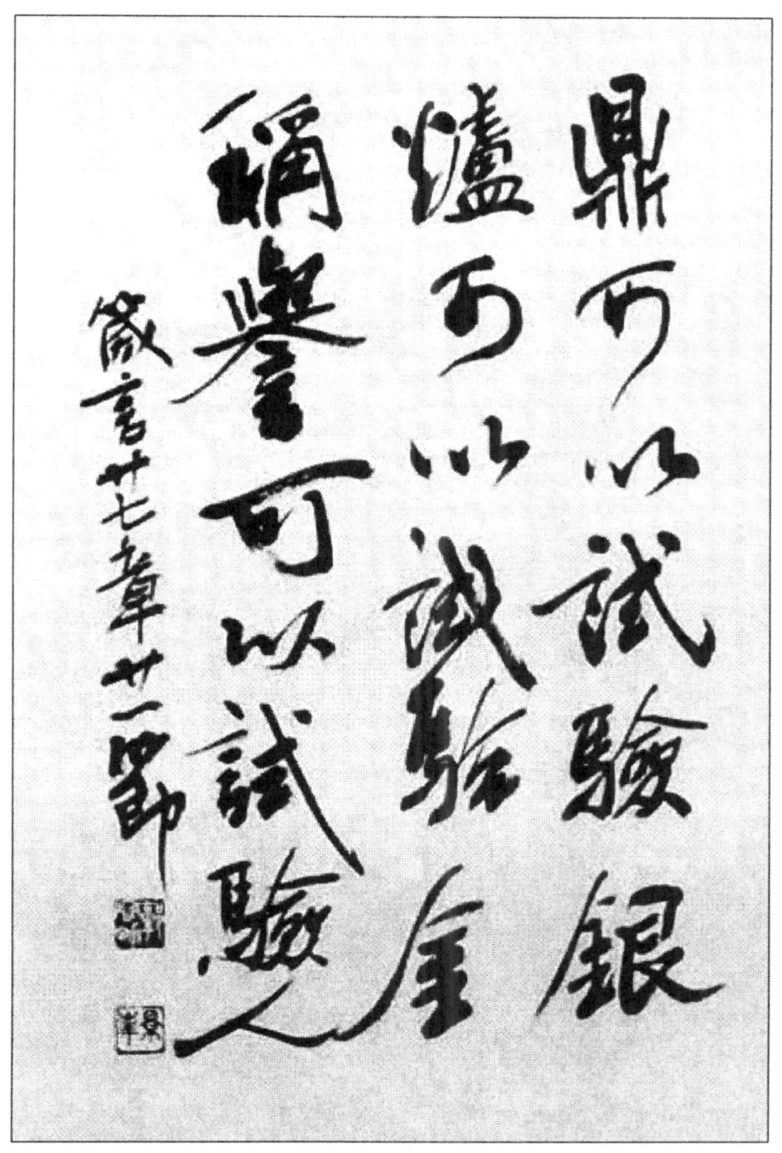

1。 不要为明白自夸，因为一日要生何事，你尚且不能知道。
bù yào wéi míng bái zì kuā yīn wéi yī rì yào shēng hé shì nǐ shàng qiě bù néng zhī dào
勿自誇明日之事、蓋今日遇何事、爾尚不知、
Boast not thyself of to morrow; for thou knowest not what a day may bring forth.
あすのことを 誇るな. 一日のうちに 何が 起こるか, あなたは 知らないからだ.

너는 내일 일을 자랑하지 말라 하루 동안에 무슨 일이 날는지 네가 알 수 없음이니라

2。 要别人夸奖你，不可用口自夸。等外人称赞你，不可用嘴自称。
yào bié rén kuā jiǎng nǐ bù kě yòng kǒu zì kuā děng wài rén chēng zàn nǐ bù kě yòng zuǐ zì chēng
勿以已口自誇、待他人誇爾、勿以己脣自讚、待外人讚爾、
Let another man praise thee, and not thine own mouth; a stranger, and not thine own lips.
自分の 口でではなく, ほかの 者にあなたをほめさせよ. 自分のくちびるでではなく, よその 人によって.

타인으로 너를 칭찬하게 하고 네 입으로는 말며 외인으로 너를 칭찬하게 하고 네 입술로는 말지니라

3。 石头重，沙土沉，愚妄人的恼怒，比这两样更重。
shí tóu zhòng shā tǔ chén yú wàng rén dė nǎo nù bǐ zhè liǎngyànggēngzhòng
石甚重、沙亦非輕、愚人之怒、較此二者更重、
A stone is heavy, and the sand weighty; but a fool's wrath is heavier than them both.
石は 重く, 砂も 重い. しかし 愚か 者の 怒りはそのどちらよりも 重い.

돌은 무겁고 모래도 가볍지 아니하거니와 미련한 자의 분노는 이 둘보다 무거우니라

4。 忿怒为残忍，怒气为狂澜，惟有嫉妒，谁能敌得住呢。
fèn nù wéi cán rěn nù qì wéi kuáng lán wéi yǒu jí dù shéi néng dí dé zhù ní
人之怒酷烈、人之忿狂暴、人之妒嫉、更爲難當、
Wrath is cruel, and anger is outrageous; but who is able to stand before envy?
憤りは 残忍で, 怒りはあふれ 出る. しかし, ねたみの 前にはだれが 立ちはだかることができよう.

분은 잔인하고 노는 창수 같거니와 투기 앞에야 누가 서리요

5。 当面的责备，强如背地的爱情。
dāngmiàn dè zé bèi qiáng rú bèi dì dè ài qíng
暗存愛人之意、不如明責之、
Open rebuke is better than secret love.
あからさまに 責めるのは， ひそかに 愛するのにまさる.

면책은 숨은 사랑보다 나으니라

6。 朋友加的伤痕，出于忠诚，仇敌连连亲嘴，却是多馀。
péng yǒu jiā dè shāng hén chū yú zhōngchéng chóu dí lián lián qīn zuǐ què shì duō yú
友朋痛責、反爲忠誠、仇敵接吻、反爲詐僞、
Faithful are the wounds of a friend; but the kisses of an enemy are deceitful.
憎む 者がくちづけしてもてなすよりは, 愛する 者が 傷つける ほうが 眞實である.

친구의 통책은 충성에서 말미암은 것이나 원수의 자주 입맞춤은 거짓에서 난 것이니라

7。 人吃饱了，厌恶蜂房的蜜。人饥饿了，一切苦物都觉甘甜。
rén chī bǎo liǎo yàn è fēngfáng dè mì rén jī è le yī qiē kǔ wù dū jué gān tián
人而飫、雖蜂房之蜜亦厭、人而饑、雖若物亦甘、
The full soul loatheth an honeycomb; but to the hungry soul every bitter thing is sweet.
飽き 足りている 者は 蜂の巣の蜜も 踏みつける.しかし 飢えている 者には 苦い 物もみな 甘い.

배부른 자는 꿀이라도 싫어하고 주린 자에게는 쓴 것이라도 다니라

8。 人离本处飘流，好像雀鸟离窝游飞。
rén lí běn chù piāo liú hǎo xiàng què niǎo lí wō yóu fēi
人而離家遠遊、如鳥離巢飛翔、
As a bird that wandereth from her nest, so is a man that wandereth from his place.
自分の 家を 離れてさまよう 人は， 自分の 巣を 離れてさまよう 鳥のようだ.

본향을 떠나 유리하는 사람은 보금자리를 떠나 떠도는 새와 같으니라

9。 膏油与香料，使人心喜悦。 朋友诚实的戏教，也是如此
gāo yóu yǔ xiāng liào shǐ rén xīn xǐ yuè péng yǒu chéng shí dè xì jiào yě shì rú cǐ
甘美。 戏=戯
gān měi xì

寶膏美香、能悅人心、友朋以誠心相勸亦若是、
Ointment and perfume rejoice the heart: so doth the sweetness of a man's friend by hearty counsel.
香油と 香料は 心を 喜ばせ, 友の 慰めはたましいを 力づける.

기름과 향이 사람의 마음을 즐겁게 하나니 친구의 충성된 권고가 이와 같이 아름다우니라

10。你的朋友，和父亲的朋友，你都不可离弃。 你遭难的日子，
nǐ dė péngyǒu hé fù qīn dė péngyǒu nǐ dū bù kě lí qì nǐ zāo nán dė rì zǐ
不要上弟兄的家去。向近的邻舍，强如远方的弟兄。
bù yào shàng dì xiōng dė jiā qù xiàng jìn dė lín shè qiáng rú yuǎnfāng dė dì xiōng
爾之友及爾父之友、不可遺棄、爾遭難時、勿入兄弟之室、親近之鄰里勝於疏遠之兄弟、
Thine own friend, and thy father's friend, forsake not; neither go into thy brother's house in the day of thy calamity: for better is a neighbour that is near than a brother far off.
あなたの 友, あなたの 父の 友を 捨てるな. あなたが 災難に 會うとき, 兄弟の 家に 行くな. 近くにいる 隣人は, 遠くにいる 兄弟にまさる.

네 친구와 네 아비의 친구를 버리지 말며 네 환난 날에 형제의 집에 들어가지 말지어다 가까운 이웃이 먼 형제보다 나으니라

11。我儿，你要作智慧人，好叫我的心喜欢，使我可以回答
wǒ ér nǐ yào zuò zhì huì rén hǎo jiào wǒ dė xīn xǐ huān shǐ wǒ kě yǐ huí dá
那讥笑我的人。
nà jī xiào wǒ dė rén
我子、當求智慧、以悅我心、使我可答譏誚我之人、
My son, be wise, and make my heart glad, that I may answer him that reproacheth me.
わが 子よ. 知恵を 得よ. 私の 心を 喜ばせよ. そうすれば, 私をそしる 者に, 私は 言い 返すことができよう.

내 아들아 지혜를 얻고 내 마음을 기쁘게 하라 그리하면 나를 비방하는 자에게 내가 대답할 수 있겠노라

12。通达人见祸藏躲。愚蒙人前往受害。
tōng dá rén jiàn huò cáng duǒ yú méng rén qián wǎng shòu hài
明哲者見害則避、愚拙者冒往遭刑、
A prudent man foreseeth the evil, and hideth himself; but the simple pass on, and are punished.
利口な 者はわざわいを 見て, これを 避け, わきまえのない

者は 進んで 行って, 罰を 受ける.

슬기로운 자는 재앙을 보면 숨어 피하여도 어리석은 자들은 나아가다가 해를 받느니라

13。谁为生人作保，就拿谁的衣服。谁为外女作保，谁就承当。
shéi wéi shēng rén zuò bǎo jiù ná shéi dè yī fú shéi wéi wài nǚ zuò bǎo shéi jiù chéngdāng
爲外人及遊女作保、必取其衣服器具爲質、
Take his garment that is surety for a stranger, and take a pledge of him for a strange woman.
他國人の 保證人となるときは, その 者の 着物を 取れ. 見知らぬ 女のためにも, 着物を 抵當に 取れ.

타인을 위하여 보증이 된 자의 옷을 취하라 외인들의 보증이 된 자는 그 몸을 볼모로 잡힐지니라

14。清晨起来，大声给朋友祝福的，就算是咒诅他。
qīngchén qǐ lái dà shēng gěi péng yǒu zhù fú dè jiù suàn shì zhòu zǔ tā
晨興、大聲誇讚其友、即是誹謗其友、
He that blesseth his friend with a loud voice, rising early in the morning, it shall be counted a curse to him.
朝早くから, 大聲で 友人を 祝福すると, かえってのろいとみなされる.

이른 아침에 큰 소리로 그 이웃을 축복하면 도리어 저주 같이 여기게 되리라

15。大雨之日连连滴漏，和争吵的妇人一样。
dà yǔ zhī rì lián lián dī lòu hé zhēngchǎo dè fù rén yī yàng
好爭之妻、可比雨時屋漏水滴、
A continual dropping in a very rainy day and a contentious woman are alike.
長雨の 日にしたたり 續ける 雨漏りは, 爭い 好きな 女に 似ている.

다투는 부녀는 비 오는 날에 이어 떨어지는 물방울이라

16。想挡阻他的，便是挡阻风，也是右手抓油。
xiǎngdǎng zǔ tā dè biàn shì dǎng zǔ fēng yě shì yòu shǒuzhuā yóu
禁禦之如禦風然、亦如以右手執油滑之物、
Whosoever hideth her hideth the wind, and the ointment of his right hand, which bewrayeth itself.
その 女を 制する 者は, 風を 制し, 右手に 油をつかむことができる.

그를 제어하기가 바람을 제어하는 것 같고 오른손으로 기름을 움키는 것 같으니라

17。铁磨铁，磨出刃来。朋友相感，（原文作磨朋友的脸）也是如此。
tiě mó tiě mó chū rèn lái péng yǒu xiāng gǎn yuán wén zuò mó péng yǒu dé liǎn yě shì rú cǐ
鐵刃礪以鐵、人怒激以人、
Iron sharpeneth iron; so a man sharpeneth the countenance of his friend.
鐵は 鐵によってとがれ， 人はその 友によってとがれる.

철이 철을 날카롭게 하는 것 같이 사람이 그 친구의 얼굴을 빛나게 하느니라

18。看守无花果树的，必吃树上的果子。敬奉主人的，必得尊荣。
kàn shǒu wú huā guǒ shù dė bì chī shù shàng dė guǒ zǐ jìng fèng zhǔ rén dė bì dé zūn róng
守無花果樹、必得食其實、顧其主人者、必得尊榮、
Whoso keepeth the fig tree shall eat the fruit thereof: so he that waiteth on his master shall be honoured.
いちじくの 木の 番人はその 實を 食う. 主人の 身を 守る 者は 譽れを 得る.

무화과나무를 지키는 자는 그 과실을 먹고 자기 주인을 시종하는 자는 영화를 얻느니라

19。水中照脸， 被此相符。人与人，心也相对。
shuǐ zhōng zhào liǎn bèi cǐ xiāng fú rén yǔ rén xīn yě xiāng duì
人鑒於水、面與面相符、以己心度人心者亦若是、
As in water face answereth to face, so the heart of man to man.
顔が， 水に 映る 顔と 同じように， 人の 心は， その 人に 映る.

물에 비취이면 얼굴이 서로 같은 것 같이 사람의 마음도 서로 비취느니라

20。阴见和灭亡， 永不满足。人的眼目， 也是如此。
yīn jiàn hé miè wáng yǒng bù mǎn zú rén dė yǎn mù yě shì rú cǐ
示阿勒、亞巴頓、無時滿足、人之貪目、永不滿足亦如此、
Hell and destruction are never full; so the eyes of man are never satisfied.
よみと 滅びの 淵は 飽くことがなく， 人の 目も 飽くことがない.

음부와 유명은 만족함이 없고 사람의 눈도 만족함이 없느니라

21。鼎为炼银，炉为炼金，人的称赞也试炼人。炉=爐
dǐng wéi liàn yín lú wéi liàn jīn rén dė chēng zàn yě shì liàn rén lú
鼎可以試驗銀、爐可以試驗金、稱譽可以試驗人、
As the fining pot for silver, and the furnace for gold; so is a man to his praise.
るつぼは 銀のため, 爐は 金のためにあるように, 他人の 稱贊によって 人はためされる.

도가니로 은을, 풀무로 금을, 칭찬으로 사람을 시련하느니라

22。你虽用杵，将愚妄人与打碎的麦子一同捣在臼中，他的愚妄还是离不了他。
nǐ suī yòng chǔ jiāng yú wàng rén yǔ dǎ suì dė mài zǐ yī tóng dǎo zài jiù zhōng tā dė yú wàng hái shì lí bù le tā
爾以杵擣麥於臼、可以去皮、若擣愚人於其間、不能去其愚
Though thou shouldest bray a fool in a mortar among wheat with a pestle, yet will not his foolishness depart from him.
愚か 者を 臼に 入れ, きねでこれを 麥といっしょについても, その 愚かさは 彼から 離れない.

미련한 자를 곡물과 함께 절구에 넣고 공이로 찧을지라도 그의 미련은 벗어지지 아니하느니라

23。你要样细知道你羊群的景况。留心料理你的牛群。
nǐ yào yàng xì zhī dào nǐ yáng qún dė jǐng kuàng liú xīn liào lǐ nǐ dė niú qún
當勤於畜羊、留意牛羣、
Be thou diligent to know the state of thy flocks, and look well to thy herds.
あなたの 羊の 樣子をよく 知り, 群れに 心を 留めておけ.

네 양떼의 형편을 부지런히 살피며 네 소떼에 마음을 두라

24。因为资财不能永有。冠冕岂能存到万代。
yīn wéi zī cái bù néng yǒng yǒu guān miǎn qǐ néng cún dào wàn dài
蓋貨財不能長有、冠冕不能存至世世、
For riches are not for ever: and doth the crown endure to every generation?
富はいつまでも 續くものではなく, 王冠も 代々に 續かないからだ.

대저 재물은 영영히 있지 못하나니 면류관이 어찌 대대에 있으랴

25。乾草割去，嫩草发现，山上的菜蔬，也被守斂。
gān cǎo gē qù nèn cǎo fā xiàn shān shàng dė cài shū yě bèi shǒu liǎn
百草黃落、復又發萌、蔬生山間、皆當歛藏、
The hay appeareth, and the tender grass sheweth itself, and

herbs of the mountains are gathered.
草が 刈り 取られ, 若草が 現われ, 山々の 青草も 集められると,

풀을 벤 후에는 새로 움이 돋나니 산에서 꼴을 거둘 것이니라

26。羊羔之毛，是为你作衣服。山羊是为作田地的价值。
yáng gāo zhī máo shì wéi nǐ zuò yī fú shānyáng shì wéi zuò tián dì dė jià zhí
翦羊毛可以製衣、鬻牧山羊之價、可以贖田、
The lambs are for thy clothing, and the goats are the price of the field.
小羊はあなたに 着物を 着させ, やぎは 畑の 代價となる.

어린양의 털은 네 옷이 되며 염소는 밭을 사는 값이 되며

27。有母山羊奶够你吃，也够你的家眷吃，且够养你的婢女。
yǒu mǔ shānyáng nǎi gòu nǐ chī yě gòu nǐ dė jiā juàn chī qiě gòu yǎng nǐ dė bì nǚ
並有牝山羊乳、足供爾與爾家屬所食、亦足供爾婢女所用、
And thou shalt have goats' milk enough for thy food, for the food of thy household, and for the maintenance for thy maidens.
やぎの 乳は 十分あって, あなたの 食物, あなたの 家族の 食物となり, あなたの 召使いの 女たちを 養う.

염소의 젖은 넉넉하여 너와 네 집사람의 식물이 되며 네 여종의 먹을 것이 되느니라

제 28 장

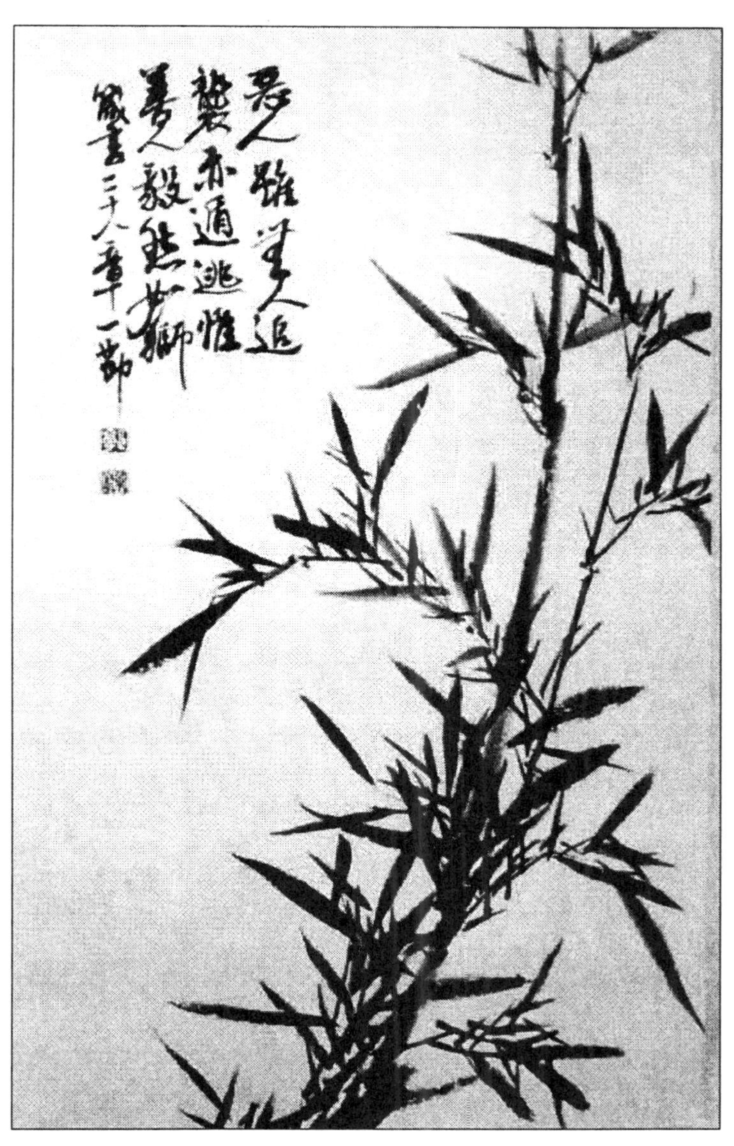

1。 恶人虽无人追赶也逃跑，义人却胆壮像狮子。
è rén suī wú rén zhuī gǎn yě táo pǎo yì rén què dǎn zhuàng xiàng shī zǐ
惡人雖無人追襲、亦遁逃、惟善人毅然如獅、
The wicked flee when no man pursueth: but the righteous are bold as a lion.
悪者は 追う 者もないのに 逃げる. しかし, 正しい 人は 若獅子のように 頼もしい.

악인은 쫓아오는 자가 없어도 도망하나 의인은 사자 같이 담대하니라

2。 邦国因有罪过，君王就多更换。因有聪明知识的人，国必长存。
bāng guó yīn yǒu zuì guò jūn wáng jiù duō gēng huàn yīn yǒu cōng míng zhī shí dė rén guó bì cháng cún
邦亂則多主迭更、有一明哲其知識者、可長治國、
For the transgression of a land many are the princes thereof: but by a man of understanding and knowledge the state thereof shall be prolonged.
國にそむきがあるときは, 多くの 首長たちがいる. しかし, 分別と知識のあるひとりの 人によって, それは 長く 安定する.

나라는 죄가 있으면 주관자가 많아져도 명철과 지식 있는 사람으로 말미암아 장구하게 되느니라

3。 穷人欺压贫民，好像暴雨冲没粮食。
qióng rén qī yā pín mín hǎo xiàng bào yǔ chōng méi liáng shí
以貧虐貪、如暴雨沖糧、無有所存、
A poor man that oppresseth the poor is like a sweeping rain which leaveth no food.
寄る べ のない 者をしいたげる 貧しい 者は, 押し 流して 食物を 殘さない 豪雨のようだ.

가난한 자를 학대하는 가난한 자는 곡식을 남기지 아니하는 폭우같으니라

4。 违弃律法的，夸奖恶人。遵守律法的，却与恶人相争。
wéi qì lǜ fǎ dė kuā jiǎng è rén zūn shǒu lǜ fǎ dė què yǔ è rén xiāng zhēng
棄法者譽惡人、守法者敵惡人、
They that forsake the law praise the wicked: but such as keep the law contend with them.
おしえを 捨てる 者は 悪者をほめる. おしえを 守る 者は 彼らと 争う.

율법을 버린 자는 악인을 칭찬하나 율법을 지키는 자는 악인을 대적하느니라

5。 坏人不明白公义。惟有寻求耶和华的，无不明白。
huài rén bù míng bái gōng yì wéi yǒu xún qiú yé hé huá dė wú bù míng bái
作惡之人、不明何者爲公義、尋求主者、無所不明、
Evil men understand not judgment: but they that seek the LORD understand all things.
惡人は 公義を 悟らない. 主を 尋ね 求める 者はすべての 事を 悟る.

악인은 공의를 깨닫지 못하나 여호와를 찾는 자는 모든 것을 깨닫느니라

6。 行为纯正的穷乏人，胜过行事怪僻的富足人。
xíng wéi chúnzhèng dė qióng fá rén shèng guò xíng shì guài pǐ dė fù zú rén
富而行邪曲道、不如貧而正直、
Better is the poor that walketh in his uprightness, than he that is perverse in his ways, though he be rich.
貧しくても, 誠實に 步む 者は, 富んでいても, 曲がった 道を 步む 者にまさる.

성실히 행하는 가난한 자는 사곡히 행하는 부자보다 나으니라

7。 谨守律法的是智慧之子。与贪食人作伴的，却羞辱其父。
jǐn shǒu lǜ fǎ dė shì zhì huì zhī zǐ yǔ tān shí rén zuò bàn dė què xiū rǔ qí fù
守律法者爲賢子、結交饕餮者致父羞、
Whoso keepeth the law is a wise son: but he that is a companion of riotous men shameth his father.
おしえを 守る 者は 分別のある 子, 放蕩者と 交わる 者は, その 父に 恥ずかしい 思いをさせる.

율법을 지키는 자는 지혜로운 아들이요 탐식자를 사귀는 자는 아비를 욕되게 하는 자니라

8。 人以厚利加增财物，是给那怜悯穷人者积蓄的。
rén yǐ hòu lì jiā zēng cái wù shì gěi nà lián mǐn qióng rén zhě jī xù dė
貸金取利、增益其財者、所積之財、必爲濟貧者所得、
He that by usury and unjust gain increaseth his substance, he shall gather it for him that will pity the poor.
利息や高利によって 財産をふやす 者は, 寄るべのない 者たちに 恵む者のためにそれをたくわえる.

중한 변리로 자기 재산을 많아지게 하는 것은 가난한 사람 불쌍히 여기는 자를 위하여 그 재산을 저축하는 것이니라

9。 转耳不听律法的，他的祈祷也为可憎。
zhuǎn ěr bù tīng lǜ fǎ dè tā dè qí dǎo yě wéi kě zēng
不聽律法者、其祈禱爲主所厭惡、
He that turneth away his ear from hearing the law, even his prayer shall be abomination.
耳をそむけて 教えを 聞かない 者は， その 者の 祈りさえ 忌みきらわれる．

사람이 귀를 돌이키고 율법을 듣지 아니하면 그의 기도도 가증하니라

10。 诱惑正直人行恶道的，必掉在自己的坑里。 惟有完全人，必承受福分。
yòu huò zhèng zhí rén xíng è dào dè bì diào zài zì jǐ dè kēng lǐ wéi yǒu wánquán rén bì chéngshòu fú fēn
誘正直人行惡調者、必自陷於阱、惟誠實者必得福、
Whoso causeth the righteous to go astray in an evil way, he shall fall himself into his own pit: but the upright shall have good things in possession.
正直な 人を 惡い 道に 迷わす 者は， 自分の 掘った 穴に 陷る． しかし 潔白な 人たちはしあわせを 繼ぐ．

정직한 자를 악한 길로 유인하는 자는 스스로 자기 함정에 빠져도 성실한 자는 복을 얻느니라

11。 富足人自以为有智慧。但聪明的贫穷人，能将他查透。
fù zú rén zì yǐ wéi yǒu zhì huì dàn cōngmíng dè pín qióng rén néngjiāng tā chá tòu
富人自視爲智、貧者明哲、能洞觀之、
The rich man is wise in his own conceit; but the poor that hath understanding searcheth him out.
富む 者は 自分を 知惠のある 者と 思い 込む． 分別のある 貧しい 者は， 自分を 調べる．

부자는 자기를 지혜롭게 여겨도 명철한 가난한 자는 그를 살펴 아느니라

12。 义人得志有大荣耀。恶人兴起人就躲藏。
yì rén dé zhì yǒu dà róng yào è rén xīng qǐ rén jiù duǒ cáng
義人得志、人以爲多榮、惡人有權、人皆避匿、
When righteous men do rejoice, there is great glory: but when the wicked rise, a man is hidden.
正しい 者が 喜ぶときには， 大いなる 光榮があり， 惡者が 起き 上がるときには， 人は 身を 隱す．

의인이 득의하면 큰 영화가 있고 악인이 일어나면 사람이 숨느니라

13。遮掩自己罪过的，必不享通。承认离弃罪过的，必蒙怜恤。
zhē yǎn zì jǐ zuì guò dė bì bù xiǎngtōng chéng rèn lí qì zuì guò dė bì méng lián xù
隱諱己過者、必不亨通、認過而改者、必蒙矜恤、
He that covereth his sins shall not prosper: but whoso confesseth and forsaketh them shall have mercy.
自分のそむきの 罪を 隠す 者は 成功しない. それを 告白して, それを 捨てる 者はあわれみを 受ける.

자기의 죄를 숨기는 자는 형통치 못하나 죄를 자복하고 버리는 자는 불쌍히 여김을 받으리라

14。常存敬畏的，便为有福。心存刚硬的，必陷在祸患里。
cháng cún jìng wèi dė biàn wéi yǒu fú xīn cún gāngyìng dė bì xiàn zài huò huàn lǐ
恆謹懼者、則爲有福、剛愎其心者、必陷於害、
Happy is the man that feareth alway: but he that hardeneth his heart shall fall into mischief.
幸いなことよ. いつも 主を 恐れている 人は. しかし 心をかたくなにする 人はわざわいに 陥る.

항상 경외하는 자는 복되거니와 마음을 강퍅하게 하는 자는 재앙에 빠지리라

15。暴虐的君王辖制贫民。好像吼叫的狮子，觅食的熊。
bào nüè dė jūn wáng xiá zhì pín mín hǎo xiàng hǒu jiào dė shī zǐ mì shí dė xióng
暴君轄制貧民、如咆哮之獅、饑餓之態、
As a roaring lion, and a ranging bear; so is a wicked ruler over the poor people.
うなる 雄獅子, 襲いかかる 熊, 寄る べ のない 民を 治める 悪い 支配者.

가난한 백성을 압제하는 악한 관원은 부르짖는 사자와 주린 곰 같으니라

16。无知的君多行暴虐。以贪财为可恨的，必年长日久。
wú zhī dė jūn duō xíng bào nüè yǐ tān cái wéi kě hèn dė bì niáncháng rì jiǔ
無知其君、多行暴虐、不貪財利者、必享遐齡、
The prince that wanteth understanding is also a great oppressor: but he that hateth covetousness shall prolong his days.
英知を 欠く 君主は, 多くの 物を 強奪する. 不正な 利得を 憎む 者は, 長生きをする.

무지한 치리자는 포학을 크게 행하거니와 탐욕을 미워하는 자는 장수하리라

17。背负流人血之罪的，必往坑里奔跑，谁也不可挡阴他。
bèi fù liú rén xiě zhī zuì dè bì wǎngkēng lǐ bēn pǎo shéi yě bù kě dǎng yīn tā
殺人流血者、其心驚惶、奔於陷阱、無人能阻之、
A man that doeth violence to the blood of any person shall flee to the pit; let no man stay him.
流血の 罪に 苦しむ 者は, 墓まで 逃げるが, だれも 彼をつかまえない.

사람의 피를 흘린 자는 함정으로 달려갈 것이니 그를 막지 말지니라

18。行动正直的，必蒙拯救。行事弯曲的，立时跌倒。
xíngdòngzhèng zhí dè bì méngzhěng jiù xíng shì wān qū dè lì shí diē dǎo
行正直者、可得拯救、從邪曲道者、必顚蹶於路、
Whoso walketh uprightly shall be saved: but he that is perverse in his ways shall fall at once.
潔白な 生活をする 者は 救われ, 曲がった 生活をする 者は 墓穴に 陷る.

성실히 행하는 자는 구원을 얻을 것이나 사곡히 행하는 자는 곧 넘어지리라

19。耕种自己田地的，必得饱食。追随虚浮的，足受穷乏。
gēngzhǒng zì jǐ tián dì dè bì dé bǎo shí zhuī suí xū fú dè zú shòuqióng fá
耕耘其田者、必得飽食、從閒惰之人者、必受窶乏、
He that tilleth his land shall have plenty of bread: but he that followeth after vain persons shall have poverty enough.
自分の 畑を 耕す 者は 食料に 飽き 足り, むなしいものを 追い 求める 者は 貧しさに 飽きる.

자기의 토지를 경작하는 자는 먹을 것이 많으려니와 방탕을 좇는 자는 궁핍함이 많으리라

20。诚实人必多得福，想要急速发财的，不免受罚。
chéng shí rén bì duō dé fú xiǎng yào jí sù fā cái dè bù miǎnshòu fá
誠實之人、必得多福、急圖致富者、難免有罪、
A faithful man shall abound with blessings: but he that maketh haste to be rich shall not be innocent.
忠實な 人は 多くの 祝福を 得る. しかし 富を 得ようとあせる 者は 罰を 免れない.

충성된 자는 복이 많아도 속히 부하고자 하는 자는 형벌을 면치 못하리라

21。看人的情面，乃为不好。人因一块饼枉法，也为不好。
kàn rén dè qíngmiàn nǎi wéi bù hǎo rén yīn yī kuàibǐngwǎng fǎ yě wéi bù hǎo

瞻徇情面、甚爲不善、有時因少許之餠、至於犯法、
To have respect of persons is not good: for for a piece of bread that man will transgress.
人をかたより 見るのは 良くない. 人は 一切れの パン で, そむく.

사람의 낯을 보아주는 것이 좋지 못하고 한 조각 떡을 인하여 범법하는 것도 그러하니라

22。人有恶眼想要急速发财，却不知穷乏必临到他身。
rén yǒu è yǎn xiǎng yào jí sù fā cái què bù zhī qióng fá bì lín dào tā shēn
目貪之人、急求富有、不知窮乏終必臨之、
He that hasteth to be rich hath an evil eye, and considereth not that poverty shall come upon him.
欲な 人は 財産を 得ようとあせり, 欠乏が 自分に 來るのを 知らない.

악한 눈이 있는 자는 재물을 얻기에만 급하고 빈궁이 자기에게로 임할 줄은 알지 못하느니라

23。责备人的，后来蒙人喜悦，多于那用舌头谄媚人的。
zé bèi rén dè hòu lái méng rén xǐ yuè duō yú nà yòng shé tóu chǎn mèi rén dè
勸責人者、後得人悅、較諂媚者尤多、
He that rebuketh a man afterwards shall find more favour than he that flattereth with the tongue.
人を 責める 者は, へつらいを 言う 者より 後に, 恵みを 得る.

사람을 경책하는 자는 혀로 아첨하는 자보다 나중에 더욱 사랑을 받느니라

24。偷窃父母的，说，这不是罪。此人就是与强盗同类。窃=竊
tōu qiè fù mǔ dè shuō zhè bù shì zuì cǐ rén jiù shì yǔ qiáng dào tóng lèi qiè
竊父母之財、自言無罪者、斯人與盜同流、
Whoso robbeth his father or his mother, and saith, It is no transgression; the same is the companion of a destroyer.
自分の 父母の 物を 盜んで, 「私は 罪を 犯していない. 」と 言う 者は, 滅びをもたらす 者の 仲間である.

부모의 물건을 도적질하고 죄가 아니라 하는 자는 멸망케 하는 자의 동류니라

25。心中贪婪的，挑起争端。倚靠耶和华的，必得丰裕。
xīn zhōng tān lán dè tiāo qǐ zhēng duān yǐ kào yé hé huá dè bì dé fēng yù
心驕者激爭端、惟恃主者必得恩澤、

He that is of a proud heart stirreth up strife: but he that putteth his trust in the LORD shall be made fat.
欲の 深い 人は 爭いを 引き 起こす. しかし 主に 據り 賴む 人は 豊かになる.

마음이 탐하는 자는 다툼을 일으키나 여호와를 의지하는 자는 풍족하게 되느니라

26。心中自是的，便是愚昧人。凭智慧行是的，必蒙拯救。
xīn zhōng zì shì dè biàn shì yú mèi rén píng zhì huì xíng shì dè bì méng zhěng jiù
師心自用者愚昧、行以智慧者得救、
He that trusteth in his own heart is a fool: but whoso walketh wisely, he shall be delivered.
自分の 心に 賴る 者は 愚かな 者, 知恵をもって 步む 者は 救われる.

자기의 마음을 믿는 자는 미련한 자요 지혜롭게 행하는 자는 구원을 얻을 자니라

27。周济贫穷的，不致缺乏。佯为不见的，必多受咒诅。
zhōu jì pín qióng dè bù zhì quē fá yáng wéi bù jiàn dè bì duō shòu zhòu zǔ
濟貧者不致缺乏、佯爲不見者、多受咒詛、
He that giveth unto the poor shall not lack: but he that hideth his eyes shall have many a curse.
貧しい 者に 施す 者は 不足することがない. しかし 目をそむける 者は 多くののろいを 受ける.

가난한 자를 구제하는 자는 궁핍하지 아니 하려니와 못본체 하는 자에게는 저주가 많으리라

28。恶人兴起，人就躲藏。恶人败亡，义人增多。
è rén xīng qǐ rén jiù duǒ cáng è rén bài wáng yì rén zēng duō
惡人興起、人多藏匿、惡人敗亡、善人增多、
When the wicked rise, men hide themselves: but when they perish, the righteous increase.
惡者が 起こると, 人は 身を 隱し, 彼らが 滅びると, 正しい 人がふえる.

악인이 일어나면 사람이 숨고 그가 멸망하면 의인이 많아지느니라

제 29 장

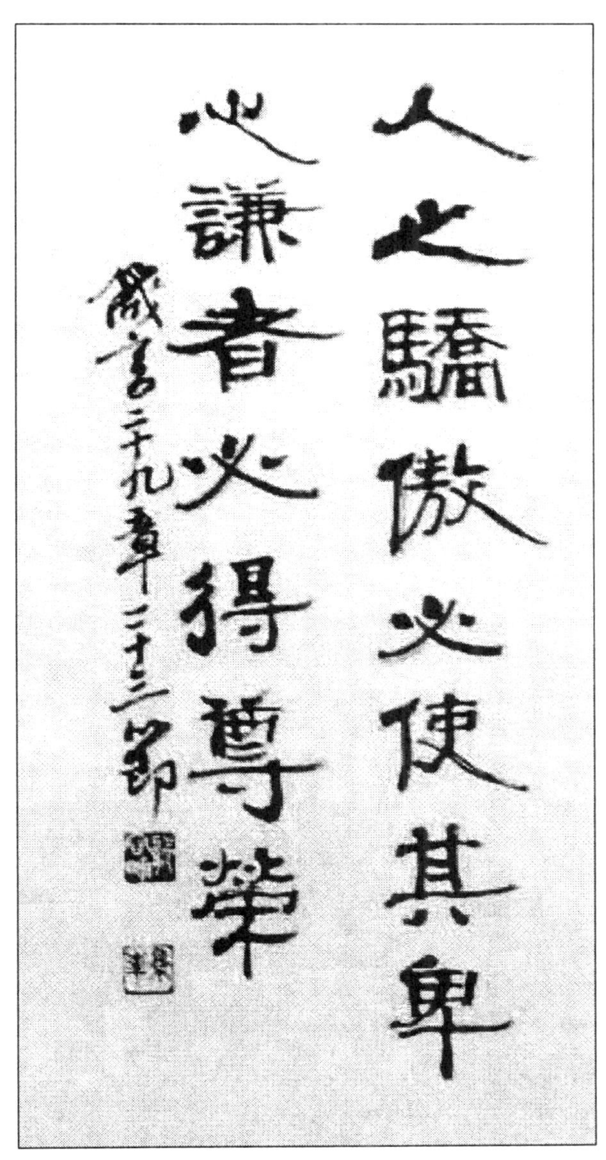

1。 人屡次受责罚，仍然硬着颈项，他必顷刻败坏，无法可治。
rén lǚ cì shòu zé fá réng rán yìng zhuó jǐng xiàng tā bì qǐng kè bài huài wú fǎ kě zhì
人屢受譴責、仍强厥項、必忽敗亡、無法可治之、
He, that being often reproved hardeneth his neck, shall suddenly be destroyed, and that without remedy.
責められても，なお，うなじのこわい 者は，たちまち 滅ぼされて，いやされることはない.

자주 책망을 받으면서도 목이 곧은 사람은 갑자기 패망을 당하고 피하지 못하리라

2。 义人增多，民就喜乐。恶人掌权，民就叹息。
yì rén zēng duō mín jiù xǐ lè è rén zhǎng quán mín jiù tàn xī
善人增多、民則欣喜、惡人秉權、民則歎息、
When the righteous are in authority, the people rejoice: but when the wicked beareth rule, the people mourn.
正しい 人がふえると，民は 喜び，惡者が 治めると，民は 嘆く.

의인이 많아지면 백성이 즐거워하고 악인이 권세를 잡으면 백성이 탄식하느니라

3。 爱慕智慧的，使父亲喜乐。与妓女结交的，却浪费钱财。
ài mù zhì huì dė shǐ fù qīn xǐ lè yǔ jì nǚ jié jiāo dė què làng fèi qián cái
好智者使父悅、狎妓者必傷財、
Whoso loveth wisdom rejoiceth his father: but he that keepeth company with harlots spendeth his substance.
知惠を 愛する 人は，その 父を 喜ばせ，遊女と 交わる 者は，財産を 滅ぼす.

지혜를 사모하는 자는 아비를 즐겁게 하여도 창기를 사귀는 자는 재물을 없이 하느니라

4。 王藉公平，使国坚定。索要贿赂，使国倾败。
wáng jiè gōng píng shǐ guó jiān dìng suǒ yào huì lù shǐ guó qīng bài
王秉公義、使國堅立、受賄者敗之、
The king by judgment establisheth the land: but he that receiveth gifts overthroweth it.
王は 正義によって 國を 建てる. しかし 重稅を 取り 立てる 者は 國を 滅ぼす.

왕은 공의로 나라를 견고케 하나 뇌물을 억지로 내게 하는 자는 나라를 멸망시키느니라

5。 谄媚邻舍的，就是设网罗绊他的脚。
chǎn mèi lín shè dé jiù shì shè wǎng luó bàn tā dé jiǎo
人諂諛人、如設網羅絆其足、
A man that flattereth his neighbour spreadeth a net for his feet.
自分の 友人にへつらう 者は， 自分の 足もとに 網を 張る.

이웃에게 아첨하는 것은 그의 발 앞에 그물을 치는 것이니라

6。 恶人犯罪，自陷网罗。惟独义人，欢呼喜乐。
è rén fàn zuì zì xiàn wǎng luó wéi dú yì rén huān hū xǐ lè
惡人犯罪、自投網羅、惟善人歡呼喜樂、
In the transgression of an evil man there is a snare: but the righteous doth sing and rejoice.
惡人は 自分の 罪のわなに 陥る， しかし 正しい 人は 喜び 樂しむ.

악인의 범죄 하는 것은 스스로 올무가 되게 하는 것이나 의인은 노래하고 기뻐하느니라

7。 义人知道查明穷人的案。恶人没有聪明，就不得而知。
yì rén zhī dào chá míng qióng rén dé àn è rén méi yǒu cōng míng jiù bù dé ér zhī
義者知爲貧者伸寃、惡人置若罔聞、
The righteous considereth the cause of the poor: but the wicked regardeth not to know it.
正しい 人は 寄る べ のない 者を 正しくさばくことを 知っている. しかし 惡者はそのような 知識をわきまえない.

의인은 가난한 자의 사정을 알아주나 악인은 알아 줄 지식이 없느니라

8。 亵慢人煽惑通城。智慧人止息众怒。
xiè màn rén shān huò tōng chéng zhì huì rén zhǐ xī zhòng nù
侮慢之人、煽惑闔城起爭端、智者能息人之忿怒、
Scornful men bring a city into a snare: but wise men turn away wrath.
あざける 者たちは 町を 騷がし, 知恵のある 人々は 怒りを 靜める.

모만한 자는 성읍을 요란케 하여도 슬기로운 자는 노를 그치게 하느니라

9。 智慧人与愚妄人相争，或怒，或笑，总不能使他止息。
zhì huì rén yǔ yú wàng rén xiāng zhēng huò nù huò xiào zǒng bù néng shǐ tā zhǐ xī
智者與愚者爭、或怒或笑、終不能使之和順、
If a wise man contendeth with a foolish man, whether he rage or

laugh, there is no rest.
知恵のある 人が 愚か 者を 訴えて 争うと, 愚か 者は 怒り, あざ 笑い, 休むことがない.

지혜로운 자와 미련한 자가 다투면 지혜로운 자가 노하든지 웃든지 그 다툼이 그침이 없느니라

10。好流人䌹的，恨恶完全人。索取正直人的性命。
hǎo liú rén xiè dé hèn è wánquán rén suǒ qǔ zhèng zhí rén dé xìngmìng
良善之人、兇暴者憾之、正直者求救其命、
The bloodthirsty hate the upright: but the just seek his soul.
血に 飢えた 者たちは 潔白な 人を 憎み, 正直な 人のいのちをねらう.

피 흘리기를 좋아하는 자는 온전한 자를 미워하고 정직한 자의 생명을 찾느니라

11。愚妄人怒气全发。智慧人忍气含怒。
yú wàng rén nù qì quán fā zhì huì rén rěn qì hán nù
愚者有所不悅、立吐其心、智者能自隱忍、
A fool uttereth all his mind: but a wise man keepeth it in till afterwards.
愚かな 者は 怒りをぶちまける. しかし 知恵のある 者はそれを 内におさめる.

어리석은 자는 그 노를 다 드러내어도 지혜로운 자는 그 노를 억제하느니라

12。君王若听谎言，他一切臣仆都奸恶。
jūn wáng ruò tīng huǎng yán tā yī qiē chén pú dū jiān è
秉權者聽誑言、其臣僕必皆邪惡、
If a ruler hearken to lies, all his servants are wicked.
支配者が 偽りのことばに 聞き 入るなら, 従者たちもみな 悪者になる.

관원이 거짓말을 신청하면 그 하인은 다 악하니라

13。贫穷人，强暴人，在世相愚，他们的眼目，都蒙耶和华光照。
pín qióng rén qiáng bào rén zài shì xiāng yú tā mén dé yǎn mù dū méng yé hé huá guāng zhào
貧乏者與殘刻者雜居於世、此二者之目、俱蒙主光照、
The poor and the deceitful man meet together: the LORD lighteneth both their eyes.
貧しい 者としいたげる 者とは 互いに 出會う. 主は, この 兩者に 日の 光を 見させる.

가난한 자와 포학한 자가 섞여 살거니와 여호와께서는 그들의 눈에 빛을 주시느니라

14。君王凭诚实判断穷人，他的国位，必永远坚立。
jūn wáng píng chéng shí pàn duàn qióng rén tā dė guó wèi bì yǒng yuǎn jiān lì
王秉誠實爲貧民伸寃、其國位必永堅立、
The king that faithfully judgeth the poor, his throne shall be established for ever.
誠實をもって 寄る べ のない 者をさばく 王, その 王座はとこしえまでも 堅く 立つ.

왕이 가난한 자를 성실히 신원하면 그 위가 영원히 견고하리라

15。杖打和责备，能加增智慧。放纵的儿子，使母亲羞愧。
zhàng dǎ hé zé bèi néng jiā zēng zhì huì fàng zòng dė ér zǐ shǐ mǔ qīn xiū kuì
杖扑與督責、可使子益智慧、放縱之子、致母羞辱、
The rod and reproof give wisdom: but a child left to himself bringeth his mother to shame.
むちと 叱責とは 知恵を 與える. わがままにさせた 子は, 母に恥を 見させる.

채찍과 꾸지람이 지혜를 주거늘 임의로 하게 버려두면 그 자식은 어미를 욕되게 하느니라

16。恶人加多，过犯也加多。义人必看见他们跌倒。
è rén jiā duō guò fàn yě jiā duō yì rén bì kàn jiàn tā mėn diē dǎo
惡人加增、罪孽亦增、善人終必見其傾仆、
When the wicked are multiplied, transgression increaseth: but the righteous shall see their fall.
惡者がふえると, そむきの 罪も 増す. しかし 正しい 者は 彼らの 滅びを 見る.

악인이 많아지면 죄도 많아지나니 의인은 그들의 망함을 보리라

17。管教你的儿子，他就使你得安息，也必使你心里喜乐。
guǎn jiào nǐ dė ér zǐ tā jiù shǐ nǐ dé ān xī yě bì shǐ nǐ xīn lǐ xǐ lè
督責爾子、則彼使爾得安、亦使爾心樂、
Correct thy son, and he shall give thee rest; yea, he shall give delight unto thy soul.
あなたの 子を 懲らせ. そうすれば, 彼はあなたを 安らかにし, あなたの 心に 喜びを 與える.

네 자식을 징계하라 그리하면 그가 너를 평안하게 하겠고 또 네 마음에 기쁨을 주리라

18。没有导象，(或作默示) 民就放肆。惟遵守律法的，便为有福。
méi yǒu dǎo xiàng huò zuò mò shì mín jiù fàng sì wéi zūn shǒu lǜ fǎ dė biàn wéi yǒu fú
若無默示、民則妄爲、謹守律法者、卽爲有福、
Where there is no vision, the people perish: but he that keepeth the law, happy is he.
幻がなければ，民はほしいままにふるまう．しかし 律法を 守る者は 幸いである．

묵시가 없으면 백성이 방자히 행하거니와 율법을 지키는 자는 복이 있느니라

19。只用言语，仆人不肯受管教，他虽然明白，也不留意。
zhǐ yòng yán yǔ pú rén bù kěn shòu guǎn jiào tā suī rán míng bái yě bù liú yì
但以言責奴、奴必不服、雖明知而亦不應、
A servant will not be corrected by words: for though he understand he will not answer.
しもべをことばだけで 戒めることはできない．彼はそれがわかっても，反應がない．

종은 말로만 하면 고치지 아니하나니 이는 그가 알고도 청종치 아니함이니라

20。你见言语急躁的人么。愚昧人比他更有指望。
nǐ jiàn yán yǔ jí zào dė rén mė yú mèi rén bǐ tā gēng yǒu zhǐ wàng
爾見人言語急躁、試較之愚者、愚者尙可冀其明悟、
Seest thou a man that is hasty in his words? there is more hope of a fool than of him.
輕率に 話をする 人を 見ただろう．彼よりも 愚かな 者のほうが，まだ 望みがある．

네가 언어에 조급한 사람을 보느냐 그보다 미련한 자에게 오히려 바랄 것이 있느니라

21。人将仆人从小娇养，这仆人终久必成了他的儿子。
rén jiāng pú rén cóng xiǎo jiāo yǎng zhè pú rén zhōng jiǔ bì chéng le tā dė ér zǐ
人養育其奴、自幼待之逾分、奴終必自視如主人之子、
He that delicately bringeth up his servant from a child shall have him become his son at the length.
自分のしもべを 幼い 時から 甘やかすと，ついには 彼は 手におえない 者になる．

종을 어렸을 때부터 곱게 양육하면 그가 나중에는 자식인 체하리라

22。好气的人，挑启争端。暴怒的人，多多犯罪。
hǎo qì dė rén tiāo qǐ zhēngduān bào nù dė rén duō duō fàn zuì
易怒者啓爭端、遽忿者增罪愆、
An angry man stirreth up strife, and a furious man aboundeth in transgression.
怒る 者は 争いを 引き 起こし, 憤る 者は 多くのそむきの 罪を 犯す.

노하는 자는 다툼을 일으키고 분하여 하는 자는 범죄함이 많으니라

23。人的高傲，必使他卑下。心里谦逊的，必得尊荣。
rén dė gāo ào bì shǐ tā bēi xià xīn lǐ qiānxùn dė bì dé zūn róng
人之驕傲必使其卑降、心謙者必得尊榮、
A man's pride shall bring him low: but honour shall uphold the humble in spirit.
人の 高ぶりはその 人を 低くし, 心の 低い 人は 誉れをつかむ.

사람이 교만하면 낮아지게 되겠고 마음이 겸손하면 영예를 얻으리라

24。人与盗贼分赃，是恨恶自己的性命。他听见叫人发誓的声音，却不言语。
rén yǔ dào zéi fēn zāng shì hèn è zì jǐ dė xìngmìng tā tīng jiàn jiào rén fā shì dė shēng yīn què bù yán yǔ
與盜分贓者卽惡己命、蓋雖聽人咒詛、亦不敢以告人、
Whoso is partner with a thief hateth his own soul: he heareth cursing, and bewrayeth it not.
盗人にくみする 者は 自分自身を 憎む 者だ. 彼はのろいを 聞いても 何も 言わない.

도적과 짝하는 자는 자기의 영혼을 미워하는 자라 그는 맹세함을 들어도 직고하지 아니하느니라

25。惧怕人的陷入网罗。惟有倚靠耶和华的，必得安稳。
jù pà rén dė xiàn rù wǎng luó wéi yǒu yǐ kào yé hé huá dė bì dé ān wěn
畏人過甚、必陷網羅、惟恃主者必得護衛、
The fear of man bringeth a snare: but whoso putteth his trust in the LORD shall be safe.
人を 恐れるとわなにかかる. しかし 主に 信頼する 者は 守られる.

사람을 두려워하면 올무에 걸리게 되거니와 여호와를 의지하는 자는 안전하리라

26。求王恩的人多。定人事乃在耶和华。
qiú wáng ēn dė rén duō dìng rén shì nǎi zài yé hé huá
求恩於君者甚多、定人事者惟主、
Many seek the ruler's favour; but every man's judgment cometh from the LORD.
支配者の 顔色をうかがう 者は 多い. しかし 人をさばくのは 主である.

주권자에게 은혜를 구하는 자가 많으나 사람의 일의 작정은 여호와께로 말미암느니라

27。为非作歹的，被义人憎嫌。行事正直的，被恶人憎恶。
wéi fēi zuò dǎi dė bèi yì rén zēngxián xíng shì zhèng zhí dė bèi è rén zēng è
爲非者善人所憾、行正者惡人所惡、
An unjust man is an abomination to the just: and he that is upright in the way is abomination to the wicked.
不正な 人は 正しい 人に 忌みきらわれ, 行ないの 正しい 人は 悪者に 忌みきらわれる.

불의한 자는 의인에게 미움을 받고 정직한 자는 악인에게 미움을 받느니라

제 30 장

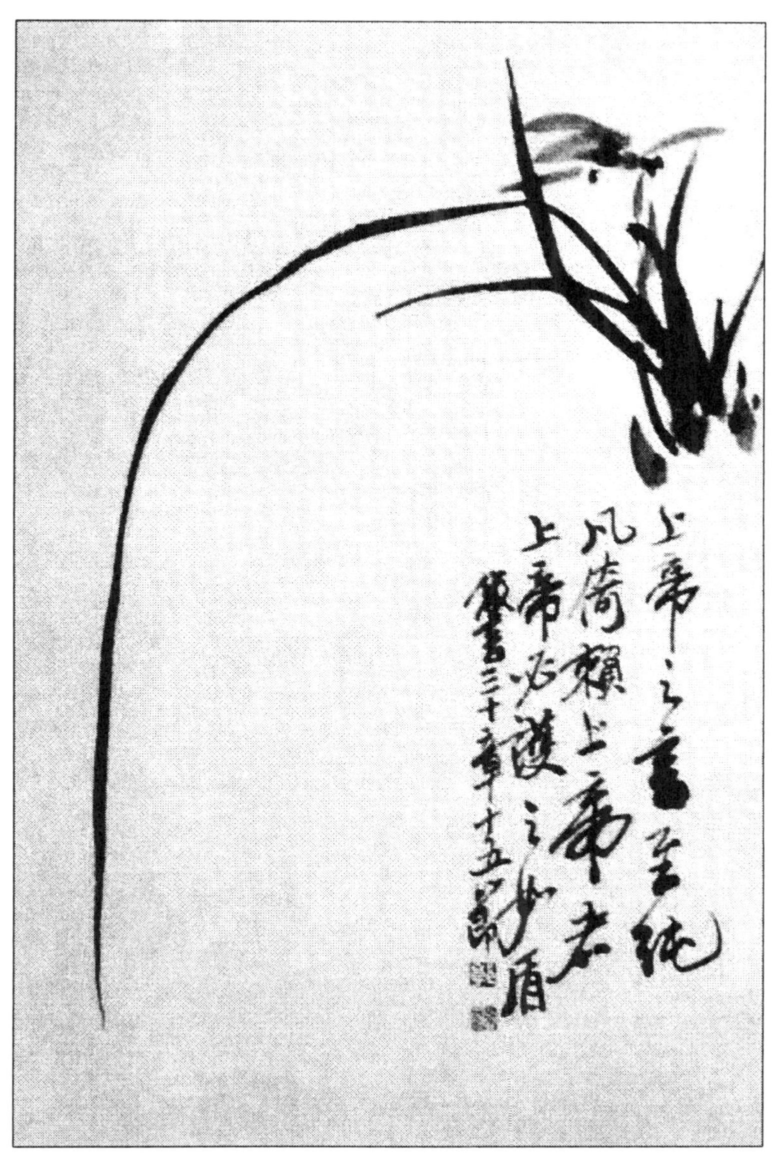

1。 雅基的儿子亚古珥的言语，就是真言。
yǎ jī dė ér zǐ yà gǔ ěr dė yán yǔ jiù shì zhēn yán
此雅基子亞古珥之言、卽箴言、乃爲以鐵所言者、卽傳於以鐵及烏甲者、
The words of Agur the son of Jakeh, even the prophecy: the man spake unto Ithiel, even unto Ithiel and Ucal,
マサ の 人 ヤケ の 子 アグル のことば. イティエル に 告げ, イティエル と ウカル に 告げたことば.
이 말씀은 야게의 아들 아굴의 잠언이니 그가 이디엘과 우갈에게 이른 것이니라

2。 这人对以铁和乌甲说，我比众人更蠢笨，也没有人的聪明。
zhè rén duì yǐ tiě hé niǎo jiǎ shuō wǒ bǐ zhòng rén gēngchǔn bèn yě méi yǒu rén dė cōngmíng
曰、我愚於衆、未有他人之聰明、
Surely I am more brutish than any man, and have not the understanding of a man.
確かに, 私は 人間の 中でも 最も 愚かで, 私には 人間の 悟りがない.

나는 다른 사람에게 비하면 짐승이라 내게는 사람의 총명이 있지 아니하니라

3。 我没有学好智慧。也不认识至圣者。
wǒ méi yǒu xué hǎo zhì huì yě bù rèn shí zhì shèng zhě
未得智慧、不知聖者之道、
I neither learned wisdom, nor have the knowledge of the holy.
私はまだ 知恵も 學ばず, 聖なる 方の 知識も 知らない.

나는 지혜를 배우지 못하였고 또 거룩하신 자를 아는 지식이 없거니와

4。 谁升天又降下来。谁聚风在掌中。谁包水在衣服里。谁立定地的四极。他名叫什么。他儿子叫名叫什么。你知道么。
shéishēngtiān yòujiàng xià lái shéi jù fēng zài zhǎngzhōng shéi baō shuǐ zài yī fú lǐ shéi lì dìng dì dė sì jí tā míngjiàoshén mė tā ér zǐ jiàomíngjiàoshén mė nǐ zhī dào mė
誰昇天又降、誰集風於手、誰包水在雲如在衣、誰奠定地之四極、其名何名、其子之名又何名、爾知之乎、
Who hath ascended up into heaven, or descended? who hath gathered the wind in his fists? who hath bound the waters in a garment? who hath established all the ends of the earth? what is his name, and what is his son's name, if thou canst tell?
だれが 天に 上り, また 降りて 來ただろうか. だれが 風をたなごころに 集めただろうか. だれが 水を 衣のうちに 包んだだろうか. だれが 地のすべての 限界を 堅く 定めただ

ろうか. その 名は 何か, その 子の 名は 何か. あなたは 確かに 知っている.

하늘에 올라갔다가 내려온 자가 누구인지, 바람을 그 장중에 모은 자가 누구인지, 물을 옷에 싼 자가 누구인지, 땅의 모든 끝을 정한 자가 누구인지, 그 이름이 무엇인지, 그 아들의 이름이 무엇인지 너는 아느냐

5。 神的言语，句句都是炼净的， 投靠他的，他更作他们的盾牌。
shén dè yán yǔ jù jù dū shì liànjìng dè tóu kào tā dè tā gēng zuò tā mén dè dùn pái
上帝之言至純、凡倚賴上帝者、上帝必護之如盾、
Every word of God is pure: he is a shield unto them that put their trust in him.
神のことばは, すべて 純粹. 神は 據り 賴む 者の 盾.

하나님의 말씀은 다 순전하며 하나님은 그를 의지하는 자의 방패시니라

6。 他的言语，你不可添。恐怕他责备你，你就显为说谎言的。
tā dè yán yǔ nǐ bù kě tiān kǒng pà tā zé bèi nǐ nǐ jiù xiǎn wéi shuōhuǎng yán dè
上帝之言、爾不可增益、恐上帝責爾顯爾爲証者、
Add thou not unto his words, lest he reprove thee, and thou be found a liar.
神のことばにつけ 足しをしてはならない. 神が, あなたを 責めないように, あなたがまやかし 者とされないように.

너는 그 말씀에 더하지 말라 그가 너를 책망하시겠고 너는 거짓말 하는 자가 될까 두려우니라

7。 我求你两件事，在我未死之先，不要不赐给我。
wǒ qiú nǐ liǎng jiàn shì zài wǒ wèi sǐ zhī xiān bù yào bù cì gěi wǒ
我求主二事、我未死之先、求主賜我、
Two things have I required of thee; deny me them not before I die:
二つのことをあなたにお 願いします. 私が 死なないうちに, それをかなえてください.

내가 두 가지 일을 주께 구하였사오니 나의 죽기 전에 주시옵소서

8。 求你使虚假和谎言远离我。 使我也不贫穷，也不富足，赐给我需用的饮食。
qiú nǐ shǐ xū jiǎ hé huǎng yán yuǎn lí wǒ shǐ wǒ yě bù pín qióng yě bù fù zú cì gěi wǒ xū yòng dè yǐn shí

使我可避虛僞與誑言、使我不貧不富、惟賜我所需之糧、
Remove far from me vanity and lies: give me neither poverty nor riches; feed me with food convenient for me:
不信實と 僞りとを 私から 遠ざけてください. 貧しさも 富も 私に 與えず, ただ, 私に 定められた 分の 食物で 私を 養ってください.

곧 허탄과 거짓말을 내게서 멀리 하옵시며 나로 가난하게도 마옵시고 부하게도 마옵시고 오직 필요한 양식으로 내게 먹이시옵소서

9。 恐怕我饱足不认你，说，耶和华是谁呢。又恐怕我贫穷
kǒng pà wǒ bǎo zú bù rèn nǐ shuō yé hé huá shì shéi ní yòu kǒng pà wǒ pín qióng
就偷窃，以致亵渎我神的名。
jiù tōu qiè yǐ zhì xiè dú wǒ shén dé míng
我若富、恐我飽而不認主、云主爲誰、我若貧、恐我盜竊、以致妄稱我上帝之名、
Lest I be full, and deny thee, and say, Who is the LORD? or lest I be poor, and steal, and take the name of my God in vain.
私が 食べ 飽きて, あなたを 否み, 「主とはだれだ.」と 言わないために. また, 私が 貧しくて, 盜みをし, 私の 神の 御名を 汚すことのないために.

혹 내가 배불러서 하나님을 모른다 여호와가 누구냐 할까 하오며 혹 내가 가난하여 도적질하고 내 하나님의 이름을 욕되게 할까 두려워 함이니이다

10。 你不要向主人谗谤仆人。恐怕他咒诅你，你便算为有罪。
nǐ bù yào xiàng zhǔ rén chán bàng pú rén kǒng pà tā zhòu zǔ nǐ nǐ biàn suàn wéi yǒu zuì
勿於主人前讒其僕、恐彼詛爾、爾則有罪、
Accuse not a servant unto his master, lest he curse thee, and thou be found guilty.
しもべのことを, その 主人に 中傷してはならない. そうでないと, 彼はあなたをのろい, あなたは 罰せられる.

너는 종을 그 상전에게 훼방하지 말라 그가 너를 저주하겠고 너는 죄책을 당할까 두려우니라

11。 有一宗人，(宗原文作代下同) 咒诅父亲，不给母亲祝福。
yǒu yī zōng rén zōng yuán wén zuò dài xià tóng zhòu zǔ fù qīn bù gěi mǔ qīn zhù fú
有宗人詛父、不爲母祝福、
There is a generation that curseth their father, and doth not bless their mother.
自分の 父をのろい, 自分の 母を 祝福しない 世代.

아비를 저주하며 어미를 축복하지 아니하는 무리가 있느니라

12。有一宗人，自以为清洁，却没有洗去自己的污秽。
yǒu yī zōng rén zì yǐ wéi qīng jié què méi yǒu xǐ qù zì jǐ dė wū huì
有宗人自以爲潔、而實未滌其汚、
There is a generation that are pure in their own eyes, and yet is not washed from their filthiness.
自分をきよいと 見，汚れを 洗わない 世代.

스스로 깨끗한 자로 여기면서 오히려 그 더러운 것을 씻지 아니하는 무리가 있느니라

13。有一宗人，眼目何其高傲，眼皮也是高举。
yǒu yī zōng rén yǎn mù hé qí gāo ào yǎn pí yě shì gāo jǔ
有宗人目則昂焉、睫則高焉、
There is a generation, O how lofty are their eyes! and their eyelids are lifted up.
なんとも，その 目が 高く，まぶたが 上がっている 世代.

눈이 심히 높으며 그 눈꺼풀이 높이 들린 무리가 있느니라

14。有一宗人，牙如剑，齿如刀，要吞灭地上的困苦人，和
yǒu yī zōng rén yá rú jiàn chǐ rú dāo yào tūn miè dì shàng dė kùn kǔ rén hé
世间的穷乏人。
shì jiān dė qióng fá rén
有宗人齒如刀、牙如劍、呑食地上之貧者、人間之窮者、
There is a generation, whose teeth are as swords, and their jaw teeth as knives, to devour the poor from off the earth, and the needy from among men.
歯が 剣のようで，きばが 刀のような 世代．彼らは 地の 苦しむ者を，人のうちの 貧しい 者を 食い 盡くす.

앞니는 장검 같고 어금니는 군도 같아서 가난한 자를 땅에서 삼키며 궁핍한 자를 사람 중에서 삼키는 무리가 있느니라

15。蚂蟥有两个女儿，常说，给呀给呀。 有三样不知足的，连不
mǎ huáng yǒu liǎng gè nǚ ér cháng shuō gěi yā gěi yā yǒu sān yàng bù zhī zú dė lián bù
说够的共有四样。
shuō gòu dė gòng yǒu sì yàng
阿路加有二女、恆呼曰、予、予、不知饜者有三、並永不言足者共有四、
The horseleach hath two daughters, crying, Give, give. There are three things that are never satisfied, yea, four things say not, It is enough:
蛭にはふたりの 娘がいて，「くれろ，くれろ．」と 言う．飽くことを 知らないものが，三つある．いや，四つあっ

て, 「もう 十分だ. 」と 言わない.

거머리에게는 두 딸이 있어 다고다고 하느니라 족한 줄을 알
지 못하여 족하다 하지 아니하는 것 서넛이 있나니

16。就是阴见，和石胎，浸水不足的地，并火。
jiù shì yīn jiàn hé shí tāi jìn shuǐ bù zú dè dì bìng huǒ
即示阿勒、不姙之胎、不存水之地、焚物不止之火、
The grave; and the barren womb; the earth that is not filled with water; and the fire that saith not, It is enough.
よみと, 不妊の 胎, 水に 飽くことを 知らない 地と, 「もう 十分だ. 」と 言わない 火.

곧 음부와 아이 배지 못하는 태와 물로 채울 수 없는 땅과 족하다 하지 아니하는 불이니라

17。戏笑父亲，藐视而不听从母亲的，他的眼睛，必为谷中的乌鸦啄出来，为鹰雏所吃。
xì xiào fù qīn miǎo shì ér bù tīng cóng mǔ qīn dè tā dè yǎn jīng bì wéi gǔ zhōng dè niǎo yā zhuó chū lái wéi yīng chú suǒ chī
藐視父者、輕忽母言不聽者、其目必爲谷鴉所啄、鷹雛所噬
The eye that mocketh at his father, and despiseth to obey his mother, the ravens of the valley shall pick it out, and the young eagles shall eat it.
自分の 父をあざけり, 母への 従順をさげすむ 目は, 谷の 烏にえぐりとられ, わしの 子に 食われる.

아비를 조롱하며 어미 순종하기를 싫어하는 자의 눈은 골짜기의 까마귀에게 쪼이고 독수리 새끼에게 먹히리라

18。我所测透的奇妙有三样，我所不知道的共有四样。
wǒ suǒ cè tòu dè qí miào yǒu sān yàng wǒ suǒ bù zhī dào dè gòng yǒu sì yàng
我所不能尋者有三、並我所不能知者共有四、
There be three things which are too wonderful for me, yea, four which I know not:
私にとって 不思議なことが 三つある. いや, 四つあって, 私は それを 知らない.

내가 심히 기이히 여기고도 깨닫지 못하는 것 서넛이 있나니

19。就是鹰在空中飞的道，船在海中行的道，男与女交合的道。
jiù shì yīng zài kōng zhōng fēi dè dào chuán zài haǐ zhōng xíng dè dào nán yǔ nǚ jiāo hé dè dào
即鷹飛空中之跡、蛇行磐上之跡、舟行海中之跡、男女苟合之跡
The way of an eagle in the air; the way of a serpent upon

a rock; the way of a ship in the midst of the sea; and the way of a man with a maid.

天にあるわしの 道, 岩の 上にある 蛇の 道, 海の 眞中にある 舟の 道, おとめへの 男の 道.

곧 공중에 날아다니는 독수리의 자취와 바다로 지나다니는 배의 자취와 남자가 여자와 함께 한 자취며

20。淫妇的道，也是这样，他吃了把嘴一擦，就说，我没有行恶。
yín fù dè dào yě shì zhè yàng tā chī liǎo bǎ zuǐ yī cā jiù shuō wǒ méi yǒu xíng è

淫婦之行亦然、縱情慾、滅蹤跡、曰、我未行惡、

Such is the way of an adulterous woman; she eateth, and wipeth her mouth, and saith, I have done no wickedness.

姦通する 女の 道もそのとおり. 彼女は 食べて 口をぬぐい, 「私は 不法を 行なわなかった.」と 言う.

음녀의 자취도 그러하니라 그가 먹고 그 입을 씻음 같이 말하기를 내가 악을 행치 아니하였다 하느니라

21。使他震动的有三样，连地担不起的共有四样。
shǐ tā zhèndòng dè yǒu sān yàng lián dì dān bù qǐ dè gòng yǒu sì yàng

駭世者有三、並使世難(?)忍者共有四、

For three things the earth is disquieted, and for four which it cannot bear:

この 地は 三つのことによって 震える. いや, 四つのことによって 耐えられない.

세상을 진동시키며 세상으로 견딜 수 없게 하는 것 서넛이 있나니

22。就是仆人作王。愚顽人吃饱。
jiù shì pú rén zuò wáng yú wán rén chī bǎo

卽奴爲王、愚妄者豊富、

For a servant when he reigneth; and a fool when he is filled with meat;

奴隷が 王となり, しれ 者が パン に 飽き,

곧 종이 임금 된 것과 미련한 자가 배부른 것과

23。丑恶的女子出嫁。婢女接续主母。
chǒu è dè nǚ zǐ chū jià bì nǚ jiē xù zhǔ mǔ

醜女適人、婢續主母、

For an odious woman when she is married; and an handmaid that is heir to her mistress.

きらわれた 女が 夫を 得, 女奴隷が 女主人の 代わりとなることによって.

꺼림을 받는 계집이 시집간 것과 계집종이 주모를 이은 것이니라

24。地上有四样小物，却甚聪明。
dì shàng yǒu sì yàngxiǎo wù quèshèncōngmíng
在地有四物、雖微甚巧、
There be four things which are little upon the earth, but they are exceeding wise:
この 地上には 小さいものが 四つある. しかし, それは 知恵者中の 知恵者だ.

땅에 작고도 가장 지혜로운 것 넷이 있나니

25。蚂蚁是无力之类，却在夏天豫备粮食。
mǎ yǐ shì wú lì zhī lèi què zài xià tiān yù bèi liáng shí
蟻無力之類、而夏時備食、
The ants are a people not strong, yet they prepare their meat in the summer;
蟻は 力のない 種族だが, 夏のうちに 食糧を 確保する.

곧 힘이 없는 종류로되 먹을 것을 여름에 예비하는 개미와

26。沙番是软弱之类，却在磐石中造房。
shā fān shì ruǎn ruò zhī lèi què zài pán shí zhōng zào fáng
沙番弱物、而營窟於磐、
The conies are but a feeble folk, yet make they their houses in the rocks;
岩だぬきは 強くない 種族だが, その 巣を 岩間に 設ける.

약한 종류로되 집을 바위 사이에 짓는 사반과

27。蝗虫没有君王，却分队而出。
huángchóng méi yǒu jūn wáng què fēn duì ér chū
蝗蟲無王、而分羣以出、
The locusts have no king, yet go they forth all of them by bands;
いなごには 王はないが, みな 隊を 組んで 出て 行く.

임군이 없으되 다 떼를 지어 나아가는 메뚜기와

28。守宫用爪抓墙，却住在王宫。
shǒugōngyòngzhǎozhuāqiáng què zhù zài wánggōng
守宮可執之以手、而居於王宮、
The spider taketh hold with her hands, and is in kings' palaces.

やもりは 手でつかまえることができるが, 王の 宮殿にいる.

손에 잡힐만하여도 왕궁에 있는 도마뱀이니라

29。步行威武的有三样，连行走威武的共有四样。
bù xíng wēi wǔ dė yǒu sān yàng liánxíng zǒu wēi wǔ dė gòng yǒu sì yàng
行而可觀者有三、並步履有威者共有四、
There be three things which go well, yea, four are comely in going:
歩きぶりの 堂ときしているものが 三つある. いや, その 歩みの 堂々としているものが 四つある.

잘 걸으며 위풍 있게 다니는 것 서넛이 있나니

30。就是狮子乃百兽中最为猛烈，无所躲避的。
jiù shì shī zǐ nǎi bǎi shòuzhōng zuì wéi měng liè wú suǒ duǒ bí dė
百獸中最勇猛無所畏避之獅、
A lion which is strongest among beasts, and turneth not away for any;
獣のうちで 最も 強く, 何ものからも 退かない 雄獅子,

곧 짐승 중에 가장 강하여 아무 짐승 앞에서도 물러가지 아니하는 사자와

31。猎狗，公山羊，和无人能敌的君王。
liè gǒu gōngshānyáng hé wú rén néng dí dė jūn wáng
繫腹帶之戰馬、牡山羊、並莫能禦之王、
A greyhound; an he goat also; and a king, against whom there is no rising up.
いばって 歩くおんどりと, 雄やぎ, 軍隊を 率いる 王である.

사냥개와 수염소와 및 당할 수 없는 왕이니라

32。你若行事愚顽，自高自傲，或是坏了恶念，就当用手捂口。
nǐ ruò xíng shì yú wán zì gāo zì ào huò shì huài liǎo è niàn jiù dāngyòngshǒu wǔ kǒu
如爾矜誇妄爲、或四維惡念、當以手掩口、
If thou hast done foolishly in lifting up thyself, or if thou hast thought evil, lay thine hand upon thy mouth.
もし, あなたが 高ぶって, 愚かなことをしたり, たくらんだりしたら, 手を 口に 當てよ.

만일 네가 미련하여 스스로 높은 체 하였거나 혹 악한 일을 도모하였거든 네 손으로 입을 막으라

33。摇牛奶必成奶油。扭鼻子必出血。照样，激动怒气必起争端。
yáo niú nǎi bì chéng nǎi yóu niǔ bí zǐ bì chū xiě zhàoyàng jī dòng nù qì bì qǐ zhēngduān
搖乳則威乳油、擊鼻則流血、激怒致爭亦若是、

Surely the churning of milk bringeth forth butter, and the wringing of the nose bringeth forth blood: so the forcing of wrath bringeth forth strife.

乳をかき 回すと 凝乳ができる. 鼻をねじると 血が 出る. 怒りをかき 回すと 争いが 起こる.

대저 젖을 저으면 뻐터가 되고 코를 비틀면 피가 나는 것 같이 노를 격동하면 다툼이 남이니라

제 31 장

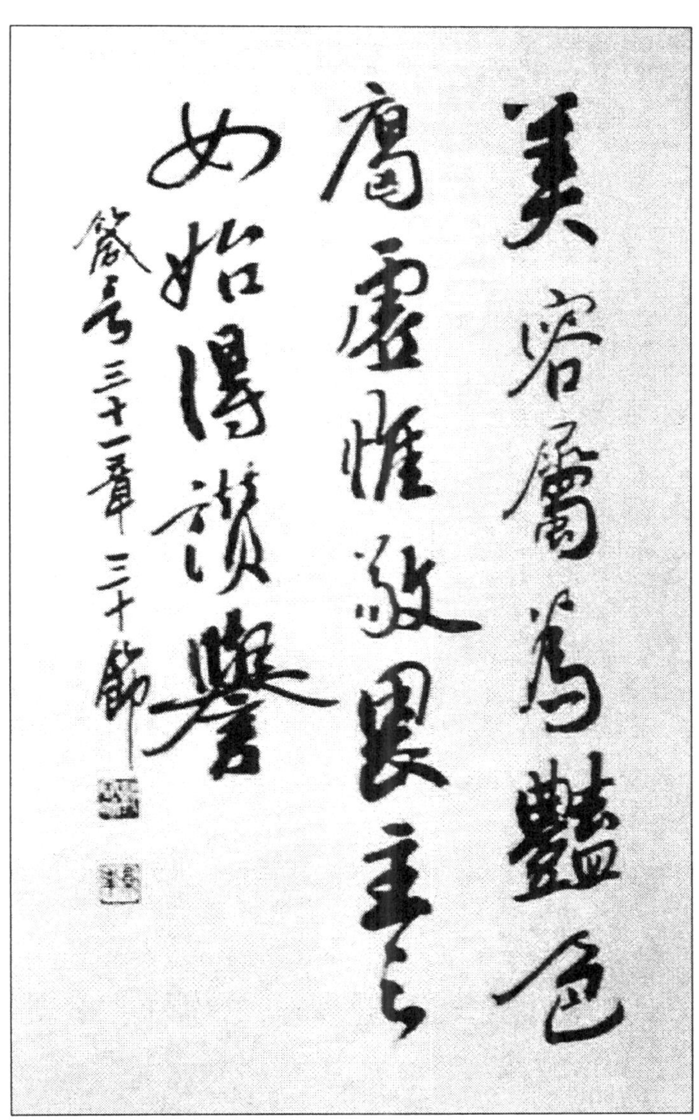

1。 利慕伊勒王的言语，是他母亲教训他的真言。
lì mù yī lè wáng dė yán yǔ shì tā mǔ qīn jiào xùn tā dė zhēn yán
利慕伊勒王所傳之言、卽其母所訓之之箴言、
The words of king Lemuel, the prophecy that his mother taught him.
マサ の 王 レムエル が 母から 受けた 戒めのことば.

르무엘왕의 말씀한바 곧 그 어머니가 그를 훈계한 잠언이라

2。 我的儿啊，我腹中生的儿啊，我许愿得的儿啊，我当怎
wǒ dė ér ā wǒ fù zhōngshēng dė ér ā wǒ xǔ yuàn dé dė ér ā wǒ dāng zěn
样教训你呢。
yàng jiào xùn nǐ ní
曰、我之愛子、我胎所懷之子、我許願而生之子、我何以敎爾、
What, my son? and what, the son of my womb? and what, the son of my vows?
私の 子よ, 何を 言おうか. 私の 胎の 子よ, 何を 言おうか. 私の 誓願の 子よ, 何を 言おうか.

내 아들아 내가 무엇을 말할꼬 내 태에서 난 아들아 내가 무엇을 말할꼬 서원대로 얻은 아들아 내가 무엇을 말할꼬

3。 不要将你的精力给妇女，也不要有败坏君王的行为。
bù yào jiāng nǐ dė jīng lì gěi fù nǚ yě bù yào yǒu bài huài jūn wáng dė xíng wéi
勿貪昵女色、耗盡精力、勿有害王之作爲、
Give not thy strength unto women, nor thy ways to that which destroyeth kings.
あなたの 力を 女に 費やすな, あなたの 生き 方を 王たちを 消し去る 者にゆだねるな.

네 힘을 여자들에게 쓰지 말며 왕들을 멸망시키는 일을 행치 말지어다

4。 利慕伊勒啊，君王喝酒，君王喝酒不相宜。王子说，浓酒
lì mù yī lè ā jūn wáng hē jiǔ jūn wáng hē jiǔ bù xiāng yí wáng zǐ shuō nóng jiǔ
在那里也不相宜。
zài nà lǐ yě bù xiāng yí
利慕伊勒歟、君王飲淸酒、掌權者飲醇醪、皆非所宜、
It is not for kings, O Lemuel, it is not for kings to drink wine; nor for princes strong drink:
レムエル よ. 酒を 飲むことは 王のするこ?ニ ではない. 王のすることではない. 「强い 酒はどこだ.」とは, 君子の 言うことではない.

르무엘아 포도주를 마시는 것이 왕에게 마땅치 아니하고 왕에게 마땅치 아니하며 독주를 찾는 것이 주권자에게 마땅치 않도다

5。 恐怕喝了就忘记律例，颠倒一切困苦人的是非。
kǒng pà hē liǎo jiù wàng jì lǜ lì diān dǎo yī qiē kùn kǔ rén dė shì fēi
恐飮而遺忘法度、聽訟枉法、使凡受屈者不得伸寃、
Lest they drink, and forget the law, and pervert the judgment of any of the afflicted.
酒を 飲んで 勅令を 忘れ， すべて 悩む 者のさばきを 曲げるといけないから.

술을 마시다가 법을 잊어버리고 모든 간곤한 백성에게 공의를 굽게 할까 두려우니라

6。 可以把浓酒给将亡的人喝。把清酒给苦心的人喝。
kě yǐ bǎ nóng jiǔ gěi jiāngwáng dė rén hē bǎ qīng jiǔ gěi kǔ xīn dė rén hē
醇醪可予將亡者飮、淸酒可予心憂者飮、
Give strong drink unto him that is ready to perish, and wine unto those that be of heavy hearts.
強い 酒は 滅びようとしている 者に 與え, ぶどう 酒は 心の 痛んでいる 者に 與えよ.

독주는 죽게된 자에게, 포도주는 마음에 근심하는 자에게 줄지어다

7。 让他们喝了，就忘记他的贫穷，不在记念他的苦楚。
ràng tā mėn hē le jiù wàng jì tā dė pín qióng bù zài jì niàn tā dė kǔ chǔ
使其飮之、而忘其貧、不憶其苦、
Let him drink, and forget his poverty, and remember his misery no more.
彼はそれを 飲んで 自分の 貧しさを 忘れ, 自分の 苦しみをもう思い 出さないだろう.

그는 마시고 빈궁한 것을 잊어버리겠고 다시 그 고통을 기억치 아니하리라

8。 你当为哑吧（或作不能自辨的）开口，为一切孤独的伸冤。
nǐ dāng wéi yǎ bā huò zuò bù néng zì biàn dė kāi kǒu wéi yī qiē gū dú dė shēnyuān
爾當爲不敢自辨者啓口、爲一切孤獨者伸寃、
Open thy mouth for the dumb in the cause of all such as are appointed to destruction.
あなたはおしのために, また, すべての 不幸な 人の 訴えのために, 口を 開け.

너는 벙어리와 고독한 자의 송사를 위하여 입을 열지니라

9。 你当开口按公义判断，为困苦和穷乏的辨屈。
nǐ dāng kāi kǒu àn gōng yì pàn duàn wéi kùn kǔ hé qióng fá dé biàn qū
启口以公義判斷、爲貧苦窮乏者辨屈、
Open thy mouth, judge righteously, and plead the cause of the poor and needy.
口を 開いて, 正しくさばき, 悩んでいる 人や 貧しい 者の 権利を 守れ.

너는 입을 열어 공의로 재판하여 간곤한 자와 궁핍한 자를 신원할지니라

10。 才德的妇人，谁能得着呢，他的价值胜过珍珠。
cái dé dé fù rén shéi néng dé zhuó ní tā dé jià zhí shèng guò zhēn zhū
孰得才德之妻乎、其貴重遠超珍珠、
Who can find a virtuous woman? for her price is far above rubies.
しっかりした 妻をだれが 見つけることができよう. 彼女の 値うちは 眞珠よりもはるかに 尊い.

누가 현숙한 여인을 찾아 얻겠느냐 그 값은 진주보다 더 하니라

11。 他丈夫心里倚靠他，必不缺少利益。
tā zhàng fū xīn lǐ yǐ kào tā bì bù quē shǎo lì yì
其夫之心可恃之、不敢缺乏貲財、
The heart of her husband doth safely trust in her, so that he shall have no need of spoil.
夫の 心は 彼女を 信頼し, 彼は「収益」に 欠けることがない.

그런 자의 남편의 마음은 그를 믿나니 산업이 핍절치 아니하겠으며

12。 他一生使丈夫有益无损。
tā yī shēng shǐ zhàng fū yǒu yì wú sǔn
終身使夫有益、不使之有損、
She will do him good and not evil all the days of her life.
彼女は 生きながらえている 間, 夫に 良いことをし, 悪いことをしない.

그런 자는 살아 있는 동안에 그 남편에게 선을 행하고 악을 행치 아니하느니라

13。 他寻梢羊绒和麻，甘心用手作工。
tā xún shāo yáng róng hé má gān xīn yòng shǒu zuò gōng
求羊絨與細麻、手勤操作、
She seeketh wool, and flax, and worketh willingly with her hands.
彼女は 羊毛や 亞麻を 手に 入れ, 喜んで 自分の 手でそれを 仕上げる.

그는 양털과 삼을 구하여 부지런히 손으로 일하며

14。他好像商船从远方远粮来。
tā hǎo xiàngshāngchuáncóngyuǎnfāngyuǎnliáng lái
警彼商船、自遠運糧、
She is like the merchants' ships; she bringeth her food from afar.
彼女は 商人の 舟のように, 遠い 所から 食糧を 運んで 來る.

상고의 배와 같아서 먼 데서 양식을 가져오며

15。未到黎明他就起来，把食物分给家中的人。将当作的工
wèi dào lí míng tā jiù qǐ lái bǎ shí wù fēn gěi jiā zhōng dè rén jiāngdāng zuò dè gōng
分派婢女。
fēn pài bì nǚ
未及黎明而起、以食予家人、以所需者予婢、
She riseth also while it is yet night, and giveth meat to her household, and a portion to her maidens.
彼女は 夜明け 前に 起き, 家の 者に 食事を 整え, 召使の 女たちに 用事を 言いつける.

밤이 새기 전에 일어나서 그 집사람에게 식물을 나눠주며 여종에게 일을 정하여 맡기며

16。他想得田地，就买来。用手所的之利，栽种乎葡萄园。
tā xiǎng dé tián dì jiù mǎi lái yòngshǒu suǒ dè zhī lì zāi zhǒng pú táo yuán
心欲購田、得購則購、以己手操作所得之貲、裁植葡萄園、
She considereth a field, and buyeth it: with the fruit of her hands she planteth a vineyard.
彼女は 畑をよく 調べて, それを 手に 入れ, 自分がかせいで, ぶどう 畑を 作り,

밭을 간품하여 사며 그 손으로 번 것을 가지고 포도원을 심으며

17。他以能力束腰，使膀臂有力。
tā yǐ néng lì shù yāo shǐ bǎng bì yǒu lì
以竭力爲腰間帶、並强其二臂、
She girdeth her loins with strength, and strengtheneth her arms.
腰に 帶を 强く 引き 締め, 勇ましく 腕をふるう.

힘으로 허리를 묶으며 그 팔을 강하게 하며

18。他觉得所经营的有利，他的灯终夜不灭。
tā jué dé suǒ jīng yíng dè yǒu lì tā dè dēngzhōng yè bù miè
自知經營獲利、其燈終夜不滅、
She perceiveth that her merchandise is good: her candle goeth not out by night.
彼女は 收入がよいのを 味わい, そのともしびは 夜になって

も 消えない.

자기의 무역하는 것이 이로운 줄을 깨닫고 밤에 등불을 끄지 아니하고

19。他手拿捻线竿。手把纺线车。
tā shǒu ná niǎnxiàn gān shǒu bǎ fǎngxiàn chē
手執紡線之竿、手持績麻之具、
She layeth her hands to the spindle, and her hands hold the distaff.
彼女は 絲取り 棒に 手を 差し 伸べ, 手に 絲巻きをつかむ.

손으로 솜뭉치를 들고 손가락으로 가락을 잡으며

20。他张手周济困苦人，伸手帮补穷乏人。
tā zhāngshǒuzhōu jì kùn kǔ rén shēnshǒubāng bǔ qióng fá rén
張手周濟貧乏、伸臂資助窮苦、
She stretcheth out her hand to the poor; yea, she reacheth forth her hands to the needy.
彼女は 悩んでいる 人に 手を 差し 出し, 貧しい 者に 手を 差し 伸べる.

그는 간곤한 자에게 손을 펴며 궁핍한 자를 위하여 손을 내밀며

21。他不因下雪为家里的人担心，因为全家都穿着朱红衣服。
tā bù yīn xià xuě wéi jiā lǐ dė rén dān xīn yīn wéi quán jiā dū chuānzhuó zhū hóng yī fú
不因雪冷而慮其家、蓋全家衣以紅衣、
She is not afraid of the snow for her household: for all her household are clothed with scarlet.
彼女は 家の 者のために 雪を 恐れない, 家の 者はみな, あわせの 着物を 着ているからだ.

그 집사람들은 다 홍색 옷을 입었으므로 눈이 와도 그는 집 사람을 위하여 두려워하지 아니하며

22。他为自己制作绣花毯子，他的衣服，是细麻和紫色布作的。
tā wéi zì jǐ zhì zuò xiù huā tǎn zǐ tā dė yī fú shì xì má hé zǐ sè bù zuò dė
爲己製華毯、所服者皆細麻與紫衣、
She maketh herself coverings of tapestry; her clothing is silk and purple.
彼女は 自分のための 敷き 物を 作り, 彼女の 着物は 亞麻布と 紫色の 撚り 絲でできている.

그는 자기를 위하여 아름다운 방석을 지으며 세마포와 자색 옷을 입으며

23。他丈夫在城门口本地的长老同坐，为众人所认识。
tā zhàng fū zài chéng mén kǒu běn dì dė cháng lǎo tóng zuò wéi zhòng rén suǒ rèn shí
其夫與斯地之長老、同坐空庭、爲衆所識、
Her husband is known in the gates, when he sitteth among the elders of the land.
夫は 町園みのうちで 人々によく 知られ, 土地の 長老たちと ともに 座に 着く.

그 남편은 그 땅의 장로로 더불어 성문에 앉으며 사람의 아는 바가 되며

24。他作细麻衣裳出卖。又将腰带卖与商家。
tā zuò xì má yī cháng chū mài yòu jiāng yāo dài mài yǔ shāng jiā
織細布而售之、製紳售於商賈、
She maketh fine linen, and selleth it; and delivereth girdles unto the merchant.
彼女は 亞麻布の 着物を 作って, 賣り, 帶を 作って, 商人に 渡す.

그는 베로 옷을 지어 팔며 띠를 만들어 상고에게 맡기며

25。能力和威仪，是他的衣服。他想到日后的景况就喜笑。
néng lì hé wēi yí shì tā dė yī fú tā xiǎng dào rì hòu dė jǐng kuàng jiù xǐ xiào
以才能威儀爲服、預籌後日足以喜樂、
Strength and honour are her clothing; and she shall rejoice in time to come.
彼女は 力と 氣品を 身につけ, ほほえみながら 後の 日を 待つ.

능력과 존귀로 옷을 삼고 후일을 웃으며

26。他开口就发智慧。他舌上有仁慈的法则。
tā kāi kǒu jiù fā zhì huì tā shé shàng yǒu rén cí dė fǎ zé
啓口出智慧之言、仁慈之法在其口中、
She openeth her mouth with wisdom; and in her tongue is the law of kindness.
彼女は 口を 開いて 知恵深く 語り, その 舌には 恵みのおしえがある.

입을 열어 지혜를 베풀며 그 혀로 인애의 법을 말하며

27。他观察家务，并不吃闲饭。
tā guān chá jiā wù bìng bù chī bì fàn
善理家務、亦不惰食、
She looketh well to the ways of her household, and eateth not the bread of idleness.
彼女は 家族の 様子をよく 見張り, 怠惰の パン を 食べない.

그 집안 일을 보살피고 게을리 얻은 양식을 먹지 아니하나니

28。他的儿女起来称他有福。他的丈夫也称赞他，
tā dè ér nǚ qǐ lái chēng tā yǒu fú tā dè zhàng fū yě chēng zàn tā
其子起而稱之爲福、其夫亦讚之曰、
Her children arise up, and call her blessed; her husband also, and he praiseth her.
その 子たちは 立ち 上がって, 彼女を 幸いな 者と 言い, 夫も 彼女をほめたたえて 言う.

그 자식들은 일어나 사례하며 그 남편은 칭찬하기를

29。说，才德的女子很多，惟独你超过一切。
shuō cái dé dè nǚ zǐ hěn duō wéi dú nǐ chāo guò yī qiē
才德之女甚多、惟爾超越一切、
Many daughters have done virtuously, but thou excellest them all.
「しっかりしたことをする 女は 多いけれど, あなたはそのすべてにまさっている.」と.

덕행 있는 여자가 많으나 그대는 여러 여자보다 뛰어난다 하느니라

30。 艳丽是虚假的。美容是虚浮的。惟敬畏耶和华的妇女，
yàn lì shì xū jiǎ dè měi róng shì xū fú dè wéi jìng wèi yé hé huá dè fù nǚ
必得称赞。
bì dé chēng zàn
美容屬爲、豔色▼虛、惟敬畏主之女、始得讚譽、▼=广曷=广머리+曷=집좁을얼(家狹)
Favour is deceitful, and beauty is vain: but a woman that feareth the LORD, she shall be praised.
麗しさはいつわり, 美しさはむなしい. しかし, 主を 恐れる 女はほめたたえられる.

고운 것도 거짓되고 아름다운 것도 헛되나 오직 여호와를 경외하는 여자는 칭찬을 받을 것이라

31。愿他享受操作所得的。愿他的工作，在城门口荣耀他。
yuàn tā xiǎng shòu cāo zuò suǒ dé dè yuàn tā dè gōng zuò zài chéng mén kǒu róng yào tā
所行結善果、可使以享、必因其所爲、得讚譽於邑門、
Give her of the fruit of her hands; and let her own works praise her in the gates.
彼女の 手でかせいだ 實を 彼女に 與え, 彼女のしたことを 町囲みのう

ちでほめたたえよ.

그 손의 열매가 그에게로 돌아갈 것이요 그 행한 일을 인하여 성문에 서 칭찬을 받으리라

중국어 · 한문 · 영어 · 일어 · 한글 풀이

5개 국어 잠언 읽기

2007년 3월 10일 1판 1쇄 인쇄
2007년 3월 15일 1판 1쇄 발행

편 자 곽 용 남
발행인 심 혁 창

펴낸곳 도서출판 **한 글**
서울시 서대문구 북아현동 221-7
☎ (02) 363-0301 / 362-3536
FAX (02) 362-8635

본사홈페이지 www.han-geul.co.kr
E-mail : simsazang@hanmail.net
등록 1980. 2. 20. 제312-1980-000009호
* 잘못 제본된 책은 바꾸어드립니다.

정가10,000원

ISBN 89-7073-251-9-73830